KB124672

진실
유포죄

법학자 박경신, 대한민국 표현의 자유 현주소를 말하다

진실 유포죄

박경신 지음

다산
초당

나치가 공산주의자들을 잡아갔을 때에
나는 침묵했다.
어쨌거나 나는 공산주의자는 아니었으니까.

그들이 사회민주주의자들을 가두었을 때에
나는 침묵했다.
어쨌거나 나는 사회민주주의자는 아니었으니까.

그들이 노동조합원들을 잡아갔을 때에
나는 침묵했다.
어쨌거나 나는 노동조합원은 아니었으니까.

그들이 나를 잡아갔을 때에
저항해줄 사람이 아무도 없었다.

마르틴 니묄러(개신교 신학자, 1892~1984)

일러두기

1. 이 책은 2008년부터 2012년까지 저자가 「한겨레신문」「경향신문」「조선일보」「한국일보」「오마이뉴스」「헤럴드경제」 등 언론사에 기고한 칼럼과 개인 블로그 '검열자 일기'에 게재한 글들을 모은 것입니다. 각 칼럼의 출처는 본문 뒤 '칼럼 출처 모음'에 따로 표기했습니다.
2. 변화된 현재의 사정에 맞춰 그 내용이 덧붙여지거나 빠진 칼럼은 각 출처 제목 뒤에 '개고'를 넣어 표기했습니다. 그러나 저자의 주장하는 바가 크게 바뀐 것은 없습니다.
3. 한나라당은 2012년 2월 13일에 새누리당으로 당명을 고쳤으나, 그 연속성을 고려하여 당명을 바꾸지 않고 한나라당으로 남겨두었습니다.
4. 문장 부호는 다음의 기준에 맞춰 사용했습니다.
   『 』: 단행본
   「 」: 신문, 잡지, 정기간행물
   〈 〉: 영화, 뮤지컬, 방송프로그램
   ' ': 칼럼, 논문, 또는 위 사항들의 하위항목

얼마 전 『정의란 무엇인가』라는 평범한 이름의 책이 느닷없이 한국에서 베스트셀러가 된 적이 있다. 다양한 원인이 있겠지만, 우리 사회에서 그동안 억눌려 있던 '정의'에 대한 욕망이 거기서 가장 큰 역할을 했을 것이다. 그리고 이는 우리 사회가 그동안 그다지 정의롭지 못했음을, 다시 말하면 공정하지 못했음을 의미할 것이다. 굳이 눈 가리고 천칭 든 여신의 예를 들 것 없이 한 사회에서 정의를 구현하는 핵심적 수단은 바로 '법'이다. 사회가 정의롭지 못하다는 느낌은 법 그 자체, 혹은 법의 적용이 공정하지 못한 데서 생긴다.

　아주 오래전 어느 잡지에 기고한 칼럼에서 "수많은 비판이 있지만 정작 우리 사회에 필요한 것은 '법 비판'"이라 쓴 적이 있다. 법 비판은 크게 둘로 나눌 수 있을 것이다. 하나는 판사의 판결에 관한 비판, 다른 하나는 판결의 근거가 된 법 자체의 비판이다. '법 비판'은 특히 이명박 정권 들어와서 더욱더 절실해졌다. 세금을 줄이고 규제를 푸는 것과 더불어 법질서를 세운다는 것이 이명박 정권의 대표적 정책. 하지만 "법질서를 세운다."라는 정권의 공언이 '정의'를 세우기 위한 것이었다고 믿을 사람은 아무도 없을 것이다.

요 몇 년 사이에 법의 이름으로 실로 많은 국가폭력이 행사되었다. 가장 대표적인 예가 바로 정권 초기의 '미네르바' 사건이다. 이 사건에서 나를 놀라게 했던 것은 검찰이 그를 기소했다는 사실이 아니었다. 미네르바에게 신청된 구속영장이 도대체 '법원'에 의해 발부될 수 있었다는 것, 그것이야말로 내게는 충격이었다. 검찰이야 정권으로부터 정치적 영향을 받기에 그런다 치더라도, 정의를 수호해야 할 법원에서마저 이 어처구니없는 국가폭력의 공범자가 된 것은 아직도 이해할 수 없는 일이다. 검사보다는 차라리 영장판사가 더 무서웠다.

미네르바는 결국 무죄로 풀려났지만, 그가 체포되는 장면을 바라본 네티즌들은 자기가 이미 올렸던 블로그의 글들을 지우고 대거 인터넷을 떠났다. 헌법이 표현의 자유를 보장한다 하나, 정부기관까지 나서서 명예훼손 소송을 남발하는 것을 버젓이 보면서 헌법을 믿고 제 의견을 말할 엄두를 내는 사람은 그리 많지 않았다. 얼마 전에 선풍적인 인기를 끌었던 나꼼수의 대표적 구호가 "쫄지 마, 씨바!"였다는 사실만 보아도, 그동안 시민들이 법의 이름으로 행해지는 국가의 폭력에 심리적으로 얼마나 위축되어 있었는지 짐작할 수 있다.

2008년부터 이명박 정권은 '사이버모욕죄'를 도입하려 했다. 인터넷은 전파성이 커서 별도의 처벌이 필요하다는 이유에서였다. 하지만 이 법률이 네티즌 개개인을 지켜주리라 믿을 사람은 아무도 없을 것이다.

그 법률로 보호받게 되는 것은 일반 국민이 아니라 아주 특수한 국민들, 즉 정치인 및 정부기관의 관료들일 것이다. 그런 의미에서 사이버모욕죄는 '국왕모욕죄'라는 태생에 가장 충실하다고 할 수 있다. 그밖에 수많은 다른 예들은 법이 언제라도 국가폭력의 흉기로 변하여 시민들의 입을 틀어막는 데에 사용될 수 있음을 보여준다.

이런 '보편적 법치(?)'의 분위기 속에서 네티즌들 사이의 고소고발 협박도 어느덧 인터넷의 일상이 된 느낌이다. 나 역시 '듣보잡'이라는 인터넷 신조어를 사용했다가 이름 없는 우익 매체의 사주로부터 고소를 당한 바 있다. 우스운 것은 판사의 판결이었다. 내가 상대를 '가가멜'이라 부른 것도 모욕에 해당한다는 것. 법정에 서서 그것을 듣는 순간, 터져나오는 웃음을 참느라 힘이 들었다. 이 사건을 통해 나는 한 가지 중요한 사실을 알게 됐다. "아, 판사님도 〈스머프〉를 보시는구나." 이 사건 이후 준엄한 법원이 외려 친근하게 느껴졌다.

이명박 정권 들어와서 그전에는 듣지 못했던 법조항의 이름을 종종 듣는다. 그것은 정권이 어떤 정치적 목적에서 이미 사문화된 조항을 부활시켰기 때문에 발생하는 현상이리라. 그중 대표적인 것이 바로 '허위사실유포'라는 것. 부당한 이득을 취하기 위해 고의로 허위를 유포했다면, 그것은 얼마든지 다른 법률로 규제할 수 있을 것이다. 문제는 이 조항이 주로 정권을 비판하는 글이나 보도를 겨냥하고 있다는 점이다. 자신의 말이 허위로 드러났다고 해서 처벌을 받아야 한다면, 그 두려움에 시민들은 참말마저도 할 수 없게 된다.

이 책은 이명박 정권이 실천한 독특한 종류의 '법치주의'가 낳은 산물일 것이다. 법에 따라 통치를 한다는 것은 민주사회의 상식. 거기에 반대할 사람이 어디 있겠는가? 한마디로 민주사회에서 법치주의라는 말은 특별한 정보가치를 갖지 못한다. 그럼에도 불구하고 누군가 이 당연한 구호를 요란하게 표방한다면, 거기에는 우리가 알고 있는 일상적 의미와는 매우 다른 함의가 감추어져 있을 게다. 실제로 그랬다. 박경신 변호사의 『진실유포죄』는 그동안 '법치주의'라는 미명으로 저질러진 다양한 국가폭력에 대한 고발이자 저항이다.

이 책에서 가장 공감했던 부분은 '모욕죄'를 '혐오죄'로 대체하자는 주장이다. 사실 '모욕'은 시민들 사이에서 도덕적 비판의 대상이 되는 것으로 족하다. 주관적이기 짝이 없는 모욕의 감정을 기준으로 국가에서 처벌을 자임하고 나서는 것은 아무리 생각해도 불필요한 개입으로 보인다. 다만 특정한 종류의 모욕, 가령 장애인, 외국인, 동성애자와 같은 사회적 소수자를 향한 모욕은 사법적 처벌을 통해 규제할 필요가 있다. 하지만 우리 사회는 정작 규제해야 할 폭력은 방치한 채 규제할 필요가 없는 행위에 간섭하고 있다.

중요한 영역임에도 불구하고 아직 법 비판은 대중에게 생소하게 여겨진다. 제법 칼럼을 찾아 읽는 편임에도 불구하고, 이 책에 실린 글들은 대부분 처음 접하는 것들이다. 그도 그럴 것이 우리 사회에서는 법이나 판결이 문제가 되어도 대부분 사법의 논리가 아니라, 정치의 논리로 다루어지기 때문이다. 극심한 진영논리에 빠진 사회에서 '정의'를 논하기는 어려운 일이다. 어느 진영이든 동일한 사안에 대해서도 정치적 유불리에 따라 다른 잣대를 들이대기 때문이다. 그런 상황에서 이 책은 정작 필요한 '사법적' 시각을 제공해준다.

법 비판, 즉 법이나 판결에 대한 비판이 정치적으로 이루어진다는 것은 그만큼 우리 사회가 미성숙하다는 뜻이다. 하지만 한국 사회는 무서운 속도로 변화하고 또한 발전하고 있다. 지금은 법에 대한 논쟁이 대부분 소모적인 정쟁으로 흐르곤 한다. 하지만 사회가 성숙함에 따라 제대로 된 법 비판, 즉 사법의 관점에서 법의 정당성과 판결의 적절성을 따지는 논의는 머잖아 매체는 물론이고 대중들 사이에서도 중요한 담론의 영역으로 떠오를 것이다. 이 책이 그 바람직한 변화를 앞당기는 데에 커다란 역할을 하기를 기대한다.

진 중 권 (시사평론가)

평등주의자들을 리버럴이라고 부르는 이유

더불어 사는 삶, 즉 공공성을 해체하려는 1980년대에 나타난 정치사조를 신자유주의라고 부른다. 신자유주의에 대한 반대는 물론 중요하다. 신자유주의는 구체적으로 사회복지제도의 해체를 의미하는데, 이에 대한 반대는 사회복지제도가 갖춰진 나라에서는 엄청 중요하다. 우리나라는 그런 나라가 아니다. OECD 중에서 GDP대비 조세율도 꼴찌지만, 이 적은 세수 중에서 사회복지예산의 비율도 꼴찌다. 결과는 뻔하다. 자살률 1등이다. 우리나라는 기존 사회복지제도를 지키려는 것이 아니라 이를 더 강화하고 확대하기 위한 싸움을 벌여야 하는 국면에 와 있다. 그 싸움은? 말로 할 수밖에 없다. 사람들에게 알리고 설득하고 분노케 하고 모이게 해야 한다. 그래서 우리나라에는 지금 표현의 자유가 중요하다. 신자유주의 반대만큼이나 심지어는 공공성 자체만큼이나 중요하다.

표현의 자유는 공공성만큼 중요하다

표현의 자유를 공공의 안녕, 사회질서 등 공공성의 이름으로 제한하는 경우가 있다. 그러나 표현의 자유가 제한되면 공공성 강화를 위해 사람들을 조직하고 설득하기도 어려울 것이며, 공공성을 해체하려는 강자들의 노력에 대한 약자들의 감시와 견제도 어려워진다.

방송의 공정성 심의라는 것이 있다. 논쟁이 되는 사안에 대해서 보도할 때는 항상 양쪽의 이야기를 균형 있게 보도해야 한다는 것이다. 겉으로는 좋아 보이지만 사실은 '말할 필요'가 절절한 사람에게는 불리하다. 예컨대 FTA를 체결할 권한을 가진 정부는 홍보할 필요도 없이 그냥 체결하면 되지만, 이를 막고자 하는 사람들은 더 많은 사람들에게 더 많은 이야기를 해야 한다. 힘들게 방송에서 발언할 기회가 생겼는데 정부정책을 홍보하는 내용이 항상 뒤따라야 한다면 그만큼 발언의 효과는 떨어진다. 국민들에게 양쪽 이야기를 다 듣도록 해주는 것이 두렵다거나 나쁘다는 게 아니다. 법으로 항상 양쪽을 다 듣도록 강제하는 것은 변화를 더욱 어렵게 만든다는 것이다.

게다가 우리가 이미 기존 법제도로 보장된 사회복지제도를 지키려고만 하는 것이 아니라 더욱 확대하려고 한다면 '말할 자유'의 중요성은 더욱 긴절해진다. 변화의 목소리는 그 사회의 기득권 세력이 보기에는 필연적으로 편향적이며 '불공정'하다. 재개발을 반대하는 상가 세입자들의 농성은 기존 법체제의 입장에서 보기에는 부당하고 불공정한 것이다. 수십 년간 지가를 높여놓은 상가 세입자의 권리금을 인정하지 않는 스스로의 부당성에도 불구하고 말이다. 양자의 입장을 똑같이 '공정'하게 방송해야 한다면 손해를 보는 것은 '불공정'한 목소리를 계속 내서 더 많은 사람들을 설득해내야 하는 사회개혁세력이지, 목소리의 힘을 빌릴 필요 없이 묵묵히 재개발을 강행할 수 있는 기득권 세력이 아니다.

이런 공공성과 표현의 자유 사이의 거짓충돌은 형법규제들에서도 똑같이 나타난다. "모욕죄, 진실명예훼손죄, 업무방해죄 등을 없애면 일반 시민들이 당하는 모멸감, 사회적 명예손상, 업무방해 등은 구제될 길이 없다."라는 주장이 대표적인데, 실제 이 범죄들의 고소자들이 주로 누구일까? 서민들이 자긍심이나 행복추구권 보호를 위해 이 법제들을 이용하고 있기나 할까? 깡패에게 자릿세를 뜯기는 노점상들이 과연 검경에 가서 그들을 업무방해죄로 고소하는 게 몇 건이나 될까? 언론사들은 누가 또는 무엇이 두려워서 장자연리스트처럼 명백히 공익적인 사안들마저 '모래더미 속에 얼굴 파묻기' 식의 익명보도를 할 수밖에 없는 걸까? 정부의 고환율 정책 때문에 KIKO폭탄을 맞아 회사를 잃은 중소기업 사장은 정책권자에 대해 욕이라도 해서 자신의 분노를 정확히 전달할 수 있어야 하지 않을까? 표현은 타인의 감정을 상하게 할 수도 있지만, 타인에게 불쾌할 수 있는 표현의 자유가 보장되지 않으면 인권침해의 주체인 권력자들에 대한 비판과 견제를 하기는 훨씬 더 어려워진다.

표현의 자유가 보장돼야 국민이 세금을 낸다

공공성 확대의 물적 기반인 세수 확대를 위해서는 국민들이 세금을 낼 정도로 정부에 대해 신뢰가 있어야 한다. 여기서 정부에 대한 신뢰는 '내 뜻대로 될 것'이라는 신뢰가 아니다. 적어도 국가가 국가의 주인인 국민의 의견과 감정을 존중해줄 것이라는 신뢰다.

결국 우리는 국민의 일원으로서 국가의 주인임을 반복적으로 확인시켜줄 필요가 있는데, 물론 가장 중심적인 제도는 선거다. 그러나 선거만큼 또 위험한 것이 없다. 1987년 헌법은 국민에게 대통령을 직접 뽑을 수 있는 권리를 줌으로써 '주권'을 확인시켜주었지만 결국 "너희들이 직접 뽑았으니 뽑힌 내 마음대로 한다."라는 정권의 탄생을 초래했다. 선거의 본질은 다수결이다. 이보다 더 시장주의적이고 승자독식적인 것이 또 어디 있을까? 막가파 정부의 출현은 선거의 시장적 본질의 발현이다.

진정 국민이 국가의 주인임을 느끼도록 해주는 것은 국민이 직접 정치에 참여하도록 하는 것이다. 물론 대의제를 너무 신봉하고 있는 우리나라에서 직접민주주의가 더 필요하기는 하지만 지금 직접민주주의를 말하고자 하는 게 아니다. 유권자들이 선거가 끝난 후에도 자신의 대표들을 견제하고 감시할 필요가 있다는 것이다. 이런 필요를 충족시켜주는 것이 바로 '표현'이다.

국민이 가장 정부에 대한 신뢰가 떨어질 때가 언제겠는가? 국민의 말대로 하지 않았을 때가 아니다. 국가의 주인으로서 견해를 밝혔는데 감옥에 처넣으려 한다거나 국가의 주인을 사상통제하기 위해 그들이 보는 방송이나 교과서를 검열하려고 할 때, 국민은 확실히 주인으로서 대접받지 못한다고 느낄 것이다. 사실 이명박 정부는 양극화를 심화시킨 잘못만 있는 것이 아니라 정부에 대한 신뢰 자체를 땅에 떨어뜨려 다음 정부에 누가 들어와도 공공성을 확대하기 어렵게 만들었다. 조세율 같은 것은 정권이 바뀔 때마다 바뀔 수 있는 게 아니다. 땅에 떨어진 대정부 신뢰는 지금 야당이 정권을 잡는다고 해서 세금을 올려도 될 정도로 쉽사리 회복되지는 않을 것이다. 적어도 세금을 늘이자는 주장에 대해서는 "다음 선거에서 그 세금으로 국민을 탄압하는 정부가 들어서면 어떡하느냐?"라는 두려움이 있다.

더 평등해야 더 자유로워진다

물론 이런 이야기를 하지 않더라도 표현의 자유는 인간성의 핵심이라고 할 수 있는 사상과 감정의 전제며 발현이다. 표현의 자유는 표현을 접할 자유까지도 항상 포함한다. 사실은 소통의 자유가 정확한 표현이다. 소통을 통해 사상과 감정이 생길 수 있고 고양될 수 있다. 하지만 소통은 정신적인 상호작용일 뿐 타인에게 강제력이나 폭력을 가하지 않는다. 결국 표현의 자유는 인간성의 보호와 불가분의 관계며, 신자유주의 반대의 목표다. 표현의 자유를 보호하는 것은 인간성을 보호하는 것이다.

자유를 목표로 삼는 것은 인간들만이 추구하는 이상 중의 하나인 평등을 부인하는 것 아닐까? 자유는 인간성을 파괴하지 않는가? 미국에서 상대적으로 평등주의적 정책을 취하는 민주당을 리버럴liberal, 즉 자유주의자라고 부르는 이유는 평등을 통해서 궁극적으로는 자유를 보장하려고 하기 때문이다. 한 사람이 10개의 빵을 가지고 있고 나머지 아홉 사람이 1개의 빵을 가지고 있다면 아홉 사람은 10개의 빵을 가진 자의 영향력으로부터 자유롭지 못하다. 하지만 빵을 2개씩 공평히 가지고 있다면 모두 자유롭다. 즉 진정한 자유는 평등을 필요로 한다. 신자유주의는 자유를 위한 규제를 철폐함으로써 모두의 자유를 죽인다. 신자유주의는 사실 반反자유주의다. 선진국들은 자유롭기 위해 평등해짐으로써 더 자유로우면서도 더 평등하다. 우리나라 정권이 보수든 진보든, 공공성의 확대와 표현의 자유 확대는 선진국으로의 길에 항상 노정되어 있다.

1장에서는 사람들의 소통을 제약하는 규제들이 중점적으로 등장한다. 필자가 지난 5년간 표현의 자유를 침해하는 3대 사례로 꼽은 '미네르바', 〈PD수첩〉 광우병 보도, 언론소비자주권 국민캠페인, 그리고 정봉주 판결과 직접적인 연관이 있는 규제들이다. 2장에서는 시간·방법·장소·매체를 제약하는 규제들을 다룬다. 인터넷실명제, 음반심의제도, 선거규제, 집회시위법, 방송 공정성 심의 등이 핵심적이다. 3장에서는 소통을 규제하는 주체들을 다룬다. 강의를 하면서 질의응답 시간에 늘 받았던 첫 번째 질문은 검찰과 법원, 행정심의기구들에 관한 것들이었다. 아무리 빛나는 표현의 자유 원리들도 국가기관들이 오독한다면 의미가 없다. 4장에서는 사생활로서의 표현의 자유의 의미를 되새겨보며 다른 한편으로는 사생활과 표현의 자유가 충돌하는 지점을 짚어본다.

2012년 4월 11일 연희동 자택에서 총선 결과를 지켜보며

박 경 신

차례

1장 보호할 가치가 없는 표현은 없다

허위사실유포죄, 명예훼손 입증책임, 모욕죄, 혐오죄, 위력에 의한 업무방해죄 등 표현의 내용을 규제하는 형사처벌에 대하여

2장 일기조차 마음대로 쓸 수 없다

인터넷, SNS, 집회, 선거, 교육, 방송, 청소년유해물 심의 등 매체별 규제에 대하여

3장 표현의 자유, 누가 규제할 자격이 있는가

명예훼손 처벌하는 검찰, 행정기관의 검열, 검찰의 편향성, 기획재정부의 민간지원, SLAPP 소송하는 기업 등 표현의 자유를 규제하는 자들의 이야기

4장 사생활이 보호되어야 사상의 자유가 보호된다

민간인 사찰, 실명제, 통신자료제공제도, 결사의 자유, 정보보안의 모순, 사생활의 비밀에 관한 정당한 침해 등 사상의 자유에 대하여

Nature knows no indecencies; man invents them.

자연은 저속함을 모른다. 인간이 만들어낼 뿐이다.

• 마크 트웨인 •

1장

보호할 가치가 없는
표현은 없다

우리 헌법에 행동의 자유는 없고, 표현의 자유는 있다. 왜 그럴까? 미국 헌법은 아예 표현의 자유를 제약하는 법을 일체 만들 수 없다고 한다. 표현은 사상의 표현이며, 사상이야말로 인간을 동물과 구별하는 이유다. 표현은 그 자체가 인간됨의 발현이고 그 자체로 보호받을 가치가 있으며 또 그런 표현을 들어야만 사람들이 사상을 가질 수 있다. 꿈도 항상 특정 언어로 꾸듯이 사상은 표현을 통해서만 구체화된다. 표현도 행동처럼 타인에게 피해를 끼친다면 규제될 수 있겠지만, 그러한 피해가 입증되기 전까지 모든 표현은 우선은 보호 대상이다. 표현은 듣는 사람이 어떻게 듣는지에 따라 효과가 달라진다. 표현이 타인에게 미치는 영향은 듣는 사람의 반응에 달려 있다. 그러므로 어떤 피해가 있으리라는 '명백하고 임박한 위험 clean and present danger'이 없는 한, 말을 한 사람에게 모든 책임을 물으려 하는 것은 그 말을 듣고 자유롭게 사고할 수 있는 주체성을 무시하는 것이며, 그래서 우리 자신을 모독하는 것이다.

나는 소위 '사상의 자유시장론'을 싫어한다. 항상 "시장에는 규칙이 있다. 진지한 토론을 막는 난폭한 욕설은 퇴출되어야 한다."라는 반론, 또 "사상의 자유시장은 진실 추구의 도구인데 명백한 허위는 시장에 있을 필요가 없다."라는 반론에 부딪혀 결국 이런저런 이유로 사상의 자유시장론은 '저급한 표현'에 대한 검열을 용인한다.

표현의 자유에 대한 더욱 명쾌한 보호이론은 개그우먼 정선희가 펼친 바 있다. 최진실의 자살을 핑계로 한나라당이 '사이버모욕죄'를 만들어 네티즌들의 언어를 순화시키겠다고 했을 때, 정선희는 "인터넷은 호수 같은 것이다. 새와 꽃과 나비만 살 수는 없지 않느냐. 미생물도 살아야 하고."라며 말린 적이 있었다. 그렇다. 호수가 생태계인 것처럼 각 사람의 뇌도 하나하나가 생태계다. 미생물을 먹고 벌레가 살고, 벌레를 먹고 새가 살 수 있다. 똥 이야기를 자유롭게 할 수 있는 두뇌에서 셰익스피어도 나올 수 있는 것이다. 욕을 할 수 있는 두뇌에서 정부정책에 대한 맹렬한 연구와 비판도 나올 수 있는 것이다.

물론 여기서 논의되는 미네르바의 블로그 글이나 '2MB18nomA'의 트위터 글은 모두 잘 계산된 진지한 표현물들이다. 하지만 현행법과 많은 사람들이 보호할 가치가 없다고 주장한다. 그 프레임에서는 "보호할 가치가 있다."라고 백날 이야기해봐야 소귀에 경 읽기다. 그러나 "보호할 가치가 없는 표현은 없다." 보호할 가치를 따지기 전에 '규제할 이유'가 있는지를 밝히라고 하면 그만이다.

이 이야기는 우리나라에서 특히 중요하다. 우리나라 현행법대로라면 진실마저도 보호할 가치가 없는 표현에 포함되어 있는 특별한 나라이기 때문이다. 허위사실유포죄가 위헌이라고? 걱정 마라. '진실유포죄'가 있다. 우리는 타인의 평판을 '저하'한다면 진실이라도 형사처벌할 수 있는 나라다.

국민이 한 말이 '틀렸다'고 해서
처벌하는 나라는 대한민국뿐

한국을 포함하여 여러 선진국들에는 허위주장에 대해 법적 책임을
부과하는 법들이 많다. 허위주장이 타인의 평판을 저하하면 '명예
훼손', 금품을 취하기 위해 허위사실을 적시하면 '사기', 상장회사가
허위사실을 적시하면 '허위공시', 다른 생산자의 표지를 자신의 제
품에 부착해 그 생산자의 제품인 것처럼 꾸미는 식의 허위는 '상표
권침해', 선거에서 표를 얻기 위해 허위(예컨대 뉴타운개발계획)를 적
시하면 '선거법 위반' 등등의 법들은 대부분의 나라에 공통으로 존
재한다.

　그런데 위의 법들을 살펴보면 허위사실이 타인에게 초래하는 피
해나 그 유포자가 취하는 부당이득 등에 대한 처벌이지, 허위주장
그 자체에 대한 처벌이 아님을 알 수 있다. 인류는 일찍이 코페르니

쿠스 이후 지동설을 주장한 조르다노 브루노의 화형을 비롯한 수많은 계몽의 위기들을 거치며, 진실은 동시대의 권력이 독점하고 있는 것이 아니라 자유로운 토론 속에서 스스로 나타나는 것이고 그렇기 때문에 이른바 허위로 보이는 것에 대한 가장 효과적인 대응은 처벌이 아니라 허위를 비판할 수 있는 '자유'의 보장임을 깨우친다. 결국 타인의 명예를 훼손한다거나 금품을 갈취당한다거나 하는 명백하고 임박한 위험이 있는 경우에만 처벌을 허용하는 것이지, 말이 틀렸다고 해서 처벌하는 법은 존재할 수 없는 것이다.

하지만 한국에는 바로 허위 그 자체를 처벌하는 법이 있다고 검찰은 주장했다. 전기통신기본법 제47조 제1항은 "공익을 해할 목적으로 전기통신설비에 의해 공연히 허위의 통신을 한 자는 5년 이하의 징역 또는 5천만 원 이하의 벌금에 처한다."라고 했다. 이 법하에서, '단체 휴교'라는 내용의 문자를 퍼뜨린 학생이 기소되었다가 다행히 무죄 판결이 내려졌다. 그 며칠 전에는 정부의 외환조치에 대한 소식을 전했던 누리꾼이 '이 소식은 허위'라는 이유만으로 체포됐다.

현실 속의 허위유포죄는
진실유포죄

허위사실유포죄는 위헌일 뿐만 아니라 국제인권기준을 명백히 위반한다. 왜냐하면 포장만 허위사실유포죄일 뿐, 실제로는 정부의 비리에 대한 진실된 고발과 비판을 처벌하는 진실유포죄로 기능하고 있기 때문이다. 자유민주주의 국가에서 허위사실 자체를 처벌하는 국가는 유일하게 우리나라뿐이다. 유엔인권위원회는 이미 1990년대에 시민정치적 권리에 관한 국제규약 심사에서 튀니지, 모리셔스, 아르메니아, 우루과이, 카메룬 등이 가지고 있는 허위사실유포죄에 대해 우려를 나타냈다. 특히, 지난 2000년 의사표현의 자유에 관한 유엔특별보고관은 허위사실유포에 대해 형사처벌하는 것은 형평성에 어긋나며 비난받아 마땅하다고 했다. 이에 따라 그나마 허위사실유포죄가 존재하던 후진국들도 하나둘씩 폐지하고 있다. 1978년에는 미주기구OAS 산하 미주인권위원회의 지적에 따라 파나마가 허위사실유포죄를 폐지했다. 2000년 5월에는 짐바브웨 대법원도, 허위사실유포죄는 그 죄를 통해 방지하려는 해악과 그 죄를 통해 침해당하는 표현의 자유 사이에 형평이 맞지 않는다며 위헌 판정을 했다. 비슷한 시기 카리브해 동부 소국인 앤티가바부다의 최고법원도 허위사실유포죄에 위헌 판결을 내렸다.

선진국 중에서 이례적으로 허위사실유포죄가 있던 캐나다 역시, 1992년 연방대법원이 "허위보도를 형사처벌하는 자유민주주의 국가는 어디에도 없다."라고 지적하며 허위사실유포죄에 대해 위헌 판정을 했다. 당시 피고는 나치의 유태인학살을 부인하던 공공의 적 중 하나였지만 캐나다 정부는 그가 허위사실유포죄로 처벌되지 않도록 심혈을 기울였고, 결국 그는 독일로 인도되어 유태인학살부인죄로 구속됐다.

우리나라도 물론 어두운 과거에는 다른 나라들처럼 허위사실유포죄가 있었다. 조선시대 때 능지처참했던 풍기문란죄가 있었고, 군사독재 시절의 긴급조치 1호인 유언비어유포죄가 있었다. 검찰이 이 위헌적이며 국제적인 창피거리인 허위사실유포죄를 적용하는 코미디를 반복할지 궁금하다. 우리가 살고 있는 나라가 도대체 어떤 나라인지에 대해서 준열한 깨우침을 주기 때문이다.❶

명백한 허위를 보호할 가치를 규제할 이유는 무엇인가

미네르바 사태를 지켜보는 일단의 사람들은 자기 학력과 경력까지 속였음은 물론, 명백한 허위사실을 유포한 사람을 왜 보호해야 하는지를 묻는다. 이들은 미네르바가 도덕적으로 타락했으며 그의 도덕적으로 저열한 말, 즉 허위사실은 규제되어야 마땅하다고 주장한다. 그러면서 익명의 표현과 '악플'도 허위사실과 같은 선상에 두고 보호할 가치가 없다고 하며, 현행 모욕죄를 사이버모욕죄로 업그레이드하고 인터넷실명제의 적용 범위도 현행 일일 방문자 30만 명 이상의 사이트에서 10만 명 이상의 사이트로 모두 확대할 것을 주장하고 있다.

과연 허위, 악플 등 그 내용만으로 저급한 표현의 범위를 국가가 또는 심지어 공동체가 다수결을 통해 규정하여 처벌하는 것이 타당한지를 생각해보자. 멀리는 교황청이 권력을 쥐고 있던 중세 유럽에서는 지동설이 허위였고, 가까이는 황우석 지지자들이 권력을 쥐고 있던 참여정부 때는 줄기세포가 없다는 주장이 허위였다. 물론 둘 다 시간이 흐른 뒤 진실로 밝혀졌지만 이들 주장이 사회를 혼란시킨다는 이유로 당대에 처벌됐다면, 과연 이 주장들이 햇빛을 볼 수 있었을까?

실제로 지동설을 주장했던 조르다노 브루노라는 수도사는 1600년도에 화형당했고, 근대과학의 발전은 다시 뉴턴이 등장하기까지 100여 년을 기다려야 했다. 황우석 사건도 수많은 네티즌들이, '여러 개'의 줄기세포 테라토마 사진들이 실제로는 하나의 사진을 여러 각도에서 찍은 것임을 아마추어의 육안으로 확인하고 문제를 제기함으로써 의혹이 커졌고 결국 발각됐다. 만약 이명박 정부였다면 그런 의혹을 제기하는 네티즌들을 모두 허위사실유포죄로 처벌했을 것이고 연구 사기는 수년 동안 밝혀지지 않았을 것이다. 이 책을 쓰는 2012년에도 다른 형태로의 형사처벌이 두려워서 밝혀지지 않은 비리들이 틀림없이 있을 것이며, 이 비리들은 나중에 수면에 떠오를 것임을 확신한다.

진실 추구를 위해서는
허위에 대한 관용 필요　　　혹자는 이에 대해 "나중에 진실로 밝혀질 가능성이 전혀 없는 명백한 허위는 그 자체로 처벌될 수 있다.”라고 말한다. 모욕죄에 대해서도 대부분의 사람들은 “욕설은 그 자체로 욕설일 뿐 해석의 여지가 있는 경우는 별로 없다.”라고 주장한다.

그러나 명백한 허위라고 할지라도 그것이 누군가에게 피해를 발생시키지 않는다면 과연 허위주장을 널리 퍼뜨렸다고 해서 처벌해야 할까? 이미 형사책임을 부과할 정도로 진위 여부가 분명한 주장은 그 자체가 별다른 피해를 발생시키지 않는다. “남산이 없어졌다.”라는 말로 사회혼란을 불러일으킬 수 있을까? 허위라 할지라도 사람들이 이에 오도되지는 않을 것이다.

그 말이 허위라고 하더라도, 당장 어떤 피해를 발생시키지 않는데도 그 자체를 처벌한다면, 우리가 ‘진실’로 나아갈 길을 막는 것이다. 진실은 허위를 먹고 자란다. 과학철학은 ‘진실의 조건’을 연구하는 학문인데, 다양한 학파들이 동의하는 부분은 진실과 허위의 차이는 명료하지 않으며 단지 진실을 위한 부단한 노력만이 있을 뿐이라는 것이다. 가설을 세우고 그 가설이 허위임을 입증하는 작업의 연속이다. 결국 확신이 없는 명제를 먼저 세우지 못하면 과학도 할 수 없는 것이다. (허위사실유포죄에 대해 위헌 판정을 내린 캐나다 법원의 말을 빌리자면) “열대우림과 지구온난화가 관련이 있다는 주장이 나중에 허위로 밝혀질 경우 처벌될 위험을 감수해야 한다면 누가 처음에 그런 주장을 하겠는가?” 모든 가설들이 다 진실이 되길 기대하는 과학은 존재하지 않는다.

　어차피 사람들이 하는 말이 모두 진실이라면 문명은 더 발전할 여지가 없다. 전에는 허위인지 몰랐던 주장이 허위임이 '밝혀지면서' 문명은 발전하는 것이다. 이러한 교훈 때문에 우리나라를 제외한 모든 선진국들은 타인의 인격이나 재산권을 훼손하지 않는 한 허위 자체를 처벌하지 않는다.

　'공익을 훼손'하는 허위만 처벌한다고 하더라도 문제는 똑같다. 파나마·짐바브웨·캐나다 등에서 인권침해 또는 위헌 판정을 받은 법들은 모두 우리나라의 전기통신기본법처럼 공익 훼손의 위법성 요건이 있던 법들이었고, 이들 나라의 사법부와 인권기구는 '공익'

의 의미를 권력이 정의하게 되는 위험을 간파했던 것이다. 우리나라도 이미 2002년 헌법재판소가 '공공질서와 안녕'의 애매모호함을 이유로 불온통신 삭제제도를 위헌 처분한 바 있다. 역시 법 속의 공익과 공공질서는 '정권 유지'로 해석되기 마련이기 때문이다.

왜 이런 허위, 욕설, 익명 같은 저열한 표현들까지 보호하려 드느냐고? 무엇이 우리를 해방시키는지 고민해봐야 한다. 중요한 것은 일반적인 표현이 허용되는 게 아니라 특별한 표현이 허용되는 것이다. 일반적인 표현은 어차피 규제되지 않는다. 즉 대다수의 사람들이 듣기 싫어하는, 또는 권력자가 듣기 싫어하는 말을 할 수 있는 자유가 진정한 표현의 자유다. 우리나라의 의료보험이 부끄러운 이유는 가벼운 질병을 앓는 일반인들에게는 세계 최고일지 모르나 희귀병, 불치병 또는 큰 사고를 당한 사람에게는 최악이기 때문이다. 특별하지 않은 표현들이 수만 번 허용되더라도 '특별한' 표현이 단한 번 처벌된다면, 이것은 국민 전체에 대한 표현의 자유가 침해되는 것이다. 미네르바처럼 우리도 똑같은 말을 하면 감옥에 갈 수 있는 나라에서 살고 있는 한 똑같은 '말 감옥'에 갇혀 사는 것이다.

우리는 우리가 다수에 속해 있다고 생각한다. 하지만 우리는 소수가 될 수 있는 위험을 항상 안고 있다. 이것이 현실이다. 현실을 올곧게 대면하느냐 그렇지 않느냐가 선진국과 후진국의 차이다. ❷

두 칼럼의 게재일이 하루밖에 차이가 나지 않은 과정을 설명하고자 한다. 2009년 1월 8일 미네르바가 구속된 날, 두 명의 학생들과 통화하게 됐다. 한 명은 미네르바가 학력을 위조한 것에 대해 분노했고, 다른 한 명은 구속 사실에 분노를 터뜨렸다. 필자는 오랫동안 가르쳤던 학생들이 이토록 서로 견해가 다른 것에 스스로 놀라며 눈이 펑펑 오던 그날 두 학생을 불러 밤새 술을 마시면서 머릿속으로 두 칼럼들을 써 내려갔다.

그 후 '미네르바' 박대성 씨의 형사재판에 출두하여 '허위사실유포죄' 자체의 허구에 대해 참고인 진술을 한 바 있다. 박대성 씨는 무죄 판결을 받고 구속된 지 100일 만에 풀려났다. 그리고 다시 허위사실유포죄 자체에 대한 위헌 여부를 심사하는 헌법재판소 재판에서 참고인 진술을 해야 했다. 허위사실유포죄, 아니 전기통신기본법 제47조 제1항은 2010년 12월 28일 위헌 판정이 내려졌다. 미네르바의 구속으로 전 국민이 2년 동안 갇혀 있던 '말 감옥'이 해체된 순간이다.

당시 형사재판에서 필자가 "허위사실유포죄가 짐바브웨 대법원에서도 위헌 판정을 받았다."라고 말하자 검사가 했던 질문을 아직도 잊을 수가 없다. "어떻게 우리나라를 짐바브웨 같은 나라에 비교할 수 있느냐?"

첫 번째 답, 짐바브웨 국민들이 기분 나빠할 것이다. 게다가 자신들은 이미 몇 년 전에 위헌 판정을 내린 법을 가지고 사람을 잡아넣는 대한민국을 보면 얼마나 우습겠는가? 두 번째 답, 비교하고 싶어서 하는가? 누가 짐바브웨와 비교될 행위를 했는가? 정부의 경제정책을 비판했다는 이유만으로 100일 동안 수감돼야 했던 박대성 씨의 황폐해졌을 가슴속을 생각하면 아직도 눈물이 앞을 가린다. 허위라고 주장되던 내용들은 실제로 2007년 말 금융당국이 은행들에게 외환거래를 자제하라고 전화로 요청한 것을 박대성씨는 외환거래를 중단하라는 공문을 보냈다고 표현한 것, 그리고 2007년 여름 외환거래가 거의 중단됐던 것을 중단됐다고 표현한 것 두 가지인데, 이 정도 사실과의 간극이라면 필자의 논문들에서는 수백 가지가 나올 것이다. 280여 개가 넘는 블로그 글을 탈탈 털어서 나온 단 2개의 부정확한 주장을 가지고 박대성 씨를 감옥에 넣는다면, 필자를 비롯한 수많은 경제학자들은 감옥을 수백 번씩 다녀왔어야 할 것이다. 그런 기준이라면 수많은 허위들이 나도는데 박대성 씨만 감옥에 갔다는 것은 결국 그 허위 때문이 아니라 정부를 효과적으로 비판했기 때문이다. 허위사실유포죄가 폐지되어야 하는 이유를 미네르바 사건이 잘 보여주었다.

더 읽을거리

★ '허위사실유포죄의 위헌성에 대한 비교법적인 분석'(44면), 박경신, 「법학연구」 제12집 제1호, 인하대학교, 2009.05

★ '법적 사실인정절차와 귀납논리학의 관계들에 대한 고찰', 박경신, 「사법개혁과 세계의 사법제도」 제6권, 사법제도비교연구회편, 2009.01

정봉주 유죄 판결은
법적 착시현상

국가가 모든 걸 통제하고 개입할 필요는 없다. 상대성이론은 국가 개입 없이 발견됐고, 아이폰은 국가 지원 없이 잘 만들어졌다.

사법부가 모든 말의 진위 여부를 결정할 필요도 없다. 안기부 X파일 검사가 실제로 떡값을 받았는지, 「조선일보」 사장이 장자연으로부터 성 상납을 받았는지, 미국산 쇠고기의 광우병 감염 가능성이 얼마나 높은지 등등 어떤 명제들은 과학적으로, 현실적으로 확인이 불가능하다. 아마도 사람들에게 가장 중요한 명제인 "신은 존재하는가?"도 그 진위가 결정되지 않았지만 우리는 수천 년을 잘 살아왔다. 교인들의 신실함은 이 질문에 대한 고민의 강도로 결정되는 것이며 물리적 입증이 도리어 없기 때문에 소중한 것이다.

불확실성을 공기처럼 호흡하며 살아가는 국민들에게 자신이 한 말의 '진실'을 책임지라고 해서는 안 된다. 표현이 자유롭다면서 진실이어야 한다는 조건을 다는 것 자체가 표현의 자유를 부인하는 것이다.

결국 국가가 국민이 한 말이 허위라고 해서 잡아 가두려면 허위임이 우선 '입증'되어야 한다. 물론 2009년 초부터 2010년 말까지 진행된 미네르바 사태를 통해 교훈을 얻었듯이, 허위가 입증되더라도 허위라는 이유만으로 처벌되어서는 안 되고 공직선거법상의 허위사실공표죄처럼 유권자에게 미칠 피해가 '명백하고 임박한 경우'에만 처벌이 가능하다. 공직선거법상의 허위사실공표죄 자체는 위헌 판정을 받은 '허위사실유포죄'와는 다르다. 그런데 이 경우 허위는 국가가 입증을 해야지, 국민에게 진실임을 소명하거나 입증할 책임을 두어서는 안 된다.

허위사실공표죄에
허위판시가 없다
이번 정봉주 전 의원의 유죄 판결은 이 당연한 원리를 무시한 판결이다. "BBK 주가조작에 이명박이 관여하지 않았다."라는 판시가 없는 상황에서 '정봉주가 주가조작을 소명하지 못했으니 유죄'라고 판결했기 때문이다. 대륙법과 영미법을 막론하고 어느 나라에서도 진실인지 입증하지 못한 명제의 책임을 그 말을 한 사람에게 지우는 나라는 없다. 그런 논리라면 전 세계의 기독교인들은 야훼의 존재를 입증하지 못한 죄로 모두 감옥에 가야 할 것이다. '확실한 증거가 없으면 입을 다물라'는 것인데 이런 규범 아래서 문명이 어떻게 발전하고, 사상이 어떻게 발전할 것인가.

하급심에서 '허위' 판시가 딱 한 줄 나오기는 한다. "피고가 공표한 사실이 모두 허위의 사실임은 앞서의 증거로 넉넉히 인정된다." 그러나 '앞서의 증거'들은 대부분 정봉주가 제시한 수많은 자료들의 흠결을 지적한 증거일 뿐, 실제로 BBK 주가조작에 이명박이 관여하지 않았다는 증거들이 아니다. 항소심도 마찬가지로 정봉주가 충분한 '소명'을 했는지에 관심 있지, 실제로 이명박이 BBK 주가조작을 했는지에 대해서는 관심이 없다. 틀림없이 죄목은 '허위사실공표'인데 허위판시가 없다. 정봉주의 자료가 불충분하다고 해서 이명박의 주가조작 사실(사실이라면)이 변하는 것도 아닌데 정봉주에게 자신이 한 말의 근거가 없다고 유죄를 때린 것이다.

대법원이 이렇게 판결한 이유는, 착시현상 때문이다. 형법 제307조 제1항이 진실인 경우에도 명예훼손의 성립을 인정하기 때문에, 진실이든 허위든 어차피 유죄가 된다. 그래서 과거나 지금이나 명예훼손 사건에서 형법 제307조 제2항 허위에 의한 명예훼손 사건임에도 말이 허위인지는 판시하지 않고 말한 사람이 얼마나 '근거'를 가지고 있었는지를 따지는 경우가 허다했다. 말의 진위를 밝힐 생각은 안 하고 "피고인, 너 그런 말 할 자격이나 있느냐?"를 묻게 되는 것이다.

물론 안기부 X파일 사건에서 다행히도 우리 대법원은 명예훼손 죄목에 대해 정확하게 말했다. "안강민·홍석현·이학수가 법정에 출두해서 '우린 떡값을 주지도 받지도 않았다.'라고 증언이라도 해서 허위를 입증하지 않는 한 그 진실을 입증하지 못한 책임을 노회찬에게 지울 수 없다."라고. 명예훼손 사건에서는 그렇게 잘해놓고, 선거법이 적용된 정봉주 사건에 있어서는 다시 구태를 답습하고 있는 것이다.

이렇게 하면 권력비리를 캘 수가 없다. 권력비리는 침묵과 어둠의 '장막' 속에서만 이뤄진다. 이들은 이런 장막을 구매할 수 있기 때문이다. 장막을 뚫고 간신히 올라오는 단서들은 당연히 '충분한' 증거가 되지 못한다. 그렇다고 해서 그 단서들을 제시할 수조차 없다면 비리의 고발은 애당초 불가능하다.

장자연이 남긴 유언장과도 같은 문서, 안기부가 본의 아니게 남긴 X파일, 외국 과학자들과 언론이 광우병에 대해서 한 말, 누리꾼들이 황우석의 테라토마 사진을 보고 제기한 의혹들이 바로 그러한 단서들인데, 이를 국민들에게 공개하고 국민들의 의견을 물었을 때 그 단서들이 불충분하다고 하여 감옥에 가야 한다면 누가 비리 고발을 하겠는가? 정봉주도 BBK의 소유주에 대해서 알 수 있는 모든 방법들이 침묵의 장막으로 차단된 상황에서 어렵게 어렵게 얻어낸 단서들을 가지고 있었고 이를 국민들과 공유한 것은 당연하다.

지금 할 일은 두 가지다. 첫 번째, 전 세계에서 유례없는 '진실임

에도 명예훼손 책임을 지우는 형법 제307조 제1항'을 꼭 폐지해야 한다. 물론 이번 유죄 조항은 선거법 조항이지만, 명예훼손 논리를 대입했음이 분명하다.

두 번째, 사법개혁이다. 이번 판결은 법 자체의 문제라기보다는 입증 책임의 소재에 대한 법 해석의 문제다. 법에 '허위'가 요건이면 그 입증 책임은 국가가 져야 한다. 법관이든 검사든 법에 나타난 국민의 위임 범위 안에서 활동한다는 명제를 확실히 상기시켜줘야 한다. 국민은 국민의 말이 국가가 허위임을 입증하지 않은 상황에서 국민이 진실임을 입증하지 못했다는 이유로 국가에게 처벌할 권한을 준 적이 없다. ❸

나도 호스트바에서
일했을 수 있다

정봉주 유죄 판결은 2003년 선거법상 허위사실공표죄에 대한 대법원의 전원합의체 판결에 따라 예고된 것이다. 이 판결에서 대법원은 선거에서 의혹을 제기한 사람에게 진실을 소명할 부담을 지우고 이 소명이 불충분하면 유죄라고 규정했다. 입증 책임은 계속 검찰이 가지고 있다고 했지만, 이보다는 낮은 '소명' 책임을 의혹 제기자에게 부과했던 것이다. 선거는 진실 추구가 중요한 시점이라는 이유다. 안 그러면 "선거판에서 흑색선전이 난무하게 되는 것 아니냐?" 하는 걱정 때문이다.

하지만 그 걱정을 가장 잘 해소하는 방법은 더 자유롭게 의혹을 제기할 수 있도록 하거나 더 자유롭게 의혹 제기자에 대해 반론을 제기할 수 있도록 해주는 것이다.

물론 "A는 X를 했다."라는 의혹 제기에 답하기 위해서는 "A는 X를 하지 않았다."라는 소극명제를 입증해야 하는데 이게 만만치는 않다. 시간과 공간을 특정하지 않으면 알리바이를 댈 수 없기 때문이다. 누군가 무턱대고 "박경신이 어딘지 모르겠지만 호스트바에서 일생 동안 한 번은 일한 적이 있다."라고 의혹을 제기한다면 필자도 당장 어디에서부터 시작해야 할지 모르겠다.

하지만 그런 어려움 속에서도 가장 입증하기 쉬운 사람은 결국은 A일 수밖에 없고, 박경신일 수밖에 없다. 그래서 미국과 유럽의 법원들도 수십 년 수백 년에 걸쳐 실험을 해보다가 마침내 명예훼손의 고소인 측, 즉 검찰이 입증 책임을 지는 것으로 확정했고, 우리 대법원도 일반론으로는 검찰이 입증 책임을 가져야 함을 호기롭게 선언하고 있는 것이다.

그런데 선거법에 대해서는 "허위입증은 검찰이 모두 책임진다."라는 호기가 "입증은 검찰이 하되 소명만큼은 의혹 제기자가 한다."라는 타협안으로 희석된 2003년 전원합의체 판결이 나왔고, 이상훈 대법관은 이를 따를 수밖에 없었던 것이다. 이 때문에 BBK 주가조작에 이명박은 관여하지 않았다는 구체적인 판시 없이도 소명 불충분이라는 이유로 유죄 판결이 난 것이다. 게다가 이번 정봉주 사건에서는 말이 소명이지, 거의 입증 책임과 비슷하다. 정봉주가 낸 자료들을 일일이 탄핵하여 불충분한지를 판단하고 그 책임을 정봉주에게 물었는데, 그렇게 탄핵을 견뎌낼 자료를 제출하라는 것은

'입증'하라는 것이며, 소명을 한참 뛰어넘는 것이다.

이 판례하에서는 BBK 관련자들은 침묵을 지키는 것이 백번 유리하다. 허위사실공표죄를 수사하는 검사도 의혹 제기자의 근거가 충분했는지만 조사하면 될 뿐 실체적 진실을 밝힐 필요가 없다. 이렇게 되면 당연히 의혹 제기자는 불리하다. 비리에 대한 증거가 확실한 것이 세상에 어디 있겠는가? 그럼 의혹 제기를 안 하게 된다. 진실은 누가 밝히는가? 선거에서 진실이 간절하다면서 도리어 진실을 위한 투쟁이 선거판에서 추방되어버리는 것이다.

근거 없는 의혹 제기를 막고 싶다면 우리나라 명예훼손 분야에서 나온 더욱 손쉬운 해결책에 귀 기울여보자. 의혹 제기자에게 시간과 공간을 '특정'할 의무만을 부과하는 것이다. 예를 들어 "박경신은 2010년 1월에 청담동의 호스트바에서 일했다."라고 특정하지 않으면 아예 허위로 간주하는 것이다. 이러한 '특정' 책임을 말한 사람에게 분배하는 것은 소명이나 입증 책임을 말한 사람에게 분배하는 것과는 다를 것이다.

결국 선거판에 진실을 세우는 방법은 의혹을 가장 쉽게 해명할 수 있는 사람들이 해명할 수밖에 없도록 동기를 부여해주는 것이다. 타인이 자신에게 나쁜 짓을 했다고 주장했을 때 그 진위를 잘 밝힐 수 있는 사람은 항상 말의 대상이 된 사람이다. 즉 그 사람의 말이 진실임을, 즉 의혹 제기자의 주장이 허위임을 검찰이 입증하지 못한다면 말한 사람은 무죄가 되는 것이 옳다. 물론 선거법상 허위사실공표죄는 자기 자신에 대한 허위사실공표에도 적용된다. 가령 ○○대학을 졸업하지 않았는데 그렇다고 하는 경우 등이다. 이 경우에는 이 주장이 진실임을 소명하지 못하면 허위의 책임을 묻는 것은 괜찮아 보인다. 스스로가 진위를 밝힐 가장 좋은 위치에 있기 때문이다.

하지만 아무리 말씀을 드려도 누군가 자신에게 근거 없는 의혹을 제기할까봐 밤잠을 설치는 분들이 있는 것 같다. 의혹 제기에 일일이 다 소송으로 대응할 수 없으니 아예 의혹 제기자에게 소명 책임이라도 부과해놓으면 미리 위축시킬 수 있지 않겠느냐고 한다.

왜 필자는 "호스트바에서 일한 적이 없다."라는 추정으로 보호받을 자격이 있는가? 특정 대학 교수거나 특정 대학 출신이라서? 외관만으로 좋은 평가를 받으려고 하는 것부터가 위선이고 편견이다. 나아가 모두가 "나는 소수가 아니다."라는 추정 속에 살려는 욕망이 바로 소수에 대한 차별의 토양이다. 그래서 모든 차별은 원래 자기증오인 것이다. 그리고 이 자기증오 속에서 명예훼손죄, 모욕죄는 태어났다. 이 법들이 모두 사회적 강자들이 자신의 지위에 걸맞은 대우를 해주지 않는 아랫것들을 처벌하기 위해 시작된 법임은 두말할 필요도 없는 역사적 사실이다.

명예는 입증되어야 하는 것이지, 전제되는 것이 아니다. 그 의혹이 물리적으로 불가능할 정도로 바쁘게 사는 것처럼 보이기 위해 노력해왔기 때문에 아무도 그런 주장을 믿지 않을 것이라는 생각에

나는 오늘도 편히 잠을 잔다. 그리고 그런 주장을 하는 사람을 내가 '거짓말쟁이'라고 마음껏 몰아세울 수 있는 표현의 자유가 있기에 나는 편히 잠을 잔다. 대한민국에서는 모 의원이 여성 아나운서들에 대해서 근거 없는 주장을 했다가 당한 돌팔매질 못지않은 비판의 자유가 허용된다는 사실에 나는 편히 잠을 잔다. 물론 더욱 중요한 것은 내가 호스트바 종업원과 같은 소수의 한 명(아니 강간범이라도 마찬가지다)일지도 모른다는 의혹을 받는 것 자체를 끔찍하게 여길 정도로 스스로 '완벽한 다수'라고 생각지 않기 때문에 편히 잠잔다. 그런 두려움에 잠을 못 주무시고 명예毁손죄, 모욕죄를 사수하고 또 그것도 모자라서 공직선거법에서는 허위에 대한 입증 책임을 전환시켜서 "증거가 없으면 침묵하라."는 법리로 정봉주를 감옥에 넣고 선거에서 진실을 추방한 분들, 편히 주무시길.❹

뒷이야기

정봉주 유죄 판결이 나온 날, 판사들 몇 분과 분노의 술을 마시고(물론 그 판사들 중 몇몇의 분노는 나에 대한 것이었다) 정신을 잃은 후 새벽 4시쯤 술에서 깼을 때 집에서 글을 쓰고 있는 나를 발견했는데 그 글이 앞서 두 칼럼 중 바로 첫 번째 칼럼이다.

이 칼럼들이 나온 후에 소위 '정봉주법'이라는 형법 등의 개정안이 발의됐는데, 그 첫 번째 항목이 형법 제307조 제1항의 '진실'에 의한 명예훼손의 폐지다.

'사이버모욕죄'는
시대착오다

김경한 법무장관은 인터넷상에서 타인을 비난하는 글을 처벌하는 '사이버모욕죄'를 신설하겠다고 했다. 이미 형법상 모욕죄가 있지만 친고죄라서 피해자의 고소가 있어야 형사처분이 가능하였다. 그러나 새로운 '사이버모욕죄'는 피해자의 고소가 없어도 기소가 가능하도록 한다는 것이다.

　욕설로 상대를 욕보이는 모욕은 명예훼손과는 다르다. 명예훼손은 제3자들이 언사의 대상에 대해 가지고 있는 평판을 저하시키는 것이다. A가 B라는 상대를 '새끼'라고 불렀다고 해서 다른 사람들이 B에 대해 가지고 있는 평판을 저하시킬 수는 없다. 도리어 말투가 험악하다며 A의 평판을 저하시킬 것이다. B에 대한 사실적 주장을 해야 하고(가령 "B가 1억 원을 사기 쳤다." 같은) 그때 비로소 명예훼손이 성립하는 것이다. A로부터 욕설만 듣는 경우 B는 모멸감을 느낄 것이고 이것이 모욕이다.

보통 모멸감의 여부와 강도는 자신의 주관적인 판단에 따라 달라진다. 명예훼손 법리는 상대적으로 객관적인 명예 또는 평판을 보호하는 반면, 모욕 법리는 주관적인 '명예감' 또는 체면만을 보호한다. 그런데 법이 명예감 또는 체면만을 보호해주려고 하다 보면 결국 외관이 높아 보이는 사회지도층 인사들만이 이 법의 혜택을 받지 않을까? 참고로 형법교과서에 모욕죄가 명예감을 보호하는 것이 아니라 '외부적 명예'를 보호하는 것이라고 쓰여 있다면 바로 이 외관을 뜻하는 것이지, 평판을 뜻하는 것이 아니다.

아니나 다를까, 모욕죄의 시초는 유럽의 국왕모독죄였다. 국왕모독죄는 구시대적인 배경 때문에 자유민주주의 체제가 자리 잡힌 국가들에서는 대부분 폐지되거나 사문화됐고, 가끔 권위주의 정부들이 이를 남용하다가 유럽인권재판소에서 판결이 거의 번복되고 있다. 미국은 죄 자체가 없다. 아프리카, 프랑스의 옛 식민지들과 남미, 스페인의 옛 식민지들에서 식민통치의 잔재로 국왕모독죄의 형태가 존재하고 있지만 그곳에서도 꾸준히 폐지가 이뤄지고 있다.

우리나라처럼 일반인모욕죄로 확산된 국가는 독일·일본·대만뿐이다. 독일에서 귀족들이 상호 간의 무례함을 두고 결투로 다투던 것을 순치하기 위해 만든 제도였는데, 일본이 독일의 법제를 수용하고 대만과 우리나라는 식민지시대 때 강제로 착근된 것이다.

그러나 일본에서는 처분이 경미하여 30일 미만의 구류나 1만 엔(한화 약 10만 원) 미만의 벌금으로 그친다. 욕을 심하게 하면 1년 이하의 징역이나 200만 원의 벌금까지 부과시키는 우리나라와 대비된다. 대만에서는 최근 주차 문제로 다투던 상대방이 자신을 '아줌마'라고 불렀다고 고발한 것이나 이웃이 기르는 앵무새가 자신에게 욕을 했다고 고소한 사례들이 나올 때마다 모욕죄 폐지가 지속적으로 논의되는 상황이다. 그나마 전 세계에서 유일하게 모욕죄 기소가 활발히 이뤄지는 독일에서는 검찰이 개입하지 않는 사소私訴로 처리되고 있다. 모욕죄는 그 본질이 왕이나 귀족들의 체면을 유지하기 위한 것이었기 때문에 검찰이 개입할 경우, 현대사회에서는 권력층에 대한 비난을 위축시키는 제도로 남용될 수 있기 때문이다.

그런데 이번에 우리나라가 욕설을 당한 피해자는 가만히 있어도 검찰이 알아서 욕한 사람들을 기소할 수 있도록 해주는 '사이버모욕죄'를 만든다면, 결국 검찰이 눈치를 봐야 하는 사회지도층 인사들은 자신들에 대한 비판자들을 표현의 수위가 좀 높다는 이유로 고소도 하지 않고 형사처벌할 수 있을 것이다. 이들에게는 '손 안 대고 코 푸는' 제도가 탄생하게 되는 격인데 봉건적 잔재에 다시 불을 밝히는, 정녕 '국가에 대한 모욕'이 될 것이다.

이러한 법 개정은 모욕 규제의 취지 자체를 형해화하는 것이기도 하다. 모욕은 개인이 느낄 수 있는 모멸감을 방지하거나 개인이 가진 자존감을 보호하려는 것이다. 그런데 표현의 대상이 된 사람이 모멸감을 느꼈는지에 대한 아무런 의사표현을 하지 않았는데도 이를 처벌한다는 것은, 절도된 물건이 없음에도 절도죄를 적용하는 것과 같다. 독일은 사적인 범죄라 하여 고소는 물론 기소까지 피해자 당사자에게 맡기고 있지 않는가.

대한민국 정부가 선진화를 꿈꾸고 있다면 가진 자들의 전유물이 될 수 있는 모욕죄를 폐지하고, 역사적으로 억압과 차별을 겪어왔던 소수자들을 보호하는 혐오죄를 만들어야 한다. 대규모 노예제도를 가지고 있던 미국, 식민지를 가지고 있던 프랑스, 유태인을 학살한 독일 등은 모두 수탈과 억압의 역사 속에서 또는 이에 힘입어 현재의 선진국 대열에 올랐고 그 업보로 인종혐오행위들이 기승을 부리고 있다. 하지만 이들은 선진국답게 대응하고 있다. 미국에서는 소수민족·장애인·여성 등에 대한 모욕성 발언을 동반한 폭력은 가중처벌하고, 독일은 집단혐오죄와 유태인학살부인죄, 프랑스는 국적·인종·종교 등의 혐오발언을 처벌한다. 2007년 4월에는 EU 각료회의는 원原국적·인종·종교에 대한 혐오를 선동하는 언사를 처벌하는 법을 만들 것을 EU회원국에 주문했다.

식민지의 잔재인 모욕죄에 기대어 자신의 감정도 표현하지 못하는 나라가 좋은가? 모욕죄는 폐지하거나 사문화시키고, 피억압자들을 위한 차별 및 혐오발언 금지법을 만드는 진정한 '선진화'의 길을 갈 것인가? 선택은 분명하다. ❺

인권을 핑계로 표현의 자유를
억압하지 말라

지난 10월 16일(2008년), 25살 공익요원이 자신의 '4대강 비판' 글을 두고 보수논객과 인터넷에서 말싸움을 벌이다가 모욕죄로 고소 당하는 바람에 경찰조사를 받던 중 자살해 숨지는 사건이 발생했다. 평소 내성적이었던 그는 근무기간 동안 천여 개의 댓글을 달 정도로 정부정책에 대한 비판 글을 활발하게 올렸지만 경찰의 전화를 받은 이후 단 한 개도 올리지 못했다고 한다. 김주하 아나운서도 이전에 자신을 '무뇌'라고 부른 트위터러에 대해 법적 조치를 경고했다. 아마도 모욕죄를 염두에 둔 것으로 보이는데, 모욕당하는 사람의 인권보호를 위해 필요하다고들 말하는 모욕죄의 존재에 대해서 숙고해보자. 모욕당하는 사람의 인권을 보호하려다 혹시 더 큰 인권침해를 발생시키는 것은 아닌지 말이다.

모든 평가는

모욕의 위험 유발

모욕죄는 말로 타인을 모욕하는 모든 행위를 일차적으로 범죄로 규정한다. 국가가 국민들을 모욕감으로부터 보호하는 것이 가능할까? 우리는 좋은 평가를 받을 때 뿌듯하고 나쁜 평가를 받을 때 기분이 좋지 않으며 그 나쁜 평가에 감정이 실려 있을 때 모욕감을 느낀다. 삶은 평가의 연속이다. 타인이 자신에 대해 의견을 표명할 때마다 평가가 이뤄지며 대학입시와 취업, 심지어는 연애를 할 때도 평가는 이뤄진다.

살다가 모욕을 가장 심하게 느낄 때가 언제일까? 필자는 15살 때 사귄 첫 여자친구에게 실연당했을 때 식음을 전폐할 만큼 절망을 느꼈다. "도대체 내가 뭐가 부족해서?" 모멸은 자신에 대한 스스로의 평가와 타인의 평가 사이에 차이가 있을 때 어쩔 수 없이 겪게 되는 감정이다. A 학점을 받을 생각으로 열심히 공부했는데 C를 받았을 때가 대표적인 사례다. 그런데 사람들을 이런 모멸감으로부터 구원해주겠다는 법적 시도가 바로 모욕죄다.

나쁜 평가와 모욕감은 좋은 평가와 성취감의 관계만큼 불가분이다. 그렇다면 국가가 국민들을 모욕감으로부터 보호한다는 것은 서로에 대한 부정적인 평가를 금한다는 것인데, 이것이 헌법적으로 허용되거나 정책적으로 바람직한 일일까?

전 세계의 수많은 법원들이, 그리고 우리나라의 수많은 대법원 판례들이 이미 명예훼손 법리를 해석하면서 감정이나 견해표명에 대해서는 책임을 부과할 수 없다고 했다. 상대의 신용이나 평판을 허위주장으로 훼손하는 게 아니라 단순히 상대에 대해 부정적인 평이나 감정을 표하는 것 자체에 대해 법적 책임을 부과하는 것은 민주주의가 요구하는 자유로운 토론을 금지하는 것이 되기 때문이다. 감정의 표현이나 주관적 평가까지 금지해서는 안 된다는 의지에 진정성이 있다면 모욕죄도 존재해서는 안 될 것이다. 조삼모사가 아니라면 말이다. 실제로 극소수의 나라를 제외하고 모욕죄는 존재하지 않는다.

모욕죄는 경멸적인
표현에 대한 통제인가

모욕죄를 text(문장)에 대한 통제로 받아들이는 사람도 있다. 즉 평가는 하되 경멸적인 언사를 쓰지 말라는 것이다. 감정표명이나 평가 자체를 막자는 것이 아니라 너무 과격하거나 저열한 표현을 쓰지 말자는 취지라고 모욕죄를 정당화한다. 하지만 과격하고 저열한지에 대한 객관적 기준이 존재할 수 있을까? 대법원은 "부모가 그러니 자식도 그렇지."라는 표현은 모욕이 아니라고 하는 한편, "넌 음란한 거짓말쟁이다."라고 말한 것은 모욕이라고 판단했는데, 필자가 실험해본 결과 대부분의 사람들은 후자보다 전자가 더 모욕적이라고 말했다. 과연 '경멸적인 언사'라는 게 존재할까? 낯선 사람들 사이에서 '새끼'라는 말은 욕이 될 수 있지만 친한 사람들 사이에서는 친근감의 표현일 수 있다.

경멸적인 언사는 없다. 경멸적인 상황이 있을 뿐이다. 미국대법원 판결문의 한 구절처럼, 한 사람의 욕은 다른 사람에게는 노랫말이 될 수 있다. 모욕은 text에서 발생하는 것이 아니라 context(문맥)에서 발생한다.

평가는 하되 모욕을 하지 않는 것은 불가능한 일이다.

모욕감은 말을 듣는 사람의
'체면'에 비례

모욕감 자체는 context에 대한 주관적 인식에 비례한다. 즉 자존감, 체면 또는 허영심이라고도 불릴 수 있는 자신에 대한 타인의 평가의 기대치에 비례한다. 예를 들어, 자신은 대통령이 될 만하다고 생각하는 사람에게 "당신은 서울시장 감이다."라고 말하는 것 자체가 모욕이 될 수 있지만, 거꾸로 정치에 전혀 관심 없는 일반인에게는 칭찬으로 들릴 수도 있다. 말을 듣는 사람이 주관적으로 느끼는 기대치에 따라 표현의 가벌성이 달라진다는 것은 매우 부당한 규제가 될 것이다.

결국은 각자의 주관적인 기대치가 아니라 '합리적으로' 인정될 수 있는 기대감의 훼손만을 모욕으로 처벌해야 할 것인데, 그것이 가능할까? 한 사람이 합리적으로 가질 수 있는 기대감의 범위를 법원이 어떻게 정할 수 있을까? 모욕죄 보존의 근거로 자주 언급되는 최진실의 자살에 대해서도 박중훈이 가장 정확한 지적을 했다고 본다. "우리는 다 안다. 진실이가 왜 그랬는지. 그놈의 인기 때문이다." 즉 연예인들은 좋든 싫든 엄청난 자존감 속에서 살 수밖에 없고, 이 자존감은 높을수록 쉽게 상처받는다.

체면의 크기 측정은
사회적 지위로 할 수밖에

물론 법원은 모욕당한 사람의 주관적 기대감의 깊이에 따라 모욕죄 유무를 판결하지는 않을 것이다. 법원은 객관적 지표를 이용할 수밖에 없을 것이고, 결국은 외관상 드러나는 사회적 지위에 의존할 수밖에 없을 것이다. 그런데 이렇게 관련자들의 상대적인 사회적 지위에 따라 표현의 가벌성이 달라진다면 매우 부당하고 불평등한 침해가 된다. "당신 말은 학생 같은 소리다."라는 표현도 교수가 학생을 향해 사용한다면 모욕적이지 않겠지만 반대로 학생이 교수에게 사용한다면 모욕이 될 것인데, 똑같은 말을 누가 하느냐에 따라 처벌 여부가 달라지는 건 뭔가 이상하지 않은가? 나아가 법원이 한 사람이 가진 합리적인 자존감의 정도와 범위를 어떠한 다른 방식으로든 재단하는 것 자체가 행복추구권의 핵심적 요소를 침해하는 것 아닐까?

그러나 더욱 공포스러운 가능성은 결국 법원이 자존감을 스스로 예측해보겠다며 모욕당한 사람의 사회적 지위가 높을수록 모욕을 한 사람을 더욱 강하게 처벌하는 것이다. 실제로 모욕죄는 전 세계에서 거의 없지만, 국가원수모독죄가 상당수 존재하는 것은 이러한 이유 아닐까? 모욕죄의 존재에 대해 외국인들에게 설명해주면 대체로 이런 반응들이 돌아온다. "그 법은 '가진 자'들을 보호하기 위한 법이다." 즉 모욕당할 자존감을 입증할 수 있는 지위를 가진 자들이다. 실제 모욕죄 고소인들을 살펴보면 사회적인 지위를 가진 사람들이 그렇지 않은 사람들보다 훨씬 더 많다.

모욕에 대한 형사처벌은
반서민성을 강화시킨다

게다가 우리나라의 모욕 규제가 가지고 있는 더욱 큰 문제는 그 규제의 집행이 형사처벌을 통해 이뤄진다는 것이다. 형사처벌은 누군가 할 수밖에 없고 우리나라에서는 검찰이 할 수밖에 없다. 그렇다면 아무래도 검찰은 권력자의 영향력하에 있고 그 사회의 기득권층과 더 친밀한 유대관계가 있을 수 있어 서민층은 자신의 모욕감을 구제받기 위해 검찰에 호소하기가 어려워진다. 독일의 모욕죄는 사소에 의해 검찰 개입이 없이 이루어지기 때문에 이러한 문제가 없는 것과 비교된다.

현재 선진국들은 권력자들이 검찰을 동원하여 명예훼손 형사처벌제도를 정치적으로 남용하는 패악 때문에 그마저도 거의 폐지하거나 사문화시키고 있다. 이러한 상황에서 그 애매모호함뿐만 아니라 내재적인 반서민성 때문에 명예훼손죄보다 남용 가능성이 높은 모욕'죄'를 두는 것은 큰 문제다. 논리적으로도 모욕은 국가원수에 대한 모욕도 포함하게 되어 전 세계적으로 폐지 및 사문화의 일로를 밟고 있는 국가모독죄를 두는 것과 비슷한 상황이며, 결국 권

표현의 자유에 대한 규제		한국	대부분의 선진국들
사이버모욕 가중처벌		?	X
모욕에 대한 민형사상 책임		O	X
명예훼손에 대한 형사처벌		O	X
명예훼손에 대한 민사손배	진실	O	X
	허위	O	O

력자들에 대한 비판을 약화시키는 반민주적인 제도로 기능할 것이다. 우리나라는 국가모독죄로 남용될 수 있는 모욕죄를 유지하고 있는데, 이런저런 이유를 들어 가중처벌하는 법마저 만든다면 위 표의 '모욕의 탑'에 한 층을 더 쌓는 꼴이 될 것이다.

게다가 그나마 모욕죄가 권력층 비호에 동원되지 않았던 것은 친고죄라서 권력층이 자신에 대한 원색적 비난을 고소했을 때 돌아올 사회적 지탄이라는 심정적 제어장치가 있었는데, 이번에 사이버모욕죄가 통과되어 이마저 없어진다면 정말 국민의 행복여탈권을 가진 권력층에 대해 불만의 욕 한마디도 못하는 세상이 오진 않을까 공포스럽다.

언어순화의
필요성
그럼에도 불구하고 사이버모욕죄 제정론자들은 최진실의 자살을 거론하며 모욕적인 '악플'을 규제할 필요성을 거론한다. 하지만 명예훼손과 모욕은 구분되어야 하

며, 그의 자살도 굳이 이유를 찾자면 그전에 자살한 안재환의 사채
권자였다는 허위소문이 더 큰 비중을 차지했을 것이다. 단순모욕을
규제할 일이 아닌 것이다. 우리나라의 인터넷 댓글 문화가 아무리
저열하다고 할지라도 형사처벌을 통해서 자유로운 감정표현을 규
제할 정도인지에 대해서는 숙고해봐야 한다. 고 최진실의 친구이자
고 안재환의 부인이었던 개그우먼 정선희는 사이버모욕죄에 대해
반대 의견을 이렇게 제시한 바 있다. "문화는 거대한 호수와 같다.
어떤 미생물이나 병균이 자란다고 해서 물을 다 뺄 수는 없는 것 아
니냐."

욕설도

비판의 방법　　　　　　　표현의 자유는 그 자체가 인권이기
도 하지만 다른 인권들을 보호하는 역할을 하기도 한다. 인권침해
는 항상 권력을 가진 자들에 의해 가장 대규모로, 가장 조직적으로
저질러진다. 인권을 보호하는 최선의 길은 인권을 침해할 힘을 가
진 자들을 감시하고 비판할 수 있는 표현의 자유의 보장이다.

　욕도 이러한 비판과 감시를 수행한다. 욕은 과장과 은유다. 과장
과 은유는 자신의 감정과 주장을 효과적으로 표현하기 위한 수단이
며 그중에서도 욕은 자신의 피해의식과 그 원인제공자에 대한 증
오를 효과적으로 드러내는 수단이 된다. 특히 고통의 원인이 권력
자인 경우에 그러하다. 필자는 가끔 학생들의 무기명 강의평가에서

심한 악담을 보고 상처를 받을 때가 있다. 하지만 이들은 비싼 등록금을 내고 나의 이야기를 수십 시간 들어야 함은 물론이고, 내가 주는 학점은 이들의 운명을 좌지우지한다. 강의가 부실하거나 학점이 불공정할 때 이들은 이미 피해를 당한 것이고, 교수의 보복이 두려워 마음대로 시정요구도 하지 못할 때 욕이 나오게 되는 것이다.

이때 욕은 자신의 열악한 상황에 대해 책임을 져야 할 권력자들에 대한 비판이 된다. 욕을 통해서 권력자들의 횡포나 인권침해에 대한 증오와 적개심을 날것 그대로 드러내는 것을 식자층들의 고담준론이 대신할 수는 없다. 여중생 두 명이 미군 장갑차에 깔려 죽은 시체를 본 사람들은 "Fucking USA!"라는 구호로 시청 앞 시위를 할 수 있어야 한다. 미반전주의자가 베트남전에 강제로 징용될 위험에 처했을 때 "Fuck the Draft!"라고 말할 수도 있어야 하고(Cohen 판결), "나에게 강제로 총을 들도록 하면 그 총의 첫 과녁은 대통령이 될 것이다."이라고 말할 수도 있어야 한다(Watts 판결). 코헨 판결의 대법원에 따르자면 언어는 정보전달과 감정전달의 두 가지 역할을 모두 수행한다. 그런데 어떤 감정은 반드시 특정한 표현을 사용해야만 전달된다. ("I oppose the Draft."라고 반드시 해야 할까?) 어떤 표현이 불쾌하다고 해서 그 표현을 사용하지 말라는 것은 관련된 감정을 표명하지 말라는 것이며, 이는 사상통제가 된다.

물론 그러한 피해의식의 표명이 모두 정당하지는 않다. 예를 들어 권력자라고 볼 수는 없는 연예인들에 대한 불합리한 공격들도 있다. 그러나 그 공격도 자신의 세계관에서 비롯된 것인데, 그것이 상대를 불쾌하게 한다는 이유만으로 국가가 형사처벌의 칼을 들고 개입하는 것은 위에서 본 공익요원의 사례처럼 더 큰 인권침해를 불러일으킬 수 있다.

감정표명이 해악이 되는
경우는 혐오죄로
위에서 말했듯이 대부분 나라들의 법제에서 의견과 감정의 표명에 대해서는 법적 책임을 묻지 않는다. 왜 그럴까?

대부분 나라들의 헌법은 표현의 자유가 일반적으로 명시되어 있지만 '행동의 자유'는 명시되어 있지 않다. 그리고 표현이 해악을 일으킬 명백하고 임박하는 위험이 있는 경우, 즉 표현이 행위처럼 작동할 경우에만 규제할 수 있다는 '명백하고 임박하는 위험' 원리가 지켜진다. 그렇다면 의견과 감정의 표명은 그러한 위험이 없다. 예를 들어, 부동산 중개인이 "여기에 지하철역이 들어올 계획이 있다."라고 사실적 주장을 하면 사람들이 현혹되지만, "여기는 지하철역이 들어설 만한 자리다."라고 의견을 표명하면 사람들은 그리 쉽게 현혹되지 않는다. 그렇기 때문에 사기죄는 허위인 사실적 주장에만 적용된다. 명예훼손은 사실적 주장에만 적용이 될 뿐 의견과 감정의 표명에는 적용되지 않는다.

하지만 의견과 감정의 표명이 곧바로 정신적 피해를 일으킬 '명백하고 임박하는 위험'이 있는 경우도 있다. 그래서 대부분의 나라들에는 모욕죄 대신 차별금지법의 일환으로 혐오죄가 존재한다. 혐오죄는 장애인을 병신이라고 부르는 것처럼 취약집단을 언어로서 공격하는 것을 규제하려는 것으로서, 정신적 피해를 일으킬 명백하고 임박하는 위험이 있기 때문이다.❻

뒷이야기

2009년 당시 사이버모욕죄는 '조 · 중 · 동'이 요청했던 신문 · 방송 겸영 및 대기업 방송소유를 허용하는 소위 '미디어법' 개정안과 함께 국회에 계류되어 있었다. 미디어법에 대한 극심한 국회 내 충돌이 이어지자 여야는 2009년 초 "국민들의 의사를 직접 들어보자."라는 취지로 국회자문기구인 미디어국민위원회를 만들었고, 필자도 야측 위원의 열 명 중 한 명으로 참여했다. 야당 위원들과의 논의를 통해 필자는 김기중 변호사와 함께 통신 분야를 맡았고 주로 사이버모욕죄 법안에 대한 대응을 맡았다. 격론 끝에 신문 · 방송 겸영 및 대기업 방송소유 등은 모두 통과됐지만, 사이버모욕죄 법안은 다른 인터넷규제 법안들과 함께 거의 영원히 잠재워졌다. 그러나 그 이후에도 모욕죄의 권세는 굽혀지지 않고 있다. 모욕죄 자체가 정치적으로 남용된 경우는 없으나 "사회적 지위가 높은 사람에게 과격한 표현을 써서는 안 된다."라는 원리는 다양한 방법으로 관철되고 있다.

2009년 6월 원주시 관보에 들어가는 만평에 '이명박 XXX'를 역상으로 뉘어서 새겨 넣은 만화가가 결국 위계에 의한 공무집행방해죄로 기소되어 5천만 원도 넘는 합의금을 줘야 했다. 물론 그 내용에 대해 만화를 청탁한 고객인 원주시를 상대로 속인 것이라고 볼 수도 있지만, 일반인들이 알기 어려운 암호를 화가가 그림에 포함시킨 사례는 세계사 속에서 여럿 있으며 지금의 만화가들도 마찬가지일 것이다. 그림이 발주자의 마음에 들고 대부분의 관보 독자가 문제제기를 하지 않은 만평에, 암호가 포함된 것이 나중에 밝혀졌다고 해서 형사처벌을 하는 것은 결국은 대통령 욕설에 대한 처벌인 것이다.

2010년 10월 G20 포스터에 쥐 그림을 그려 넣은 박정수 역시 모욕죄가 아니라 공공재물손괴죄로 기소가 됐다. 그러나 공공재물손괴죄는 보통 휴지통 등의 물리적인 시설물을 파괴하여 재산상의 피해를 발생시킨 행위를 처벌하는 죄였다. 서울 시내 곳곳에 붙여진 수십만 장의 포스터 중 22장에 쥐 그림을 그렸다. 아마도 수백 수천 개의 포스터들이 다양한 이유로 찢겨지기도 하고 떨어지기도 하고 그 위에 다른 포스터가 붙여지기도 했겠지만 이 중에서 쥐 그림만을 처벌한 것은 이것이 공공재물손괴에 대한 처벌이 아니라 대통령모욕에 대한 처벌임을 알 수 있다. 우리 중에서 22개의 포스터를 직접 본 사람은 얼마 되지 않을 것이다. 대부분 그 포스터가 재미있다며 또는 불쾌하다며 사진을 찍어 인터넷에 올린 것을 보았을 것이다. 과연 포스터에 직접 그리지 않고 포스터 사본에 그림을 그려 사진만을 돌렸다면 검찰이 어떻게 했을지 궁금하다.

2011년 5월에는 방송통신심의위원회가 '2MB18nomA'라는 트위터 계정이 역시 대통령에 대한 욕설을 연상시킨다고 하여 불법 정보로 규정, 차단했다. 형사처벌은 아니었지만 제재의 원리는 모욕죄의 그것과 다를 바가 없었다. 모욕죄가 '권력자에 대한 욕' 통제로 기능할 수 있다는 2010년 10월에 쓴 글에서 상정한 시나리오가 결국 2011년 5월에 2MB18nomA를 둘러싼 논쟁에서 현실이 되어버려 안타까웠다. 그 뒤에는 바로 혐오죄에 대해 설명하고자 한다.

더 읽을거리

★ '모욕죄의 위헌성과 친고죄 조항의 폐지에 대한 정책적 고찰', 박경신, 「고려법학」 52호, 2009

★ '모욕죄의 보호법익 및 법원의 현행 적용방식에 대한 헌법적 평가', 박경신·김가연, 「언론과 법」 제10권 제2호, 2011

강용석과 최효종이
다른 이유

강용석이 여성 아나운서들에 대해 저지른 것은 모욕죄가 아니라 혐오죄다. 우리나라에는 아직 없다. 단 예외적으로 장애인차별금지법이 장애를 이유로 장애인에 대한 모욕적 언사를 하는 것을 범죄로 규정하고 있다.

아나운서들도 국회의원들과 마찬가지로 더 자유로운 비판과 조롱을 감수해야 할 공인이다. 하지만 강용석은 아나운서들을 아나운서라는 정체성에 소구하여 폄훼한 게 아니다(예를 들자면, '앵무새'라고 한 것). 강용석은 '여성' 아나운서들을 폄훼한 것이고, 특히 여성의 소수자적인 측면, 즉 차별과 핍박의 대상이었던 측면에 소구하여 폄훼했다. "여성 아나운서들은 실력으로 취업 승진하는 것이 아니라 성적인 서비스를 제공해서 취업 승진한다."라는 주장은 인류

문명이 시작된 이래 '여성'을 차별하고 핍박해왔던 논리 중의 하나였다.

아무리 높은 자리에 있는 공인이라고 할지라도 그가 소수로서의 정체성을 가지고 있다면 그 정체성을 공격하는 것은 비난받아 마땅하고 필요하다면 법으로 규제할 수도 있다. 오바마 대통령은 공인으로서 비판과 조롱을 감수해야 하지만 '니거nigger(우리나라에서는 주로 '깜둥이'라고 번역되는 흑인을 비하하는 말)'라는 말까지 감수할 수는 없다(물론 친구들이 친근감을 '새끼'라는 욕으로 드러내듯이 동료 흑인들이 오바마를 '니거'라고 부르는 것은 다르게 평가되며, 강용석도 강용석이 여성이었다면 여성으로서의 한계를 자조적으로 말한 것으로 평가됐을 수도 있다). MB의 국정을 비판하다 보면 가끔 김윤옥 여사의 조롱으로 흘러넘치는 수가 있는데 이 조롱이 여성으로서의 정체성을 공격하는 것이라면 표현의 자유의 보호 범위에 포함되지 않는다.

최효종이 '여성' 국회의원들 전체를 "오로지 미모나 성적 매력만으로 당선됐다."라는 테마로 조롱했다면, 또는 장애인 국회의원들을 '병신'이라고 조롱했다면 강용석과 비슷한 평가를 받았을 것이지만, 최효종의 개그는 여당 국회의원들을 '여당 국회의원'이라는 강자의 측면에 소구하여 조롱한 것이며 당연히 표현의 자유의 보호 범위에 포함된다.

모욕죄는 애매한 기준으로 국민들의 카타르시스적 감정표현을 봉쇄하고, 나아가 2MB18nomA의 트위터 계정 차단에서 보듯이 권력자들에 대한 비판을 차단하는 데 남용되고 있는 위헌적인 법률이므로 하루 빨리 폐지되어야 한다. 하지만 모욕에 대한 모든 규제가 사회적으로 나쁜 것은 아니다. 소수자의 정체성을 매개로 소수자를 모욕하는 것은 규제될 수 있고, 이처럼 사회적으로 해악이 명백한 모욕적 언사만을 외과수술적 기법으로 골라내어 처벌하기 위해 많은 선진국들이 제정한 법이 바로 혐오죄다. ❼

혐오죄는 '혐오스러운' 표현을
처벌하는 법이 아니다

혐오죄는 특정 집단에 대한 혐오를 표명하여 그 집단에 대한 폭력이나 차별을 불러일으킬 위험성이 높은 표현을 처벌하는 규제다. 엄밀히 말하면 혐오죄는 물리적 폭력이나 차별 자체를 규제하는 것이며 그와 같은 폭력이나 차별을 선동하는 표현을 규제하는 것은 혐오표현 규제이지만, 여기서는 뭉뚱그려 혐오죄라고 부르겠다.

국제사회에서 모욕죄는 표현의 자유를 침해한다고 하여 폐지가 권고되고 있지만, 혐오죄는 그 제정이 권장되고 있다. 2007년 4월 EU각료회의는 각 회원국이 첫 번째 원국적·인종·종교 등을 이유로 타인에 대한 폭력과 차별을 선동하는 표현과, 두 번째 특정인종·국적자·종교인에 대한 학살을 용인하거나 부인하거나 경시하는 표현을 처벌하는 법을 만들어야 한다고 결정했다.

사실 필자는 후자에 대해서는 불만이 있다. 아무리 반인륜적인 대학살이라고 할지라도 그 역사를 믿지 않는다고 하여 그 자체를 범죄시하는 것은 표현의 자유의 기본원리인 '명백하고 임박한 위험'에 부합하지 않는다. 그러나 어찌 됐든 국제사회는 대학살의 용인, 부인 또는 경시는 인간 생명에 대한 경시로 이어져 슬픈 역사의 반복 가능성을 높인다고 판단한 것 같다. 이에 따라 독일과 프랑스 등은 대학살부인죄를 제정했고, 실제로 독일에서는 유태인대학살을 경시하거나 부인하는 발언을 했던 독일인들이 혹독한 징역형을 살고 있다.

그렇다면 우리나라에서는 특정지역의 출신이나 특정인종을 비하하는 표현들이 어떻게 다루어져야 할까? 물론 모욕죄가 있지만 모욕죄가 위헌이라고 생각하는 이상 적용할 수는 없다. 예를 보자.

"인간에 대한 정신조작은 공산당이 잘한다. 중공 공산당의 조작에 남한의 민노당이 미쳤다. 공산당이 지지하는 한국의 다문화는 한국인 유전자를 썩게 하는 짓이다. 죽여야 한다, 다문화종자."

(방송통신심의위원회 심의번호 불법-12-15-1049)

"절대로 한국은 다문화해서는 성공할 수 없습니다. 외국인 노동자 유입을 극도로 최소화하고 국제결혼을 중단해야 합니다. 아울러 서남아시아 무슬림을, 즉 파키스탄 및 방글라데시 인력 송출 국가 명단에서 제외시켜야 합니다. 또한 국내에 있는 파키스탄인 및 방글라데시인 모두 합법이건 불법이건 추방해야 합니다. 한국 여성과 결혼한 서남아시아 무슬림들 역시 국적 박탈 후 모두 가족 전체를 본국으로 되돌려 보내야 합니다."

(방송통신심의위원회 심의번호 불법-12-15-1050)

"경상(북)도 흉노인의 범죄자 기질과 인종주의를 타파하는 카페", "개쌍도 자지들은 보수, 진보의 벽도 없음", "비개쌍도인이 말하는 개쌍도 보리문둥이들이 잘하는 것(사이코 변태짓, 쿠데타 독재 등)", "이런 게 대표적 흉노행태"

('흉노아웃' 카페: 방송통신심의위원회 심의번호 불법-12-15-1051)

마지막으로 안티전라도 카페의 하나인 '라도코드'. 이 카페는 1980년 광주민주화운동에서의 양민학살은 광주민들의 폭력적 공산혁명 시도가 진압되면서 발생한 것으로 규정하고, 이 운동을 촉발시킨 12·12 군사쿠데타를 '구국혁명'으로 칭송하고 있다.

이들 게시물 및 카페에 대해서 우리는 무엇을 해야 할까? 불법행위를 초래하는 표현이 아닌데도 제재를 하는 것은 위선적인 검열이 될 것이다. "보시기에 좋지 않다."라고 지우는 꼴이 될 것이다. 우리가 다수에 속한다는 편안한 믿음에 기대어 타인의 사상을 통제하려는 것이 되며, 이것은 민주주의의 최악의 모습이다. 게시물이나 카페도 불법행위와의 인과관계가 입증되지 않으면 제재할 수 없다. 그런데 우리나라에서 혐오죄로는 장애인을 보호하는 장애인차별금지법 제32조(괴롭힘의 금지) 제3항만이 있을 뿐이며 일반적인 차별금지법이 없어서 지역차별 및 인종차별을 금지하는 법 자체가 존재하지 않는다.

그렇다면 지역차별 및 인종차별이 불법이 아닌 이상 이를 선동하는 표현 역시 불법이 아니며, 위 게시물이나 카페를 모두 그대로 두는 것이 맞다.

그러나 필자는 욕을 먹더라도 실험을 해보기로 했다. 필자가 여러 차례 폐지주장을 했던 모욕죄를 이용해보려는 것이다. 혐오죄는 논리적으로 모욕죄의 부분집합이다. 모욕죄는 모든 모욕적 표현을 처벌하지만 혐오죄는 이 중에서 타인에 대한 폭력을 일으킬 '명백하고 임박한 위험이 있는 표현'만을 처벌한다. 그렇다면 우리나라에 모욕죄는 있으니, 혐오죄를 제정하기 전에는 그에 해당하는 표현에 모욕죄를 적용할 수도 있을 것이다. 실제로 최근에 강용석이 여성 아나운서들의 성적 취약성(성적 착취대상)을 조롱한 표현에 대해 고등법원이 모욕죄를 적용한 사례가 있다.

왜 이런 실험을? 우리나라에서 모욕죄는 그대로 없어지지 않을 것이다. 혐오죄로 대체될 수밖에 없다. 그렇다면 혐오죄가 구체적으로 어떻게 기능할지를 구상해볼 필요가 있다. 위의 게시물이나 카페들은 EU국가들에서는 혐오죄 적용 대상이 될 정보들이며, 우리나라에 혐오죄가 생긴다면 어떻게 될지를 가늠해봄으로써 표현의 자유를 침해하는 모욕죄 폐지를 앞당길 수 있다고 생각한다.

그렇다면 어떤 모욕적 표현들이 혐오죄에 해당할 것인가? 결국 그 기준은 "혐오표현이 혐오의 대상이 된 사람들에 대한 물리적인 폭력과 실체적인 차별로 이어질 위험이 얼마나 명백하고 임박한가."가 되어야 할 것이다.

그렇다면 우선, 다수(또는 강자)가 소수(또는 약자)에 대해 혐오를 드러내는 표현과 소수가 다수에게 혐오를 드러내는 표현은 구별되어야 한다고 생각한다. 소수는 혐오를 드러내더라도 방어적인 분노일 가능성도 높고 소수가 상상한 폭력이나 차별이 현실화될 가능성도 높지 않다. 표현을 들은 동료 소수 혹은 약자들이 그 내용을 실행에 옮길 힘이 없기 때문이다. 예컨대 유태인들이 2차 세계대전 당시 학살에 내몰리면서 "이 아리안 개XX들아!"라고 분노를 표시했다고 해서 혐오죄에 해당되어서는 안 될 것이다. 인종혐오를 드러내기는 했지만 그 당시 상황에서의 표현이 아리안족들에 대한 폭력이나 실체적인 차별로 이어지기는 어려웠을 것이기 때문이다.

두 번째, 역사가 보여주는 폭력화 가능성도 중요한 의미를 가진다고 본다. 유럽에서 2007년 EU각료회의 기본결정이 나온 배경에는 유럽과 중동에서 벌어진 수많은 인종학살, 종교학살이 있다. 즉 선동이 폭력의 재발로 이어질 가능성이 더 높다고 보는 것이다. 그렇기 때문에 인종차별적 폭력을 선동하는 표현뿐만 아니라 인종학살의 사실을 부인하거나 경시하는 표현도 처벌할 것을 요구하는 강수를 둔 것이다. 그런데 우리나라에는 일제시대를 제외하면, 정치학살이 있었을망정 유럽에서 벌어진 정도의 대규모 인종학살이나 종교학살의 기억은 없다.

이런 두어 가지 원칙들에 비춰 위의 게시물이나 카페를 검토해봤을 때, 여러분들은 어떻게 생각하는가? 호남인 차별을 선동하는 표현과 비호남인 차별을 선동하는 표현은 법적으로 등가일까? 광주민주화운동에서의 양민학살을 '진압된 공산혁명'으로 규정하는 표현은 독일의 대학살부인죄처럼 규제대상이 될까? 위의 외국인에 대한 혐오표현들도 충분히 형사처벌 대상이 되어야 할까? 어느 하나 쉬운 문제는 아닐 것이다. 백면서생이 이런 위험한 실험을 하지 않아도 되도록 다시 요구한다.

하루빨리 모욕죄 폐지하고 혐오죄 제정하자. ❽

더 읽을거리

★ '모욕죄의 보호법익 및 법원의 현행 적용방식에 대한 헌법적 평가', 「언론과 법」 12월호, 2011

★ '강용석과 최효종이 다른 이유', 박경신 블로그, 2011.11.19

기업정신과
소비자의 선택

소비자들은 소비노예가 아니다. 소비자들은 자신의 돈을 어떤 상품에 소비할지 선택할 절대적인 자유가 있다. 그 기업의 환경정책이 싫어서, 노동정책이 싫어서, 또는 그 기업제품을 홍보하는 광고모델이 싫어서 그 기업의 제품을 배제하고 다른 제품을 선택할 수 있다. 또 같은 의미에서, 그 기업이 애용하는 광고매체가 싫어서 그 기업제품을 기피할 수도 있는 것이다. 결국 소비자들은 「조선일보」나 「동아일보」를 싫어한다는 이유로 이들을 광고매체로 애용하는 기업제품을 사지 않을 자유가 있다. 이 진리는 사실 "소비자들은 자신의 돈을 소비함에 있어서 특정제품의 광고매체나 광고방식이 싫은데도 불구하고 그 제품을 살 의무가 없다."라는 당연한 명제에서 귀결된다.

혹자는 「조선」이나 「동아」를 싫어하면 그 신문을 불매하는 것은 허용되지만 제3자인 신문의 거래처에 대해 불매하는 것은 그 기업의 '영업의 자유'를 침해하는 것이라고 주장한다. 과연 그럴까? 모든 기업은 자신이 원하는 매체에 제품을 광고할 자유가 있다. 하지만 그렇다고 해서 자기 하고 싶은 대로 제품광고를 해놓고 소비자들이 반드시 이 제품을 구매하도록 강제할 권한은 없다. 또는 소비자들이 그 제품을 안 산다고 해서 영업의 자유가 침해됐다고 주장하는 것은 시장경쟁을 하지 않겠다는 것이나 마찬가지다.

예를 들어, 일부 소비자들이 좌익에 대한 혐오 때문에 빨간 핸드폰을 사지 않겠다고 서로 담합했다고 하자. 이때 정부가 "핸드폰 업체들은 이념갈등에서 제3자인데 지금 소비자들이 영업의 자유를 침해한다."라며 법적으로 규제하려는 것이 타당할까? 이것은 마치 "우리가 만들고 싶은 대로 만들면 소비자들은 무조건 사야 한다."라는 주장과 다르지 않다. 더 현실적인 예로, 인종차별에 민감한 미국에서는 백인 광고모델만을 기용하는 업체가 종종 불매운동을 당하는데, 사실 기업 입장에서는 백인이 다수인 소비자들에게 어필하기 위해 어쩔 수 없는 선택이고 이들은 인종갈등에 있어 죄 없는 3자라고 말할 수 있다. 맞는 말이다. 기업들은 그렇게 할 자유가 있다. 하지만 마찬가지로 소수민족 소비자들에게도 "맘대로 해라. 우리는 소수민족들에게도 고르게 어필하려는 업체제품을 사겠다."라고 할 자유가 있는 것이다.

이러한 이유로 언론소비자주권 국민캠페인(언소주)에 대해 서울 중앙지방법원 이림 판사는 "신문의 논조에 항의하기 위해 그 신문의 광고주를 불매하는 것은 허용된다."라고 명백히 판시한 바 있다. 물론 이와 상충되는 소위 '마이클잭슨 공연 반대운동'에 대한 대법원 판결이 있지만 10년 전 일이며, 그 이후 한 번도 인용된 적 없는 퇴색된 판결이다.

주문전화 폭주는 합법, 항의전화 폭주는 위법?

서울지법의 유죄 판결은 오직 수단의 부당성 때문이었는데, 여기서 수단이란 해당 기업체들에게 직접적으로 수천 통의 전화를 집중적으로 걸어 업무를 마비시킨다거나 하는 행위를 말한 것이지, 해당 기업들이 제3자라서 그랬던 것이 아니다. 물론 당시에도 피고들은 집단 전화행동을 직접 한 적이 없고 그렇게 할 능력도 없었으며 단지 "항의전화를 많이 하자."라는 취지의 카페를 운영했을 뿐이므로, 유죄 판결은 이해하기 어렵다. 게다가 항의전화가 폭주하면 업무방해이고, 주문전화가 폭주하면 합법이라는 논리 또한 이해하기 어렵다.

이것은 기업들이 다른 기업들의 영업의 자유를 제약하는 것과는 완전히 다른 문제다. 가령 시장지배적 사업자가 부당하게 특정 사업자와 거래 거절을 하는 것은 공정거래법 위반이다. 또는 몇몇 업자들이 담합하여 제품의 가격을 자신들에게 유리하게 만드는 것 역시 공정거래법 위반이다. 하지만 소비자들이 그렇게 하는 것은 도리어 공정거래법이 보호하고 장려한다. 왜냐하면 소비자 복리 또는 소비자 효용의 극대화야말로 자유시장경제가 추구하는 이상이기 때문이다.

소비자들 소통 막아놓고 하는
1등의 의미
소수의 업체들이 이렇게 당연한 진리를 외면하는 이유는 무엇일까? 아마도 소비자 개인이 자기 돈을 맘대로 쓰는 것은 좋은데 다른 사람들까지 자신의 호불호에 동참하도록 설득하는 것에 대한 거부반응일 수 있다. 가끔 나오는 예가 '식당 앞에서 문 막고 불매 종용하기'다. '문 가로막기'가 위력의 행사를 말하는 것이라면, 언소주는 어느 업체의 문도 가로막은 적이 없다. 업체에 드나드는 사람들에게 평화롭게 의견 표명을 하는 것은 그 업체에 대한 소비자로서의 의견을 인터넷에 올리는 것과 다를 바가 없다. 소비자들 간의 의사소통을 모두 막아놓고서야 1등 할 수 있는 기업은 진정한 1등이 아니다.

언소주의 운동에 의해 특정 업체들이 반사적인 이익을 얻는 것도 문제되지 않는다. 위에서 말한 미국의 백인 광고모델에 관한 불매운동 때문에 흑인 모델들이 반사적 이익을 보겠지만, 그렇다고 해서 이 불매운동의 정당성이 훼손되지는 않는다. 사실 모든 불매운동은 결국 누군가는 반사적 이익을 보게 되어 있다. 예를 들어 기업의 환경정책을 이유로 불매운동을 하여 그 기업이 친환경 재료를 사용하도록 하면 관련 재료 공급업자들이 이익을 보게 된다.

혹자는 언소주가 정치적이라고 문제를 삼는다. 하지만 소비자들 중에는 좌파도 있고 우파도 있으며, 「조선」이나 「동아」를 싫어하는 소비자도 있고 좋아하는 소비자도 있다. 어떤 기업들은 모든 정치적 성향의 소비자들에게 어필하기 위해 광고매체를 다양화할 수 있고, 또 어떤 기업들은 특정 성향의 소비자들로 충분하다고 생각해 계속 「조선」이나 「동아」에만 광고할 수도 있다. 이는 전적으로 시대의 흐름에 순응하는 기업들의 다양한 선택일 뿐이며, 그 선택이 성공한다는 보장을 받을 수는 없는 것이다.

"모든 자유는 타인의 자유가 시작되는 곳에서 끝난다."라는 고담준론은 그만하자. 무엇이 타인의 자유인지 얘기하자. 소비자들이 시장에서 어떤 물건을 고를지에 대해 서로 간에 의견교환도 못하도록 하는 것이 정말 '타인의 자유'인가. ❾

검찰의 '최후의 말 바꾸기'도
반소비자적 발상

검찰은 '조·중·동' 불매운동 카페 운영자들을 사법처리하면서 '기피업체를 직접 불매하는 것은 합법이지만 기피업체와 관련 있는 업체를 불매하는 2차 불매운동은 위법'이라는 주장은 이미 날조된 외국 법리에 근거한 것임이 판명되자 말을 바꿔 '조·중·동'에 대한 '2차 불매라서 위법이 아니고 항의전화가 너무 많아서 광고주 자체의 업무가 불가능하게 했기 때문'이라고 주장하고 있다. 하지만 이 주장은 매우 반소비자적인 발상에 근거한다.

　모든 잠재적 구매자는 자신의 구매조건을 회사 측에 통지하기 위해, 또는 자신의 구매조건과 회사의 조건이 일치하는지 확인하기 위해 업체의 소비자 문의번호에 전화를 걸 권리가 있다. 물건을 구매하겠다는 의사를 이미 가지고 전화를 걸어 통화가 되자마자 무조건 제품을 구매하겠다고 하는 '무조건적 구매자'만 전화를 걸 수 있는 것이 아니다.

'조건부 구매자들'의 개별 전화가 불법이 아니라면 이들이 우연히 동시에, 또는 조밀한 간격으로 전화하는 바람에 전화가 계속 통화상태가 되어 업무에 어려움이 왔다고 해서 죄가 될 수는 없다. 예를 들자면, 특정 관광지역의 위험성을 정직하게 알리는 인터넷 게시물을 보고 여행사에 문의전화가 한꺼번에 몰려 정상적인 주문 받기가 무산됐다고 해서 환불이나 행선지 변경을 요청한 개별 전화가 업무방해인 것은 아니다. 이것은 가령 탈세행위와는 다르다. 백 명이 탈세를 했든 만 명이 탈세를 했든 한 명이라도 세금을 내지 않는 것은 그 개별 행위 자체로 불법이다. 실제 검찰은 전화를 건 행위에 대해서는 처벌하지 않고 전화 걸기를 독려한 카페 운영자만 처벌한 것이 '그 숫자가 너무 많아서'라고 하지만 진짜 이유는 광고주에 전화를 건 개별 행위는 업무방해가 성립되지 않기 때문이다.

업무방해가 성립되려면 수천 통의 전화를 건 사람들이 서로 통정通情하고 결의하여 전화를 통한 업무방해를 목표로 하고 또 그렇게 될 것을 알면서 전화공세를 했었어야 한다. 개별 전화들이 누적적으로 업무에 방해를 주었어도 개별적으로는 합법이므로 이 사건에서는 수천 명 사이의 통정과 합의가 있어야 한다. 즉 몇 월 며칠 어떤 시간대에는 누가 어떤 순서대로 전화를 걸어서 전화를 불통시키기로 합의하고, 그와 같은 불통상태를 유지하기 위해 어떻게 행동하자는 통정과 합의가 있었어야 한다. 이 사건에서는 전혀 그런 것이 없었다.

　도리어 더욱 분개되는 것은 검찰이 실제 업무에 방해를 준 '전화를 건 것'을 처벌한 것이 아니라 그러한 전화를 독려하는 '글을 올린 것'을 처벌하려 한다는 점이다. 말은 듣는 사람이 반응해주지 않으면 아무런 효과가 발생하지 않는다. 음란물, 기밀누설, 저작권침해, 명예훼손, 사기 등과 같이 표현행위 자체가 공익을 해하는 경우도 있다. 하지만 이를 제외하고는 듣고 반응하는 사람을 거치지 않고 곧바로 효과를 내는 '행동'에 비해, '말'은 자유롭게 구사할 수 있다는 원리가 바로 표현의 자유의 몸통이다. 그리고 이 원리는, "X라는 행위가 올바르다."라는 식의 견해표명은 처벌되지 않고 즉각적이고 중대한 행위의 '교사'만이 처벌된다는 '명백하고 임박하는 위험'의 원리로 정리된다.

　즉 여기서는 수천 명의 통정과 결의를 교사했어야 하는데, "오늘은 어디에 전화하자."라는 독려만 했을 뿐 실제 그 글을 본 사람들이 그렇게 직접 전화를 할지, 몇 명이나 할지, 그리고 무조건적인 충성 구매자들의 전화를 봉쇄하기에 충분한 숫자가 될지에 대해 전혀 알지 못한다. 일방적으로 위와 같은 전화의 사회적 타당성, 절박성, 중요성을 주장했을 뿐이다. 8월 21일 영장 내용을 보면 "집중공략 광고주 리스트입니다." "최소 다섯 군데 이상 공략해주세요." "모두 빠짐없이 압박을 가해주세요." 등 압박 적극 조장이나 "오늘은 명인 제약입니다."라는 특정 업체를 게시하는 정도의 글이 있을 뿐이다.

결국 검찰의 기소 결정이나 법원의 영장 발부 결정은 '광고주들의 소비자 문의번호가 제품의 질, 기업의 환경행위나 노동행위 등을 완전히 무시하고 무조건적으로 제품을 구매하고자 하는 사람'만이 사용할 수 있는 번호라는 구시대적이고 반소비자적인 믿음과 표현의 자유에 대한 경시에서부터 비롯된 것이 아닐까.❿

뒷이야기

MB검찰의 표현의 자유 침해 3대 사건 중의 하나인 언론소비자주권 국민캠페인의 광고주불매운동 처벌은 셋 중에서도 가장 황당하다. 허위사실유포죄를 통한 미네르바 처벌은 그래도 우리나라 군사독재 시절에도 있었고 다른 권위주의 정부에서도 일어났던 일이다. 〈PD수첩〉 광우병 보도 처벌도 표현상의 저널리즘적 실수가 없었던 것은 아니다. 그런데 언론소비자주권 국민캠페인은 아무것도 하지 않았다. 불매, 즉 사지 않았을 뿐이다. 당연히 소비자로서 가진 불매권한을 행사하려 했던 것인데 '안 사겠다는 소비자'를 처벌한 것은 우리 역사 속에서도, 세계사 속에서도 없었던 일이다. 심지어는 일제시대 때에도 총독부가 '일본 물건 안 사기 운동'을 벌인 조선인들을 처벌한 적이 없다.

사실 우리나라의 형법 제314조 위력에 의한 업무방해죄는 집단행동 또는 집단 '부작위(행동을 하지 않음을 이르는 법률용어)' 자체를 범죄시해왔던 것을 생각하면 그리 놀랄 일이 아니다. 즉 노동자들이 일하지 않겠다는 '거래거절'을 집단으로 하여 사용자의 영업에 영향을 주면 일단은 '위력에 의한 업무방해죄'로 봐왔던 것이다. 물론 노사관계 법령이 정한 절차 등을 지키면 합법으로 면책시켰지만 우선은 집단행동 자체를 불법으로 정해 파업을 매우 어렵게 만든 것이다. 노동자들은 상대적 강자인 사용자와의 협상에서 단체행동을 통해 약자로서의 지위를 보완할 수 있다는 취지의 헌법 제33조상의 '단체행동권'을 완전 무시하고 있다.

이번 사건은 바로 위력에 의한 업무방해죄를 소비자들에게 그대로 적용시킨 것이다. 파업이라는 '노동 대 임금'의 거래거절행위도 집단으로 한다면 범죄시해왔던 경력이 있는 법원 입장에서는 소비자들의 '상품 대 가격'의 집단적 거래거절행위를 범죄시하기 쉬웠던 것이다. '소비자운동권' 역시 우리나라 헌법 제125조에 명시되어 있는데도 말이다. 소비자운동이든 노동운동이든 헌법으로 보장한 이유는 시장경제에서 상대적 약자인 노동자와 소비자가 자신들이 가진 유일한 힘, 즉 거래거절을 해서 상대방에게 경제적 타격을 가할 수 있는 힘을 이용해 노동조건과 제품의 질을 높일 수 있도록 하려는 것이다. 그런데 이런 집단거래거절 자체를 위법이라고 하면 노동운동과 소비자운동의 헌법적 보호는 의미가 없어져 버린다. 형법 제314조의 '위력' 조항에 대해 폐지 논의를 해야 한다.

물론 이 사건에서는 "사기 싫으면 사지 말지, 왜 전화를 불통시킬 정도로 수많은 사람들이 집단으로 전화를 하는가?"라고 반문하지만 불매를 하면서 불매의 이유를 전화로 통보해주지 못한다는 것은 어불성설이다. 일부러 전화를 불통시키기 위해 수많은 사람들이 서로 시간을 정해서 했다면 모르겠지만 언소주는 그렇게 활동하지는 않았다. 서로 명시적인 합의가 없는 상태에서 이뤄진 엄청난 통화량을 법적으로 '공모'된 것으로 간주하기 위해 법원은 '암묵적인 공모'도 인정하는 공모공동정범共謀共同正犯 이론을 적용했다. 가령, 조폭 두목이 별다른 지시를 하지 않았어도 부하들이 '알아서' 상인들이나 상대 조폭들에게 폭력을 행사했을 때 두목에게 모든 폭력에 대해 책임을 묻는 것이 공모공동정범 이론이다. 그런데 조폭들이나 기타 사전적인 이해관계에 따라 서로 동기 및 의무를 부여하는 집단에만 적용하던 공모공동정범 이론을 언소주에게 적용한 것은 인터넷을 통한 의제설정 및 집단행동 자체를 범죄시한 것과 같다. 형법 제30조의 공모공동정범 이론은 앞으로도 '집단지성'을 범죄시하는 데 동원될 것이어서 걱정스럽다.

언소주 시즌2도,
시장경제와 100% 부합

광고주 불매운동이 '조·중·동'에만 광고하는 광동제약에 대한 불매선언으로 다시 시작됐고, 해당 신문들은 이 운동이 불법이며 유죄 판결을 내린 사법부를 무시함은 물론 자유시장경제를 훼손한다며 맹렬히 비난하고 있다. 그중 한 신문은 자신들이 '자유시장경제'를 수호해왔다며 자신들의 생존 중요성을 강변하고 있다.

우선, 광고주 불매운동은 불법이라고 판정받은 바 없으며 이번 운동은 판결의 내용을 정밀하게 준수하고 있다. "언론매체의 소비자인 독자는 언론사의 편집정책을 변경시키고자 하는 목적을 갖고 그 광고주들에게 '조·중·동'에 광고를 게재하지 말도록 하기 위해 그들의 의사를 전달하고, 홍보하며, 인터넷사이트에 광고주 리스트를 게재하거나 게재된 광고주 리스트를 보고 소비자로서의 불매의

사를 고지하는 등 각종 방법에 의한 호소로 설득 활동을 벌이는 것은 (중략) 합법이다." 바로 이림 판사의 유죄 판결문에 나와 있는 내용이다.

이림 판사는, 신영철이 서울중앙지원 법원장 당시 대법관으로의 안정적인 승진을 목표로 '정부비판적' 피고들의 사건이 최대한 보수적으로 결정이 나도록 사건 배당과 재판 결과에 개입하던 당시에 형사 단독으로 근무했던 판사이고, 특히 이 사건은 당시 신영철이 완전 무작위 배당의 원칙을 깨고 인위적으로 사건 배당에 영향을 줘서 이림 판사에게 배당되었다. 하지만 신영철이 '장악한' 법원에서도 광고주 불매운동의 합법성은 인정되었던 것이다.

물론 같은 판결문에는 "그러나 정상적인 업무 수행에 지장을 초래할 정도로 항의 활동을 집중함으로써 위 각 신문사와 체결한 광고 계약을 취소하는 등의 결과를 가져왔다면 업무방해죄가 성립한다 할 것이다."라고 했다.

(이에 대한 비판은 별론으로 하고라도) 위 판결에 기하더라도 이번의 운동은 합법이다. 이번 운동을 주도하는 단체는 누구에게도 "광고주에게 항의전화를 하라."고 하지 않았으며, 불매를 하라고 권하고 있을 뿐이다. 지금 항의전화가 빗발치고 있다면 이는 시민들이 각자 스스로 착안해서 하는 것으로서 공모공동정범 이론하에서도 공동행위로 묶일 수 없다. 또 「한겨레」와 「경향」이 직접 이 운동을 하지 않는 한 운동단체들의 '편파적 광고행위'를 중단하고 「한겨레」

와 「경향」에도 광고를 하라는 요구는 불법이 아니다.

광고주 불매운동은 자유시장경제원리와 100% 부합한다. 전 세계 어느 나라도 소비자운동을 또는 2차 불매운동을 '불법'이라고 규정하지 못한다. 자유시장경제에서 소비자들은 특정 기업들의 제품을 구매하거나 구매하지 않을 절대적인 권리를 가지고 있다. 소비자들끼리 "A라는 제품을 사고 B라는 제품을 사지 말자."라고 서로 간에 의견을 제시하거나 설득할 권리가 있음은 말할 것도 없고, 이를 위해 담합을 하는 것도 법적으로 허용된다.

물론 자유시장경제는 규제가 되어야만 공정한 경쟁이 가능하다. 꽃밭처럼 너무 큰 꽃이 있으면 뽑기도 하고 음지에 있는 것은 양지로 끌어내고 약한 꽃은 비료도 주고 하여 시장지배적 지위나 행동을 제어할 때만 시장이 제대로 작동한다는 취지에서 공정거래법(우리나라에서는 '독점규제 및 공정거래에 관한 법')이 존재한다. 예컨대 언론시장에서 보도매체인 신문사들이 또 다른 보도매체인 방송을 하지 못하게 한다거나 사회 곳곳에 영향력을 미치고 있는 대기업들이 방송을 하지 못하는 것도 모두 자유시장경제를 위해 필요한 것이다. 그럼에도 불구하고 공정거래법은 소비자들의 담합을 도리어 장려한다. 소비자들의 욕구 충족이야말로 시장경제의 이론적 토대가 되고 있는 미시경제학에서 말하는 '효용', 그 자체며 소비자들이 담합해 더욱 싼 값에 자신들의 욕구에 맞는 제품을 시장에서 끌어내도록 '위력'을 행사하는 것은 제레미 벤덤이 말하는 "최대 다수의 최대 행복"으로의 길이기 때문이다.

신영철은 법질서를 모독했다. '조·중·동'이 정녕 사법부를 소중히 한다면 신영철의 영향력에 오염된 판결문의 반헌법적 부분에 대해 의구심을 보여주어야 한다. '조·중·동'이 시장경제를 소중히 생각한다면 소비자운동의 타당함과 신문·방송 겸영금지의 공정거래법적 타당성을 인정해야 한다. ⓫

소비자가 안 사겠다는 것이
왜 범죄란 말인가

검찰은 올해 초 광동제약에 대해 불매를 선언했다는 이유로 언소주 활동가들을 강요죄와 공갈죄로 기소했다. 강요죄와 공갈죄 모두 폭행이나 협박을 통해 피해자로부터 어떤 행위나 이득을 이끌어내는 것이다. 즉 폭행이나 협박으로 피해자의 의사결정을 위축하는 것을 넘어서서 피해자의 활동을 실제로 강제할 때 강요나 공갈이 성립한다. 작년에는 언소주 측이 특정 신문들의 광고주들에게 전화세례를 초래하여 업무를 마비시켰다는 이유로 업무방해로 기소됐었으나, 올해에는 한 광고주(광동제약)가 언소주 측의 불매선언 때문에 실제로 광고정책을 변경했기 때문에 죄목을 달리하여 기소가 이뤄졌다. 여기서 논란의 핵심은 공갈과 강요의 구성요소인 '협박'이 성립하는가 하는 것이다(폭행은 당연히 없었다).

소비자의 불매운동은 애당초 협박이 될 수 없다. 소비자들은 시장에서 자신의 돈을 어떤 제품을 사는 데 쓸지 결정할 절대적인 권리가 있다. 소비자들이 특정 회사의 제품을 사지 않겠다고 해서 이를 협박이라고 한다면 자본주의, 시장경제는 말할 것도 없고 돈에 대한 소유권마저도 거부하는 것이다. 정당한 권리행사가 협박이 되지 않음은 형법교과서에 잘 나와 있다.

"공부를 잘 못하면 F를 주겠다."라는 선생님의 말에 위협을 느낀 학생이 공부를 열심히 한다고 해서 '강요'가 되지 않으며, 자동차 사고 후 상대방에게 "합의를 해주지 않으면 소송을 하겠다."라고 위협하여 합의를 이끌어내도 '공갈'이 되지 않는다.

애당초 '협박'이 '폭행' 옆에 병기된 이유는, 옛날에는 폭행을 동반하는 강요나 공갈만 처벌하다가 이제 폭행의 위협만으로도 똑같은 효과를 내는 경우까지 처벌하려 하는 것이다. 즉 폭행에 준하는 부당한 행위의 위협만을 협박이라고 할 수 있다(예를 들어, 고용주가 정당한 사유 없이 해고를 위협하는 경우). 소비자들의 '사지 않을 권리'에 대한 행사는 어떠한 이론하에서도 부당하지 않다. 그렇지 않으면 소비자들의 '살 의무'를 인정하는 꼴이 된다.

물론 부당한 행위로 위협하지 않더라도 요구되는 행위의 내용에 따라 강요나 공갈이 성립되는지에 대해서는 학술적 논쟁이 많다. 예컨대 신문이 기업을 비판하는 기사를 쓰는 것 자체는 명예훼손 등의 다른 불법이 없다면 부당하지 않지만, 이를 위협해 그 기업이 광고를 사도록 하는 행위는 강요일 수 있다. 또 잘못한 직원을 해고하는 것 자체는 부당하지 않지만, 이를 위협하여 성상납을 받는 것은 공갈일 수 있다.

그러나 소비자운동의 요구는 기본적으로 "좋은 제품을 만들라."는 것이다. 여기서 '좋은 제품'이란 제품 자체의 질만을 뜻하는 것이 아니며 제품의 환경적·노동적·사회적 측면, 그리고 광고매체를 선정하는 정책의 측면도 포함할 수 있다. 소비는 바로 자신의 돈을 쓰는 것인데, 이런 세세한 것까지 따져 모두 맘에 드는 업체만을 '애용'할 자유가 있다. 소비자운동의 요구 내용도 부당하지 않다.

광동제약이 '법적 의무가 없는 행위'를 했는지는 결정적이지 않다. 학생은 공부를 잘할 법적 의무가 없고, 교통사고 상대방도 합의할 법적 의무는 없지만 F학점과 소송의 위협 때문에 공부를 잘하거나 합의를 했다고 해서 강요나 공갈이 되지는 않는다.

다른 광고매체들이 이득을 얻었는지도 중요하지 않다. 모든 소비자운동은 누군가가 이득을 보게 마련이다. 예를 들어, 일부 소비자들이 친환경적이지 않은 제품들에 대해 불매를 하면 친환경원 자재 업체들이 이득을 보게 된다. 심지어는 값을 내리라는 소비자운동이 성공하면 소비자들이 금전적 이득을 보게 된다. 이득을 빌미로 공갈죄를 적용하는 것은 소비자운동을 하지 말라는 뜻과 같다.❿

진실
유포죄

오염된 과자를 유통하는 회사, 비위생적 급식을 하는 학교, 환자를 학대하는 병원, 의뢰인을 등쳐 먹는 변호사, 뇌물을 주고받은 지자체 정치인들 등에 대한 익명 보도가 나올 때마다 국민들은 그 업체나 기관, 사람의 실명을 몰라 두려움에 떨었고, 같은 업종에 종사하는 선량한 업체나 기관들은 억울하게 피해를 보거나 의심을 받아야 했다. 우리나라는 형법 제307조 제1항에 의해 일본과 함께 드물게 진실이 타인의 명예를 훼손한다는 이유로 법적 책임을 부과하는 나라이기 때문이다.

　진실이 누군가에게 불리하다고 해서 그 사실의 공개를 금지하는 법이 보호하는 가치는 도대체 명예인가, 위선인가? 자신에 대해 좋은 사실만을 알고 있도록 타인의 입을 막아서 얻어낸 '좋은 평판'을 과연 명예라고 할 수 있을까? 필자와 비슷한 생각을 가진 다른 전직 판사는 이 위선을 '허명虛名'이라고 부른다.

형법 제307조 제1항에서는 적시된 사실이 진실한 경우에도 사람의 명예를 훼손하는 경우에는 처벌받도록 한다. 소위 허명의 경우다. 허명도 보호될 가치가 있다고 하여, 진실의 사실적시의 경우에 책임을 묻는다. 그러나 언론출판의 자유가 갖는 우리 사회에서의 기능에 비춰 생각한다면, 이 같은 허명의 보호는 그 헌법적 근거를 찾을 수 없다. 허명을 보호하기 위해 형사적인 제재를 가하여 언론출판의 자유를 제약한다는 것이 헌법상 정당화될 수 없음은 재론할 여지가 없다고 본다.

(신평, 『명예훼손법』, 313쪽)

헌법상 문제점은 아마 이 글에서 더 논의를 하지 않아도 자명할 것이다. '타인이 듣기 좋은 말을 할 자유'가 표현의 자유의 핵심이 아니라 '타인이 듣기 싫어하는 말도 할 수 있는 자유'가 표현의 자유의 핵심이다. 타인이 듣기 좋은 말은 그 타인이 사적으로 또는 공적 절차를 통해 제재하려는 시도 자체를 하지 않을 것이며, 헌법이 보호할 가치가 있는 것은 남들이 그렇게 제재하려고 하는 타인이 듣기 싫어하는 말을 할 자유일 것이다. 그럼에도 타인에게 불리한 진실을 밝히지 못하도록 금지하는 것은 표현의 자유 침해다.

물론 국민들이 서로의 평판을 저하시키는 명제를 자유롭게 전달할 수 있도록 허용하면 모든 국민들은 스스로의 단점과 항상 대면하며 살아가야 한다. 국민들이 "우리는 서로에게 나쁜 이야기는 하지 않고 살아가겠다."라고 결단을 내릴 수도 있다. 그러나 그렇게 했을 때 우리가 잃는 것은 너무나 많다.

첫 번째, 표현의 자유는 알 권리도 포함한다. 진실에도 명예훼손 책임을 지우게 되면 국민들이 자신을 보호할 수 있는 조치를 위할 수 없게 된다. 최근 탈크 의약품 사태, 멜라민 분유 사태 등에서 볼 수 있듯이 국민들이 실명을 알지 못할 경우 자신을 보호할 수 있는 조치를 취할 수가 없다. 더욱 급박한 경우도 있다. 예를 들어 재범성이 매우 높은 성범죄자들의 경우, 실명과 사진이 공개되지 않아 같은 동네에 사는 사람들도 그들의 존재를 모르고 살며 위험에 노출된다.

두 번째, 익명 보도는 유사인물에 대한 피해를 낳는다. MBC 〈PD수첩〉은 다른 방송사의 〈솔로몬의 선택〉이라는 프로그램 출연에 힘입어 의뢰인들을 모으고 돈만 받은 채 전혀 일을 처리하지 않더니 잠적해버린 여성 변호사에 대해 익명으로 보도하고, 얼굴을 모자이크 처리했다. 그러나 소비자들은 해당 변호사뿐만 아니라 프로그램에 같이 출연했던 다른 여성 변호사에 대한 의혹을 가지게 됐고, 결국 의혹을 받은 변호사가 〈PD수첩〉 측에 실명과 얼굴 공개를 다시 해줄 것을 요청하는 지경에 이르렀다. 이와 같은 사례는 쉽게 생각할 수 있다. '만두파동'이 발생했던 2004년에도 언론들이 비위생적인 만두를 생산하는 업체들에 대해 실명 보도를 하지 않아 안전한 만두를 생산하던 업체들은 큰 피해를 보기도 했다.

세 번째, 위와 같이 비슷한 업종에 종사하는 사람들은 업계 내의 문제점에 대한 보도가 실명으로 이뤄지지 않으면 그와 똑같이 피해를 입기 때문에 '모범을 보일 동기'가 없어진다. 아무리 비용과 노력을 들여 더 성의껏 서비스를 제공하거나 안전한 제품을 제공해도 그보다 더 무성의하고 위험한 서비스나 재화를 제공하는 다른 경쟁 업체들이 나오면 똑같이 피해를 입기 때문이다.

더 읽을거리

★ '진실적시에 의한 명예훼손 처벌제도의 위헌성', 「세계헌법연구」 제16권 제4호, 2010.12

제2의 〈도가니〉, 〈부러진 화살〉을
보고 싶다면

영화 〈도가니〉가 선풍적인 흥행을 이어가고 있다. 탄탄한 원작과 영화 자체의 미덕에 기인한 바도 있겠지만 흥행의 상당 부분은 실화에 근거하고 있다는 점에서 비롯된다. 관객들의 눈물의 무게는 진실의 무게다. 그래서 똑같은 이야기라도 실화일 경우 관객의 숫자는 유의미하게 늘어나고, 그렇기 때문에 산업적인 측면에서 실화는 매우 좋은 소재의 보고다. 〈그놈 목소리〉 〈이태원 살인사건〉 〈실미도〉 등 몇 안 되는 실화를 모델로 한 영화들이 모두 흥행에 성공한 것을 보라. 당연히 '세상을 바꾸는 힘'도 빼놓을 수 없다.

하지만 우리나라에서는 이런 작품 활동이 '진실'에도 명예훼손 책임을 지우는 법리(형법 제307조 제1항)에 의해 심각하게 위축되어 있다. 이번 영화 〈도가니〉의 놀라운 흥행도, 모델영화(실존 인물을 모델로 한 영화)가 드물어 실화가 제공하는 고유한 카타르시스에 목말라하는 관중들이 몰린 결과로 볼 수 있다.

물론 실화는 실존인물을 다룬다는 점에서 비롯되는 법적 장애물이 있다. 실화를 극화하려면 알려진 사실의 뼈대에 허구의 살을 붙일 수밖에 없는데, 허구인 줄 알면서 실존인물을 부정적으로 묘사하는 것은 명예훼손 책임이 부과되는 게 원칙이기 때문이다. 그러나 법원은 청중이 '허구의 살'까지 모두 믿지는 않을 것이라며 사실의 뼈대에 대한 검증 노력만 충분하다면 허위에 의한 명예훼손 책임을 부과하지는 않고 있다. 영화 〈그때 그 사람들〉 판결에서도 새로이 촬영된 부분은 건들지 않았던 이유다.

그런데 천신만고 끝에 허위명예훼손 소송의 장애물을 넘고 나면 우리나라의 영화제작자들은 또 하나의 장애물을 넘어야 하는데, 바로 진실명예훼손죄다. 아무리 진실하게 보여주려고 노력해도 우리나라에서는 어차피 '진실'에도 명예훼손 책임을 부과한다.

이 형법 조항에서 비롯된 두려움 때문에 수많은 영화제작자나 투자자들이 실화에 근거한 제작을 포기하거나 지연하고 있다. 물론 '오로지 공익을 위한 것'임이 입증되면 면책이 되겠지만, 면책되기 이전에는 범죄가 성립될 수 있다는 점(소위 범죄 구성요건은 충족시킨다는 점)이 충분히 이들을 위축시킨다.

미국·독일·프랑스·영국은 모두 진실에 명예훼손 책임을 부과하지 않는다. OECD국가들의 3분의 1 정도가 진실명예훼손죄를 법

전에 두고 있지만 사생활 보호를 위해서만 이용되고 있을 뿐, 우리 나라에서처럼 사생활 침해가 없는 진실된 명제(예컨대 임금을 체불한 사실)까지 형사처벌을 위협하여 국민들의 정신생활을 억누르는 경우는 없다. 사생활 보호는 사생활 침해가 명백한 행위(가령, 도청)를 규율하는 통신비밀보호법이나, 대규모 사생활 침해의 가능성이 높은 행위(대규모 정보축적)를 규율하는 개인정보보호법 또는 사생활 침해에 대한 민사소송으로 충분히 달성될 수 있으며, 이를 위해 진실명예훼손죄를 법전에 남겨둘 필요는 없다.❸

장자연리스트 실명 보도는
언론사의 의무

한상혁 논설위원은 「장자연리스트와 실명 보도」(바심마당)를 통해
장자연리스트의 실명 보도가 이뤄지지 않은 것에 대해서 '공인의
사생활과 관련한 내용이고 그 사실관계의 확인이 매우 어려운 반
면, 보도 결과 그들이 입을 명예의 손상이 심각하기 때문'에 당연한
것이었다며 '언론의 윤리의식'을 칭찬했다.

　언론사들은 충분히 장자연리스트의 실명 공개를 할 수 있었다.
현행법상 '오로지 공익을 위한' 진실 공개는 타인의 명예를 훼손하
더라도 면책된다. 헌법재판소는 면책조건으로서의 공익은 폭넓게
인정되어야 한다고 판시했고, 대법원은 심지어 언론인에 대한 보도
는 공익성이 추정된다고까지 판시한 바 있다. "국내 유력 언론사 대
표가 자살한 연예인으로부터 성 상납을 받았는가?"라는 것은 어떤

법적 해석으로도 공적 사안이며 이에 대한 진실의 공개는 당연히 면책된다. 실제 성 상납을 받았는지에 대한 것은 '사실관계의 확인'이 어렵겠지만 "그러한 문건이 있다."라는 보도는 부인할 수 없는 진실이며, 이 진실을 보도하는 것은 의심할 여지없이 합법적이다.

혹자는 "A가 그러는데 XYZ라고 하더라." 식의 소위 '전재보도'도 XYZ라는 명제가 사실이라는 근거가 없으면 허위적시에 의한 명예훼손이 될 수 있다며 신중론을 편다. 그러나 XYZ라는 명제 자체가 공적 사안이고 'A에 의한 제보' 자체도 공적 사안이며, 제보 내용이 틀렸을 가능성과 함께 균형 있게 전달된다면 위와 같은 보도는 면책된다. "북한 정부가 천안함이 국방부 조작이라고 하더라."는 보도가 면책되는 것과 당연한 이치다.

성 상납이 해당 공인의 '공적 사안'이 아니라 '사생활'이라서 신중해야 한다는 주장은 사생활의 자유에 대한 몰이해에서 비롯된다. 단순논리로 따지자면 모든 범죄는 본질적으로 모두 사생활이다. 도둑은 들키지 않으려고 어둠을 타고 다니고, 누군가는 뇌물을 들키지 않으려고 밀실에서 수뢰된다. 하지만 이러한 행위에 대한 고발이 사생활 침해로 여겨지지는 않는다. 자유민주주의 국가에서는 범죄 행위나 범죄의심 행위에 대해서는 사생활이 인정되지 않는다는 원리가 확립되어 있다. 바로 이 원리 때문에 범죄 발생의 개연성이 있는 공간이나 물건에 대해서는 국가가 영장을 받아 압수수색을 할 수 있는 것이다. 공익성의 면책을 받아내는 비용이 부담스러워 실명 보도를 하지 않은 언론사들에 대해서는 언론의 사회적 책임에 호소하고 싶다. 암흑 속에서 이뤄지는 모든 권력비리에 대한 고발은 확신을 주지 않는 충분하지 못한 단서를 통해 이뤄진다. 예를 들어, 노회찬 의원이 안기부의 불법 도청파일 외에는 아무런 근거도 없이 '떡값검사' 실명을 공개한 것은 진실에 대한 실체적 확신이 있어서가 아니라 진실 규명을 해달라는 사회에 대한 요청이었다.

장자연, 노회찬, 이종걸은 모두 죽음 또는 형사처벌을 무릅쓰고 공적 비리에 대한 단서를 공개했다. 사람들이 공적 사안에 관심을 갖도록 하는 것은 언론의 최소한의 의무이다. 이들 내부고발자들의 단말마 비명과도 같은, 아니 유언과도 같은 제보를 있는 그대로 보도하지 못한다면 언론은 존재의 가치가 없다.

"이미 누구인지 다 알므로 실명의 활자화는 실효성이 없고 관음증만을 충족시킬 뿐이다."라는 반문은 무책임하다. 몇몇 네티즌들이 형사처벌의 위험을 감수하고 여기저기 실명을 올렸기 때문에 우리가 이를 알게 되어 '○○일보 ○사장'이라고 그나마 쓰게 된 것이다. 타인들의 용기 있는 고발이나 받아먹겠다는 것이 언론의 자세가 될 수 없다. 이것은 '실효성'이 아니라 원칙과 상징의 문제다.

명백히 공익적인 진실을 타인에게 불리하다고 밝히지 못하는 국가에서 자라난 아이들이 과연 '명예'와 '위선'을 구분할 수 있을까? 언론은 익명 보도에 대해 독자들에게 미안해할 일이지, '윤리의식'을 운운할 일이 아니다. ⑭

국민이 우매하다는
'위험한 전제'

연쇄살인범 강호순의 피의자로서의 '인권과 무죄추정의 원칙'은 지켜져야 한다. 피의자의 유죄가 재판을 통해 밝혀지지 않은 상황에서 '흉악범'이라고 예단하여 호송 시 또는 현장검증 시 얼굴을 강제로 공개하거나 그 공개를 법제화하는 것은 무죄추정의 원칙에 반한다. 일반인들이 여러 가지 이유로 얼굴을 숨기고 다닐 수 있다면 무죄로 추정되는 피의자도 당연히 그럴 수 있어야 한다. 이는 저지른 범죄의 경중과도 관계가 없다. 일반인들은 시위 장소에 복면을 쓰고 나타날 권리도 있고, 인터넷에 익명으로 글을 올릴 권리도 있다. 이러한 권리는 피의자에게 똑같이 보장되어야 한다.

그러나 '강제적 얼굴 공개'와 '이미 공개된 사진의 공유'는 구분되어야 한다. 피의자라고 해서 일반인보다 더 적은 권리를 갖는 것도 아니지만 더 많은 권리를 갖는 것도 아니다. 자신이 자발적으로 찍은 얼굴 사진을 여러 사람들에게 공개해놓은 후에 갑자기 범죄 피의자가 됐다고 해서 타인들이 그 사진을 돌려보는 것을 금지할 권리가 생기는 것은 아니다. 일반 국민들은 야구 경기를 보러 갔다 가 또는 성묘를 갔다가 허락 없이 자신의 얼굴이 방송에 나오는 것을 보기도 한다. 혹자는 성묘 갔던 사람으로서 얼굴이 나오는 것보 다도 피의자로서 얼굴이 나오는 것이 더 명예를 훼손한다고 주장할 지 모른다(물론 연예인들과 정치인들은 허락 없이 모두 얼굴이 보도된다).

실제로 우리나라는 일본과 함께, 진실이 타인의 명예를 훼손한다 고 해서 유일하게 법적 책임을 부과하는 나라다. 하지만 진실이 누 구에게 불리하다고 해서 공개를 금지하는 법이 보호하는 가치는 명 예가 아니라 위선일 뿐이며, 보호가치가 없다. 국민들은 합법적으 로 얻은 진실된 정보를 공유할 자유가 있으며, 그 정보가 누군가의 얼굴이라고 특별히 조심해야 할 이유는 없다.

혹자는 우리나라는 유죄율이 높아서(95%) 일반 국민들이 피의자 를 '범죄자'와 동일시하여 피의자의 얼굴을 공개하면 '범죄자의 얼 굴'로 받아들이기 때문에 명예가 부당하게 훼손된다고 주장한다. 하지만 선진국들도 대부분 유죄율이 매우 높고(미국 85%), 도리어 우리나라의 유죄율에는 '무죄를 대신하는 집행유예'도 포함되어 있 다. 단지 차이는 우리나라 법은 국민들이 '피의자'와 '범죄자'를 구 별하지 못할 것이라고 걱정하고 있는 반면, 다른 선진국들의 법은 국민들의 소양을 신뢰하여 피의자의 신원 공개를 허용하는 것이다.

국민들의 소양을 믿지 못하는 법리는 표현의 자유를 제약하는 다양한 법규들 속에 스며들어 있다. 미네르바 박대성을 기소한 전기통신기본법 제47조에는 허위사실을 유포하면 '우매한' 국민들이 속을 것이라는 전제가 깔려 있다. 검찰은 실제로 정부 환율 조치에 대한 박대성의 부정확한 아고라 글에 '속아' 환거래를 한 사람들에 대한 책임을 그에게 모두 지우려 하고 있다. 또 검찰은 특정 일간지들의 광고주들에게 불매전화를 하도록 선동한 사람들을 기소했다. '우매한 국민'은 다음DAUM 카페의 글만으로도 쉽게 설득된다고 보는 것이다. '우매한 국민'은 욕설을 당해도 모를 수 있으니 국가가 알아서 처벌해주자는 생각이 반의사불벌죄인 사이버모욕죄 제정론에 깔려 있다. 민족성이 '우매하다'고 보고 이를 이유로 구태를 정당화하는 '대한민국 예외론'은 이제 종식될 때가 됐다.⓯

진위는 중요치 않고
'당신'이 중요하다

2005년 8월 노회찬 의원은 1997년 대통령 선거 당시 삼성그룹 고위임원과 홍석현 「중앙일보」 회장이 만나 특정 후보에게 대선 자금을 지원하기로 논의한 내용 등이 담겨 있는 국가안전기획부의 도청파일에서 삼성그룹으로부터 정기적으로 돈을 받은 것으로 거명된 검사들의 이름을 공개했다. 이에 대해 지난 2009년 2월 9일 법원은 첫 번째 형법 제307조 제2항 허위의 적시에 의한 명예훼손, 두 번째 통신비밀보호법 제16조상의 불법 감청내용의 공개 혐의에 대해 유죄 판결을 했었다.

그런데 명예훼손에 대한 근거로서 법원은, X파일에는 "떡값을 주기로 한 계획에 대한 논의만 나올 뿐 실제 떡값을 주었는지 언급하지 않았다."라고 하며 유죄 판결했다. X파일에 그 얘기가 안 나온다고 해서 이들이 떡값을 받지 않은 것으로 되는 것은 아니다. 더욱 중요한 것은, 판결문 어디에도 '떡값검사'들이 실제로 떡값을 받지 않았다는 판시는 없다. 즉 허위의 판시가 없다. 판결문에 '허위'라는 판시 자체가 없는데도 유죄 판결을 했다는 것이다. 법원은 노회찬의 주장이 '진실이라고 믿을 만한 상당한 이유'가 없기 때문에 유죄를 판시한다고 했지만, 그것은 우선 그의 주장이 허위임이 입증된 후에야 물어볼 일이다. 근거? 노회찬이 무얼 알겠는가? 진실의 근거는 안기부 도청파일밖에 없는 상황이었으므로 그러한 기준이라면 유죄가 나올 수밖에 없었던 것이다.

결국 허위판시를 하지 않고 말한 사람에게 "말한 근거가 무어냐?"라고 묻는 것은 자신이 한 말이 허위가 아님을, 즉 진실임을 입증할 책임을 말한 사람에게 다시 지우는 것과도 같다. 이런 모습의 원인은 바로 진실에 의한 명예훼손의 존재에 있다. 즉 진실도 허위도 처벌되므로 재판에서 진위에 대한 입증 책임을 명확히 검찰에 부과하지 못하는 것이다.

혹자는 대상 명제가 '적극적 명제'인 경우 그 명제의 허위를 입증하는 것은 즉 소극명제를 입증하는 것은 불가능하다고 주장한다. 예를 들어 "떡값을 받았다."라는 피고의 말의 허위를 입증하기 위해서는 "떡값을 받지 않았다."라는 소극부터 입증해야 한다. "적극적 명제를 증명하는 것은 가능하지만 명예를 훼손하는 표현이 '적극적 명제'인 경우 그렇지 않다는 '소극적 명제'를 검찰이 어떻게 증명하란 말인가?"라고 반문한다.

그러나 검찰이 소극적 명제를 입증해야 하는 경우는 많이 있다. 본인의 진술이나 그럴 사람이 아니라는 다른 사람들의 진술 등을 이용할 수 있고, 시간과 공간이 특정되어 있다면 알리바이(증인)를 이용할 수 있다. 피고는 이에 대해 탄핵할 기회를 가져야 한다. 그리고 입증이 충분한지에 대한 판단은 법원에게 맡겨져야 한다.

중요한 것은 범죄의 구성요건인 허위에 대해 "누가 입증 책임을 갖는가?"의 문제다. 더욱 중요한 것은, 법원이 아예 허위판시 없이 허위에 의한 명예훼손 유죄 판결을 내린 것은 검찰이 가진 현실적 어려움과는 차원이 다른 문제다. 법원은 책임 있게 진실인지 허위인지를 가려낼 의무가 있다. 그렇지 않고 피고가 충분한 근거를 가지고 있었는지만 따져서는 안 된다.❶❻

표현 전체				
사실적 주장			의견의 표명	
허위 주장		진실주장	불법행위의 권유	의견의 단순표명
피해특정 가능	피해특정 불가			
우리나라의 경우				
형법 제307조 제2항으로 처벌!	전기통신기본법 제47조 제1항으로 처벌!	진실명예훼손죄 형법 제307조 제1항으로 처벌!	업무방해죄 형법 제314조로 처벌!	업무방해죄 형법 제314조로 처벌! 모욕죄 형법 제311조로 처벌!
대부분의 외국의 경우				
민사책임	처벌 없음	처벌 없음	처벌 없음	처벌 없음

다행히도 노회찬 안기부 X파일 사건의 항소심에서는 재판부가 허위입증의 책임을 검찰이 가지고 있음을 강조하며 "삼성그룹이 검사들에게 금품을 지급했을 것이라고 매우 강한 추정을 하는 것이 당연하다. 검사는 그렇지 않다는 수사와 입증을 해태했다."라고 하면서 무죄 판결을 내렸다. 그렇다. 정말로 노회찬을 벌주고 싶었다면 이학수와 홍석현이 직접 출두하고 방송 3사와 주요 일간지들이 중계를 시도하는 엄청난 재판이 됐어야 했다. 이들이 노회찬의 주장이 허위임을 입증할 수 있는 가장 유력한 사람들이었기 때문이다.

물론 이 역시도 완성된 것은 아니다. 사실 말한 사람에게 자신의 말이 진실임을 입증할 책임을 지우려는 경향은 〈PD수첩〉 광우병 보도 사건, 장자연 성상납 의혹 제기 사건, 노회찬 안기부 X파일 사건 등등 대부분의 '권력형 표현의 자유' 침해 사례에서 나타난다. 의혹 제기를 '평온한 수면 위에 파문을 만드는' 것으로 보아 의혹은 제기한 사람이 입증을 해야 한다는 원리는 공직선거법 판례에 영향을 미쳐 정봉주 판결에 이르게 되었다. 진실을 입증할 책임을 말한 사람에게 지우면, 그 사람은 자신이 가진 단서를 진실 그대로 세상에 밝힐 권리도 빼앗기게 된다. 결국 진실유포죄가 되는 것이다.

숨 쉬는 공기처럼 사람들을 감싸고 있어야 할 표현의 자유는 우리나라에서는 너무나 희박하다.

실명제가 욕설을 줄일 수는 있을 것이다. 그러나 금방 안티사이트, 주민번호추출기, 유동 IP로
피해갈 것이다. 규제는 규제의 틈을 막는 강력한 규제를 요구한다.
규제는 위선을 만들고 인터넷의 활력을 빼앗을 것이다.

• 김근태 •

2장

일기조차 마음대로
쓸 수 없다

표현은 항상 매체나 공간을 필요로 한다. 이 매체와 공간의 특성에 따라 표현을 자제할 필요가 있다. 같은 이야기라도 모두가 공유하는 길거리에서 확성기로 시끄럽게 이야기하면 다른 사람들의 표현의 자유를 침해하는 것이기 때문이다. 특정 매체나 공간의 사용을 규제하면 똑같은 사상이나 감정을 다른 공간이나 매체에서 표현하면 되니 매체별 또는 공간별 규제는 받아들일 만하다. 적어도 사상통제의 위험은 없기 때문이다.

그런데 우리나라에서는 이런 규제가 엄청나게 비대해져 있다. 옥외에서 세 명이 흩어져서 지나가는 사람들에게 서울 시내의 문제점들을 이야기해도 소위 '미신고 집회'라는 불법행위에 해당된다. 방송에서 아무리 합법적인 정부비판이라도 그 내용에 반대되는 주장을 같이 방송하지 않으면 중립적이지 않다고 제재받는다. 선거에서 유권자들이 후보들에 대한 각자의 견해를 공유하는 것도 '문서'로 하거나 반복적 · 체계적으로 하면 금지된다. 교과서도 '좌편향'됐다는 논리로 정부가 빨간 펜을 들고 첨삭을 한다. 게다가 책 · 가요 · 음반 · 영화 · 비디오 · 게임 등 모두 청소년보호를 위해 작품을 심의해서 유통방식을 제한하는 위원회가 있으니 가히 '심의공화국'이라고 할 만하다.

가장 심각한 문제는 인터넷 규제다. 우리가 방송 · 선거 · 집회 ·

교육·영화·게임·책·음반 분야에서의 매체 및 공간별 통제를 그래도 받아들이는 이유는 그나마 상대적으로 자유로운 인터넷이라는 매체와 공간이 있기 때문이다. 인터넷은 매체의 특성상 '하나'의 공간이라기보다는 각자가 자신이 보고자 하는 정보를 적극적으로 찾아냄으로써 비로소 소통이 이뤄지는 작고 수많은 공간들의 조합이다. 또 자원의 우열이 정보유통의 우열로 곧바로 이어지지 않아 약자도 상대적으로 발언기회가 있다. 게다가 상충하는 너무나 많은 정보들이 공존하여 개별 정보가 사람들을 일방적으로 오도하는 효과는 찾아보기 힘들다. 다른 나라들은 이러한 이유로 규제의 수준을 도리어 낮추는데, 우리나라의 규제는 '브로드밴드 강국예외론'에 입각하여 거꾸로 인터넷을 다른 매체보다 더욱 강하게 규제한다. 실명제, 임시조치, 행정심의를 합치면 전 세계에서 유일무이하기로는 3관왕이다.

집회시위는 만인이 다니는 공간이라서, 방송은 가족들이 다 같이 봐서, 청소년유해물 제재는 청소년보호를 위해서 등등 이 핑계 저 핑계 대고 다 막아버리면 자유로운 표현 공간은 일기밖에 남지 않는다. 인터넷은 만인이 만인에게 쉽게 정보를 전달할 수 있는 공간이지만, 거꾸로 만인이 만인을 거부할 수도 있는 공간이다. 이 역설 속에서 이제는 사적 공간이라는 주장이 힘을 얻고 있다. 블로그는 웹+로그의 합성어! 로그는 '일기'라는 뜻 아닌가. 인터넷마저 확산성, 다중성 등을 이유로 막아버리면 일기도 못 쓰게 되지는 않을까.

진실유포죄도 만들어내는
방송통신심의위원회

정보통신망법 제44조의7은 세계에서 거의 유례를 찾아볼 수 없는 법이다. 이 법은 행정기관인 방송통신심의위원회가 인터넷에 게시된 표현물들을 광범위한 사유로 삭제할 수 있도록 하고 있다.

다른 선진국들에서는 행정기관이 표현물의 내용을 규제하는 것은 '검열'로 여겨 금지한다. 행정기관은 권력자의 영향력하에 있어서 권력에 비판적인 합법적표현물들을 위법한 것으로 몰아 제재할 위험이 높기 때문이다. 선진국들 중에서 행정기관이 인터넷 콘텐츠 심의를 하는 국가는 우리나라·터키·오스트레일리아뿐인데 그중 오스트레일리아는 음란물 및 아동 유해물만을 걸러내며 터키는 사법부가 불법이라고 정한 콘텐츠만을 행정기관이 걸러낸다. 우리나라는 정보통신망법 제44조의7에 따라 '명예훼손' 정보나 '범죄를 목적으로 하거나 교사 방조하는' 정보는 물론 방송통신위원회설치법 제21조의 4호에 따라 '건전한 통신윤리'를 위반하는 정보까지 방송통신심의위원회가 걸러낸다. 언뜻 당연한 듯 보이지만, 이렇게 광범위한 심의가 행정기관에 의해 이뤄지면 합법적인 표현물이 정치적인 이유로 제재될 위험이 너무 높아 외국에서는 제도 자체를 위헌으로 여기는 것이다.

물론 대표적인 행정기관인 경찰·보건복지부·공정거래위원회 등도 불법적인 행위에 대해 행정처분들을 내리기는 한다. 하지만 당장 물리적 해악이 염려되는 행위를 규제하는 것과 그렇지 않은 표현을 규제하는 것은 헌법적으로 완전히 다르기 때문에 사법부가 아닌 행정기관이 나서서는 안 된다. 전 세계 모든 헌법들에 표현의 자유는 명시되어 있고 '일반 행동의 자유' 같은 것은 명시되지 않은 이유가 바로 이것이다.

행정기관에 의한 표현의 자유 규제의 위험은 방송통신심의위원회가 지난해 7월(2009년) 친親정부 언론의 광고주들에 대한 불매운동을 벌이던 다음 카페 게시물을 삭제토록 하면서 확인됐고 최근 다시 한 번 확인됐다. 지난 1월 2일 김문수 지사는 "만약 우리 대한민국이 일제 식민지가 안 됐다면, 전쟁이 일어나지 않았다면 과연 오늘의 대한민국이 있었을까?"라고 발언했다. 이에 다음 아고라-이슈 청원 사이트에는 김문수의 위 발언을 그대로 게재하고 "망국적인 발언을 규탄한다."라며 사퇴를 요구하는 게시판이 만들어졌다. 김문수는 방송통신심의위원회에 위 게시판이 명예훼손이라며 심의를 요청했고, 한나라당과 정부가 임명한 교수들이 과반수를 점하고 있는 방송통신심의위원회는 삭제 결정을 내렸으며, 다음 측은 이를 곧바로 삭제했다.

그러나 공인이 한 말을 문자 그대로 게재한 위 게시판은 어떤 법 해석하에서도 명예훼손이 될 수 없다. 실제로 김문수는 위 발언을 똑같이 소개한 수많은 언론보도들에 대해 "위기를 극복한 대한민국은 위대하다."라는 자신의 본 취지를 왜곡했다고 주장했을 뿐 이렇듯 삭제요청을 하지는 않았다. 아고라 청원만을 문제 삼은 이유는 '망국적 발언', '사퇴' 등의 의견을 곁들였다는 것과 다른 누리꾼들이 댓글로 찬성 또는 반대 표시를 할 수 있었다는 것인데, 이러한 의견의 표명은 확립된 대법원 판결에 따라도 절대로 명예훼손이 되지 않는다. 도의적으로도 김문수의 발언은 자신의 본 취지와 다르게 이해될 수 있었고, 국민은 그런 오해의 가능성을 이유로 '망국적'이라고 평가할 권리가 있다. 그렇다면 방송통신심의위원회는 결국 공인에 대해 김문수 지사가 그러한 발언을 했다는 진실을 유포한 것에 대해 공인에게 위법 판단을 내린 것이 된다.

진실유포죄까지 만들어내는 이번 사례에서 보듯이 어떤 제도는 아무리 좋은 사람이 운영하려고 해도 좋게 운영되지 않는다. 표현물에 대한 행정심의제도 자체가 다른 선진국들에서 폐기된 이유다. 당장 제도 전체를 폐지하지 못한다면, 최소한 고위공무원이 자신에게 비판적인 국민들의 입을 막아달라고 다른 공무원들에게 요청하는 만행은 끝나야 한다. 농림수산식품부 장관이 MBC에서 방송된 광우병 보도가 자신의 평판에 영향을 준다고, 동료 행정기관인 검찰에 〈PD수첩〉의 형사처벌을 요청한 것만큼 치졸한 것이다. 방송통신심의위원회는 자체적으로 하는 고위공무원들의 명예훼손에 대한 심의요청을 거부할 것을 요구한다. 작년 7월 방송통신심의위원회의 경솔한 삭제 권고가 사람들의 구속으로 이어진 것을 잊었는가(검찰은 곧바로 방송통신심의위원회의 결정문을 근거로 언론소비자주권 국민캠페인 카페 운영자들을 구속했고 이중 두 명은 실제로 60일 동안 감옥에 갇혔다).❶⓻

온라인 글쓰기가
운전만큼 위험한가

구글이 유투브의 게시 기능을 없애면서까지 실명제 적용을 거부했다. '익명성이 웹의 정신'이라는 말은 틀렸다. 많은 카페나 웹사이트가 이용자들 사이의 자발적인 약속에 따라 실명제로 운영되고 있다. 이번에 확대 실시된 실명제는 강제적이라서 문제다.

국민은 자신의 개인정보를 국가에게 공개하지 않을 사생활의 자유를 가지고 있다. 국가는 형법 제215조와 같은 '범죄수사에의 필요성'과 같은 특별한 공익이 있는 경우에만 사생활 및 사적인 정보의 공개를 강제할 수 있다. 신원 공개도 마찬가지다. 불심 검문은 경찰관직무집행법 제3조에 따라 '합리적으로 판단하여 어떠한 죄를 범했거나 범하려 하고 있다고 의심할 만한 상당한 이유'가 있을 때만 가능하다.

"떳떳하면 왜 실명 등록을 못하는가?"라고 다그치는 실명제 찬성자들도 길거리를 걷는다는 이유만으로 신원 공개를 요구당하면 "내가 뭘 잘못했는데?"라고 불쾌해할 것이다. 인터넷실명제 반대자들의 심정이 바로 그런 것이다. 게다가 우리나라는 전기통신사업법 제54조에 따라 포털들이 모든 게시글에 붙어 있는 실명을 영장도 없이, 게시자에게 고지도 없이 수사기관들에 넘겨주고 있어 실명이 스크린에 떠 있지만 않을 뿐 글쓰기를 할 때마다 실명을 국가에 등록하는 '순수실명제'라고 봐야 한다.

물론 강제적 실명제가 필요할 때도 있다. 부동산실명제와 금융실명제는 사기 및 탈세의 위험성 때문이다. 자동차에 번호판을 달도록 하는 것은 자동차의 파괴성과 이동성 때문이다. 청소년유해물을 보는 사람에게 성인 인증을 위해 주민등록번호를 강제하는 것도 이를 청소년이 보았을 때의 유해성 때문이다.

그렇다면 글쓰기가 자동차 운전이나 금융거래처럼 위험한 행위인가? 그렇지 않다는 것에 대부분 동의할 것이다. 익명의 글쓰기는 오히려 사상의 전파라는 공익적 역할을 수행해왔기 때문에 '위험'이 있더라도 보호돼왔다. 일제강점기와 군사독재정권 시절, 탄압을 피해 독립과 자유를 주장한 수많은 익명의 글들을 보라.『폭풍의 언덕』저자 에밀리 브론테는 여성 작가들에 대한 편견을 피하기 위해 'Ellis Bell'이라는 필명을 사용했다. 이밖에도 시대의 편견과 권력의 탄압을 피해 자유로운 비평과 예술활동을 했던 필명 사용자들은 몰리에르 · 볼테르 · 트로츠키 · 조지 오웰 · 벤저민 프랭클린 · 사드 백작 · 오 헨리 · 조르주 상드, 심지어는 아이작 뉴턴도 있다.

　온라인 글쓰기라고 다를까? 온라인의 글은 수십만, 수백만 명이 볼 수 있거나 퍼 나를 수 있지만 이는 게시자의 통제 밖 일이며 방송과 달리 독자들의 자발적인 선택에 의한 것이다. 독자의 반응이 폭발적이라고 하여 실명 등록의 부담을 지우는 것은 어떤 장르의 책이 잘 팔린다고 해서 갑자기 그 장르의 저자들이 모두 실명 등록을 해야 한다는 것과 마찬가지로 터무니없다.

　인터넷실명제하에서는 불법 게시물이 조금이라도 줄어들까? 어차피 의도적으로 불법 게시물을 올릴 사람들은 자신의 실명과 번호를 사용하지 않을 것이다. 그리고 의도하지 않고 불법 게시물을 올리는 자들은 어차피 영향을 받지 않는다. 도리어 이 제도로 인해 합법적인 게시물을 쓰려는 사람들의 글쓰기가 줄어들 것이다. 인터넷 사용자들이 스스로 불법물 게시를 자제하는 것이 아니라 감시 때문에 강제로 위축되는 것이다. 이는 자발적인 실명제 사이트에서 불법 게시물이 줄어드는 것과는 완전히 다른 문제다. 길거리 범죄를 막겠답시고 길을 걷는 사람들 모두에게 명찰과 주민등록번호를 달고 다니도록 강제했을 때 사람들의 반응을 생각해보라. 길에 나가기 자체를 꺼려할 것이다. **⓲**

남이 듣기 싫어하는 말은
30일간 하지 말라

인터넷상의 검열을 가장 많이 하고 있는 곳은 검찰이나 경찰, 방송통신심의위원회가 아니다. 바로 네티즌 자신이다. 네티즌들이 포털들을 통해 블라인드(임시조치)시키고 있는 게시물의 수가 다른 방법의 검열보다 훨씬 많다. 그런데 이런 검열을 가능케 하는 것은 역시 법이다.

현행 정보통신망법 제44조 제2항(정보의 삭제요청 등)에 따르면, 특정인이 포털에 게재된 정보를 통해 자신의 사생활을 침해받았거나 명예를 훼손당했다고 생각하는 경우, 포털 측에 요청하면 최소한 그 정보가 30일 동안 임시로 차단된다. 이에 따라 요즘 상당수의 게시물들이 '피해자'의 요청으로 임시차단되고 있다.

이른바 피해자의 요청이 있을 경우, 우선 포털이 일차적으로 차단해주는 것까지는 좋다. 인터넷에 올리는 게시물이 빠르게 수많은 사람들에게 한꺼번에 퍼질 수 있다는 면을 고려할 때 그러하다. 그러나 게시물이 실제로는 합법적인, 타인의 권리를 침해하지 않을 때 게시자가 복원을 요청해도 복원되지 않고 계속해서 30일 동안 차단되는 것이 과연 합당할까?

네이버는 게시자가 복원요청을 하면 곧바로 복원해준다. 하지만 다음 측은 30일 기간을 채우고 있다. 이에 대해 다음 측은 제44조의2 제4항을 들어 "삭제는 아니더라도 최소한 임시조치를 할 의무가 있고 이를 30일 동안 할 수 있는 권한이 있다."라고 주장한다.

정부 측은 임시조치를 할 '의무'는 없다고 주장하지만 사업자들은 다른 조항, 즉 제44조의2 제1항과 제2항이 권리를 실제로 침해하는 정보는 반드시 삭제할 의무를 부과하고 있기 때문에, 혹시 그 의무의 위반이 생길 위험성 때문에 "임시조치를 할 수 있다."를 "임시조치를 해야 한다."로 읽을 수밖에 없다고 주장한다.

게시물 하나하나는 헌법이 보장한 기본권 행사의 결과물이다. 위 조항들을 총체적으로 생각해보면 그 결과는 "타인에게 피해를 준다는 주장이 있는 인터넷 게시물들은 모두 30일 동안 임시차단돼야 한다."라는 법 조항이 존재하는 것과 마찬가지다. 이는 "타인이 반대하는 말은 30일 동안은 하지 말라."고 하는 법 조항과 같다. 위와 같은 상황은 명백히 위헌이다. 요즘같이 정보의 가치가 며칠 사이에도 순식간에 줄어드는 세상에서 30일간 억제하는 것에 대한 위헌성은 자세히 설명할 필요조차 없다.

포털들이 피해 주장자의 일방적인 요청만 듣고 임시차단하면, 게시자 입장에서는 그 게시물이 합법적이라고 할지라도 현재로서는 할 수 있는 것이 아무것도 없다. 우선 피해를 주장하는 자가 임시조치를 한 것이 아니므로 그를 상대로 할 수 있는 것은 없다. 포털을 상대로 복원을 구하는 소송도 불가능하다. 포털에 공정거래법 위반이나 위임계약 위반 등을 이유로 소송을 제기할 수 있는 통로가 제44조의2 제4항에 의해 원천차단되기 때문이다.

위 조항들은 포털업자들에 대한, 그리고 인터넷을 통해 소통하는 자들에 대한 얼토당토않은 차별적 규제이기도 하다. 신문이나 방송 등의 어떠한 다른 매체도, 누군가 나타나서 보도내용에 대해 피해를 입었다고 단순히 '주장'했다고 해서 그것을 번복하거나 삭제해야 할 의무를 발생시키지 않는다. 드라마가 방영되는 와중에 누군가 방송국 측에 "저 드라마가 나의 저작권을 침해한다."라고 주장했다는 이유로 곧바로 30일간 방송금지가 내려진다고 생각해보라.

여기 이번에 한나라당이 상정한 개정안들의 문제가 있다. 첫 번째, 나경원 안과 정부 안 모두 포털에게 불법 정보를 적극적으로 모니터링할 의무를 부과하고 있다. 이와 같은 모니터링 의무는 추후 포털에게 불법 정보의 게시에 대한 방조 책임을 부과하는 근거로 작용할 것이다. 결국 포털들은 피해자들의 요청이 없는 상황에서도 삭제와 임시조치에 열을 올릴 수밖에 없다. 모니터링 조항은 세계

적으로 유례가 없기도 하지만 현행 임시조치제도와 함께 생각할 때 반대해야 하는 대한민국 고유의 이유가 있는 것이다.

두 번째, 정부 안은 포털이 제44조의2 제1항과 제2항의 의무를 위반하면 과태료를 3천만 원씩 물리겠다고 하고 있는데, 이 역시 삭제요청이 없는 상황에서도 포털들이 엄청난 검열에 열을 올리도록 만드는 것이다.

그렇다면 대안은

없을까 미국의 경우, Digital Millenium Copyright Act(DMCA)조항들이 있다. 이는 특정한 절차를 준수하면 ISP(인터넷서비스업체)가 저작권침해의 공범으로 질 수 있는 책임으로부터 보호해주는 것이다.

위 법들을 이해하기는 쉽다. 이미 우리나라 현행 저작권법에 DMCA의 정신을 계수해 만든 법 조항이 있기 때문이다. 저작권법 제103조 제2, 3, 5항은 인터넷 콘텐츠의 확산성을 고려해 누군가 피해를 주장하면 '무조건' 삭제하고, 게시자가 복원을 요구하면 '무조건' 복원하도록 하는 것이다. 다시 피해자가 삭제를 원하면 피해자는 소송을 제기해야 한다. 이는 피해자들에게 불리한 것 같지만, 이 절차를 통해 게시물들이 대부분 처리된다. 현재도 게시자들이 이의제기를 하는 경우는 (어차피 법적으로 근거도 없지만) 5% 미만이다. 그리고 이마저도 법으로 포털에 대해 강제하는 것이 아니라 면책의 혜택을 통해 동기를 부여하는 방식이다. 이것이 바로 게시자의 권리와 이용자의 권리 사이에 균형을 잡는 대부분의 국가들의 선택인 것이다.[19]

인터넷 분야 세 가지 꼼수와
헌법재판의 한계?

〈나는 꼼수다〉라는 인터넷 라디오파일이 아이튠즈 팟캐스트에서 다운로드 순위 1위를 달리고 있다. '꼼수'는 정치인만의 모습이 아니라 대한민국 변화의 법칙인 듯하다. 무언가를 바꾼다고 하면서 그 실체는 그대로 두고 포장만을 바꾸는 수많은 시도들.

헌법재판소가 생긴 이후, 공권력의 행사에 대한 헌법적 통제가 강화돼왔다. 정부는 엄연한 공권력의 행사를 겉으로는 권고적 행위로 포장해 헌법재판소의 감시와 통제를 피하려는 '꼼수'를 시도해왔다.

이러한 시도는 인터넷 분야에서 특히 두드러진다. 인터넷실명제도와 쌍을 이뤄 국민의 표현의 자유를 제약하는 통신자료제공제도(현재 전기통신사업법 제83조 제3항)는 수사기관이 인터넷에 글을 올린 사람들의 실명과 주민등록번호까지 영장도 없이 글을 올린 사람 몰래 취득할 수 있어 '민간 사찰'의 길을 연 제도다. 법조문을 보면, 사업자들이 게시자 신상정보를 수사기관에 유출할 의무를 규정하고 있지는 않고, 단지 유출할 권한만 주고 있는 것처럼 보인다. 여기에 인터넷실명제가 인터넷에 글을 올리는 모든 사람들이 본인확인 정보를 올리도록 강제함으로써 민간 사찰의 효율성을 높인다.

또 임시조치제도(정보통신망이용촉진 및 정보보호에 관한 법률 제44조의2)는 누구든 자기가 보기 싫은 글이 있으면 포털에 차단신청을 할 수 있고, 이때 포털이 게시자에 대해 아무런 보호조치 없이 이 글을 30일간 차단하여도 포털은 게시자에게 법적 책임을 지지 않도록 면책해준다. 이 역시 법조문에는 포털이 임시조치를 "할 수 있다." 라고만 되어 있다.

마지막으로 방송통신심의위원회의 시정요구제도(방송통신위원회 설치법 제21조 제4호)는 자신들이 보기에 사회적으로 바람직하지 않은 글들을 차단하도록 사업자들에게 요구할 수 있어 전 세계에서 유일무이한 국가검열제도를 정착시키고 있다. 이 역시 조문상으로는 '시정요구'라고만 쓰여 있어서 강제력이 없는 듯 보인다.

사업자들 입장에서는 세 가지 모두 법적 의무로 느끼지 않을 수 없다. 포털들은 UCC를 파는 것이 아니라, UCC에 올라올 무한한 가능성을 파는 사업모델이다. 정부가 싫어하는 UCC 몇 개를 지우지 않거나 싫어하는 사람 신상정보 몇 개를 유출하지 않았다가 정부에 밉보일 위험을 감수할 수는 없는 것이다. 정부가 일선 공무원에게 명령이 아닌 지침을 내렸다고 해서 강제가 아니라고 할 수는 없다. 또 위 제도들 모두 게시자에게는 전혀 권고적이지 않다. 무릇 권고라 함은 국민들에게 옳고 그름을 일러주어 국민들이 자발적으로 올바르게 행동하도록 하는 것이다. 세 가지 제도 모두 이용자들에게는 아무것도 사전에, 아니 영원히 일러주지 않으며 아무런 실질적인 대응의 기회를 주지 않는다.

이 제도들은 인터넷문화를 결절 파편화시키고, 때에 따라서 정쟁의 현장으로 만들어버리고 있다. 방송통신심의위원회가 2MB18nomA라는 트위터 계정이 국가원수 모독을 연상시킨다며 차단해달라고 사업자들에게 '시정요구'를 할 때, 국무총리윤리지원관실이 반MB 동영상을 올린 사람의 신원 확인을 위해 사업자들에게 그의 신원정보를 요청할 때, 수많은 유력 정치인들이 자신을 비판하는 글들을 내려달라며 임시조치를 요구할 때 등등.

참여연대 공익법센터는 세 가지 '꼼수' 모두 헌법재판소에 올렸고, 앞으로도 계속 올라갈 것이다. 다행히도 헌법재판소는 과거에 이러한 겉치레를 꿰뚫어보는 현명함을 수차례 발휘해왔다. 헌법재판소가 이들 인터넷 분야의 '꼼수'들에 대해 어떤 결정을 내리는지는 결국 헌법재판의 한계를 보여줄 것이다. 헌법재판소의 현명한 판단을 고대한다.[20]

사이버 망명,
법이 문제가 아니다

사이버 망명이 늘고 있다. 토종 포털들은 인터넷법 환경의 열악함을 지적하고 있지만 자신들의 책임을 지적하지 않을 수 없다. 매달 수만 건의 소중한 게시물들이 누군가 피해 주장을 했다는 이유만으로 포털에 의해 차단되고 있다. 특히 상당히 많은 기업들, 정치인들, 공공기관장들이 소비자나 유권자들이 인터넷상에 불만을 털어놓자 이들 게시물로부터 피해를 당했다고 주장하여 게시물들이 차단된다. 문제는 이들 게시물들 대부분이 법적으로는 전혀 문제가 없다는 것이다.

사업자들은 포털이용자들과 사용계약을 맺고 있고, 이 사용계약에는 불법이 아닌 한 자유롭게 게시물을 올릴 수 있다는 암묵적인 기대가 반영되어 있다. 그렇지 않다면 더 이상 '포털'이 아닐 것이다. 또 공정거래법에 따르면 사적 기업이라고 해서 그 기업이 제공하는 용역과 서비스를 마음대로 조정할 수는 없다. 식당이 손님을 애초에 안 받을 수 있을지 몰라도 밥을 먹고 있는 손님에게 돈을 안 받을 테니 나가라고 할 수는 없는 것이다. 특히 다음이나 네이버와 같이 시장지배적 지위를 가지고 있는 업체들은 이용조건을 통제할 자유가 더욱 제약된다.

물론 사업자들 입장에서는 그렇게 차단을 하면 정보통신망법 제44조의2에 따라 피해 주장자로부터 면책되므로 차단할 동기는 있다. 하지만 면책을 받지 못한다고 해서 반드시 피해 주장자에게 책임을 지우는 것은 아니다. 사업자들은 차단을 하기 전에 게시자가 입는 피해를 고려해서 판단해야 할 것이다. 사업자들은 제44조의2의 면책 조항은 피해자로부터의 면책이지, 게시자로부터의 면책이 아님을 상기해야 할 것이다. 차단 이후에도 게시자가 이의를 제기하면 적어도 복원은 해주자. 차단되고도 이메일 통보를 받지 못했다는 게시자들이 많다.

매달 수백 건의 100％ 합법적인 게시물들이 방송통신심의위원회라는 기관에서 '시정요구'를 했다는 이유로 포털에서 영구 삭제되고 있다. 법원은 '시정요구'에 대해 강제성이 없다고 여러 차례 강조한 바 있다. 그렇다면 사업자들이 자발적으로 게시물들을 삭제하고 있다는 것인데, 이 역시 위에서 말한 바와 같이 민법과 공정거래법 위반이 될 수 있다.

또 경찰이 영장도 없이 매달 수만 건의 게시물들에 대해 인터넷 실명제를 통해 취득한 게시자의 신원정보를 포털들에 요청하고, 포털들은 이를 경찰에 고스란히 전달하고 있다. 관련 법인 전기통신사업법은 그러한 의무를 정하고 있지 않음에도 포털들이 자발적으로 하고 있는 것이다. 게다가 그렇게 개인정보를 수사기관에 유출했으면 그 정보의 소유자(이용자)에게는 알려줘야 하는데 포털들은 전혀 통보하지 않는다. 유출 시점에서 알려주지 않는 것보다 더 답답한 것은 이용자가 혹시 유출된 적 있는지를 물어봐도 알려주지 않는다는 점이다. 알려주지 않을 법적 의무도 없는데 말이다. 더욱이 요즘 문제가 되고 있는 이메일 압수수색 역시, 그런 것을 당한 바 있는지 자신의 고객들이 물어봐도 알려주질 않는다. 이메일 압수수색 자체가 불가능하며 아예 게시자의 신원정보를 축적하지 않는 외국 포털이 있고, 사용자의 이메일과 신원정보를 유출시켜놓고는 물어봐도 알려주지 않는 한국 포털이 있다. 여러분이라면 무엇을 쓰겠는가?

물론 필자는 개선되길 기다리며 여전히 한국 포털을 쓴다. 하지만 인터넷경제의 쇠락에 대해 법제도만을 탓할 일은 아니다.❹

뒷이야기

2012년 현재 임시조치제도에 대한 헌법소원은 절차적인 이유로 각하된 상태다. 본안을 다투기 위한 헌법소원이 준비되고 있다. 2012년 3월 방송통신심의위원회의 행정심의에 대한 소송은 합헌이 되기는 했으나 행정심의의 범위가 '불법이나 이와 유사한 것'으로 축소 해석되어야 한다는 의미 있는 판시를 얻었다. 김문수 지사 건과 같은 '진실유포죄'는 없어야 한다는 의미다. 인터넷실명제 및 통신자료제공제도에 대한 소송은 아직도 현재진행형이다.

그렇다고 싸움은 여기에서 끝나지 않는다. 인터넷에 대해서 정부와 정보통신서비스 제공자들 사이에 책임을 떠넘기는 일에 대해서는 끝까지 추적해야 한다. 즉 헌법소원의 결과 위의 제도들이 모두 조문상으로는 사업자들에게 검열 의무나 정보유출 의무를 부과하지 않는다는 이유로 우리가 모두 패소한다면, 결국 검열이나 정보유출은 사업자들의 자발적인 행위의 결과물이 되는 것이며 그들의 책임이 된다. 그러므로 사업자들에 대해 소송을 제기할 수밖에 없다.

물론 나는 법이 문제라고 생각한다. 하지만 누군가에게는 압력이 온전히 가해져야 법이 바뀔 것이다.

더 읽을거리
★ '남이 싫어하는 말은 30일 후에 하라', 박경신, 「중앙법학」, 11권 3호, 2009.10
★ '인터넷실명제의 위헌성', 박경신, 「헌법학연구」, 15권 3호 2009.09
★ '방송통신심의위원회의 인터넷내용 심의의 위헌성', 박경신, 「법학논총」, 27권 2호, 한양대학교, 2010.06

우리가 모르는
무엇인가 있을 것이다

다음 블로그명 habia. 프로필 사진으로 짐작컨대 60대를 넘기신 신사 분. 청년 시절에 미국으로 이민 가서 정착해 이제 손자들의 사진을 직접 찍어서 올리며 귀여워하는 마음을 표현하신다. 그럼에도 취미가 있어 잭슨 폴록을 연상시키면서도 조금은 더 구상성 있는 유화들을 직접 그려 사진을 찍어 블로그에 올리시기도 한다.

가끔은 하얀 티셔츠나 창문, 하얀 블라인드를 화폭 삼아 그림을 그려 그 사진을 올리거나 주변 풍광을 찍어 올리기도 하는데 어떤 그림이나 사진은 가족이나 친구에게 헌정되기도 하는 듯하다. 노래도 즐겨 불러서 가족들을 위해 또는 지인들에게 바치는 외국가곡이나 대중가요를 MP3파일로 녹음해 블로그에 올려놓는다. 피아노도 치고 작곡도 좀 하시는 것 같다. '나의 테너 목소리의 완성을 기넘하면서' 올린 글과 그 노래를 직접 녹음한 파일도 있다. 컴퓨터에 재주가 있어 윈도우즈 비스타와 XP를 동시에 46인치 텔레비전에 연결해놓고 사용한다고도 한다. 오랜 경험에서 발견한 감기를 이겨내는 방법, 한국 음식을 만드는 방법 등도 꼼꼼하면서도 자신감 있는 어조로 올려놓았다. 부인과 자녀들과는 꾸준히 여행도 가고 왕래도 하면서 그 잔잔한 감흥을 담담히 써 내려가기도 했다. 지금까지의 모습은 아마도 보통 사람들이 이상적으로 생각하는 노후의 모습과 별반 다르지 않을 것이다.

그런데 이 블로거에게 한 가지 특이한 점이 있다면, 정치적인 신념이 확고하고 이를 공유하기를 두려워하지 않는다는 것이다. 이분은 남한은 '남한'이라고 부르지만 북한은 '북조국'이라고 부른다. 미국은 '제국주의자'이고 이명박 대통력은 '맹박이'다. 북한의 미사일 사업 성공을 축하하는가 하면, 북측 지도자에게 편지를 보내 실제로 전달됐던 것을 자랑스럽게 생각한다. 블로그의 내용으로 보건대, 천안함 사태는 미국 측의 잘못으로 인해 발생한 것으로 추측하고 있다.

방송통신심의위원회 통신소위 41차(2011.08.23)에서 경찰로부터 이 블로그 전체를 폐쇄해달라는 요청이 와서 심의를 하게 됐다. 블로그에는 총 132개의 글이 있는데, 북한의 정치제도를 긍정적으로 평가하는 글들이 상당수 있어서 안타깝게도 현행법과 현재의 법원 판단을 따르자면 국가보안법 위반에 해당할 수도 있는 글들이다.

예를 들면 다음과 같은 글이다.

"이제 혁명의 세습은 혁명위업이 앞으로도 계속될 것이기에 대물림을 해야 하는 것이다. (중략) 우리 민족의 새 지도자를 위하여 만세! (중략) 앞으로 남한의 20대들도 분발하여 전과 14범의 뭉개기 지도자를 내몰고 혁신적 민주화를 이룰 것으로 내다본다."

국가보안법은 '국가의 존립·안전이나 자유민주적 기본질서에 해악을 끼칠 명백한 위험성이 있는 경우에만' 적용해야 한다는, 헌법재판소가 창립 초기부터 수차례 되풀이했던 판시를 따르자면 이런 글들이 정말 그런 명백한 위험성을 갖추고 있지는 않다고 생각한다. 여기서 '명백한 위험성'이라는 것이 위 판시가 미국 연방대법원이 공산당에 대한 일종의 국가보안법 적용을 거부하면서 선언한 '명백하고 임박한 위험성a clear and present danger' 개념에서 조금이라도 영감을 받은 것이라면 말이다. 그러나 여기서 논의하고자 하는 것은 위 글이 국가보안법 위반인지 아닌지의 문제가 아니다.

위의 글처럼 북한을 긍정적으로 평가한 글은 블로그 전체 글의 30%를 넘지 않는다. 그 외에 남한정부를 원색적으로 비난한 글도 있어 이것을 '북에 대한 상대적인 찬양'으로 넓게 해석한다고 하더라도 블로그 글의 절반 정도는 위에서 소개했듯이 본인의 그림·음악·가족·여행·음식·질병 등에 대한 사적인 내용들이다.

경찰의 주장대로 블로그를 폐쇄한다면 이런 사적인 글들마저 모두 없어진다. 특히 방송통신심의위원회는 정작 본인에게는 아무런 연락도 하지 않은 채 다음 측에게 '시정요구'를 하고 폐쇄를 집행하게 되므로 블로거는 어느 날 갑자기 자신이 차곡차곡 올렸던 취미 생활과 소중한 가족들의 사진, 정성 들여 썼던 기록과 추억들이 모조리 사라졌음을 발견할지도 모른다. 이의를 제기할 기회는 말할 것도 없고 백업할 시간조차 없이.

경찰이 KT나 SKT와 같은 통신사에 접속 차단요청을 했다면 블로그는 그대로 유지되고 국내에서 접속하려는 사람들만 그 블로그 내용을 보지 못하게 되겠지만, 경찰은 이 블로그를 서비스하는 포털에 직접적으로 폐쇄를 요구할 것을 심의위원회에 요청했다.

더욱 중요한 것은 경찰이 문제가 되는 게시글들을 골라 개별적인 차단이나 삭제요청을 할 수 있음에도 불구하고(대략 수십 개 정도의 게시글이 될 것이다) 블로그 전체 폐쇄를 요청함으로써 불법적인 내용이 없는 글까지 모두 없애려 했다는 점이다. 경찰의 입장은 책에 불법적인 내용이 실려 있으면 그 책을 이적표현물로 지정하듯이, 블로그에 소위 '북한 찬양' 글들이 상당수 있으니 블로그 전체를 폐쇄하는 것이 타당하다는 주장이다.

하지만 책이란 건 하나의 주제를 중심으로 흐르는 경우가 많아 그 일부를 물리적으로 분리하기가 어려우므로 이적표현물로 지정하는 것이겠지만, 블로그나 웹사이트의 경우 해당 페이지만 삭제 및 차단하는 것은 매우 용이하고 또 게시글 사이에 전혀 연관성도 없다. 대부분 심의위원회의 시정요구는 문제가 되는 글들만 개별적으로 삭제하고 차단하는 것에 한정되어 있다.

혹자는 일부의 글들이 '북한 찬양'의 의도를 명백히 보여주므로 다른 글들도 그러한 배경으로 쓰였을 것이라고 유추할 수 있고, 고로 합법적으로 보이는 글들도 '북한 찬양'의 전체적인 의도를 달성하기 위한 도구에 지나지 않는다고 주장하기도 한다. 하지만 살인을 저지를 것이 예측되는 사람에게 밥을 먹는 것이 살인에 도움이 될지도 모른다고 해서 그 사람을 굶길 수는 없다. 사람의 합법적인 일상생활이 불법행위에 도움이 된다며 그 일상생활을 규제하려 한다면 사람들을 행위가 아니라 의도만으로 처벌하는 것이 된다. 두 살짜리 아기 사진 뒤에 어떤 '북한 찬양'의 의도가 있을 수 있는가.

또 그렇게 의도를 유추하는 것은 일종의 순환논리에 빠지게 된다는 주장도 있다. 예를 들어 어느 단체가 '이적단체'로 지정된다고 해서 그 단체의 합법적인 언사마저도 보이지 않는 의도를 유추해 '이적표현물'로 간주한다면, 그 단체는 이적표현물로 지정된 언사를 발설했다는 이유로 이적단체 지정이 재확인되는 셈이다. 결국 한번 이적단체로 지정되면 그 후에 어떤 활동을 하든지 이적단체 지정에서 헤어날 수가 없는 것이다.

이런 경우에는 어떻게 해야 할까? 블로그 전체를 폐쇄해야 할까? 문제되지 않는 글들도 무언가 숨은 의도가 있을 수 있으니 모두 다

지워야 할까? 아니면 문제되는 것들만 지우면 될까?

이 질문에 답할 때는 "내가 이 블로거를 얼마나 싫어하는가?"가 기준이 되어서는 안 된다. 기준은 "국가기관이 내가 이 블로그의 게시글들을 보고 싫어할 기회도 갖지 못하도록 삭제하는 것이 타당한가?"가 되어야 한다. ㉒

'음란물'이니까
대충 검증해도 된다는 동어반복

방송통신심의위원회는 게시물이 불법이라는 이유로 내리도록 하면서 게시자에게는 반박기회는커녕 그렇게 내려지고 있다는 통지도 해주지 않고 있다. 그래서 필자는 '국가가 국가의 주인인 국민의 표현물을 삭제하면서 국민에게 절차적 배려도 하지 않는 것은 헌법상 적법절차위반'이라고 문제제기를 하였는데 하필 '음란물' 여부를 판단하는 회의에서였다. 행정직원들을 포함한 다수의 위원들이 "어차피 음란물인데 대충 하지, 게시자에게 반박기회를 줘봐야 무슨 실익이 있겠느냐?"라고 했다.

처음부터 표현의 자유로 보호될 표현이 있고 보호되지 않을 표현이 있다면, 이미 표현의 자유는 훼손된 것이다. 법적으로 금지되는 표현이 있어서는 안 된다는 의미는 절대로 아니다. 어느 표현이 법적으로 금지되는지에 대해 절차와 기준이 엄수돼야 한다는 것이다. 금지하는 사유가 예를 들어 '음란성', '사행성'이라는 이유로 절차와 기준을 엄수하지 않으면, "음란물이니까 음란물인지 아닌지 자세히 보지 않아도 돼."라는 동어반복에 빠진다.

그런데 이러한 동어반복을 통해 게시물이 차단되는 경우가 허다하다. 많은 인터넷 게시물들이 별다른 절차도 없이 소위 '음란물', '사행행위'라는 라벨이 붙여지고, 그 라벨이 붙은 죄로 "보호할 가치가 없다."라며 차단되고 있다.

아무리 음란물이라고 할지라도 법이 정한 절차에 의해 보호를 받아야 하는 것은 연쇄살인범이 보호를 받아야 하는 것과 마찬가지다. 즉 연쇄살인범도 자신의 죄목을 통보받고 그 죄목의 부당성에 대해 이의를 제기할 기회를 보장받으며 이에 대한 중립적인 재판을 받을 수 있다. 또 유죄 판결을 받기 전에는 영장 등을 통한 법관의 판단 없이는 절대로 기본권을 제한받아서는 안 된다. "나쁜 놈들을 보호해야 하는가?"를 묻지 말자. 우선 누가 나쁜 놈이 될지는, 누가 의회다수를 점하여 어떤 행위를 불법으로 규정하는가에 달려 있다. 우리 모두 언제라도 소수가 되고 범죄자가 될 수 있다. 우리 중 누가 다수가 되건, 우리 모두를 그 다수로부터 보호하기 위해 우리 스스로부터 보호하기 위한 최소한의 절차가 있고 이 절차를 준수해야만 국가의 위엄이 사는 것이다. 깡패들도 애들을 팰 때 왜 패는지를 알려주고 "말만 잘하면 안 때린다."라는 발언기회를 준다. 나쁜 놈을 보호하자는 것이 아니라 우리의 품위를 살리자는 것이다.

왜냐하면 이러한 절차를 거치기 전에 우리는 우리의 예단을 확신할 수 없기 때문이다. 우리가 예단에 의지하고 절차를 무시할 때 어떤 결과가 나오는지는 일제시대와 군사독재를 거치며 체험했다. 고문을 통해 만들어진 수많은 조작사건들이야말로 동어반복의 결과물들이다. 헌법재판소도 이런 동어반복을 차단하기 위해서 음란물 광고는 물론 허위사실유포도 모두 표현의 자유의 보호 범위에 포함된다고 한 것이다.

혹자는 "누가 봐도 명백한 것은 절차를 조금 생략해도 되지 않는가?"라고 주장한다. 그러나 자신에게는 아무리 쓰레기처럼 보이는 것이라 할지라도 누군가에게는 유일하게 먹고사는 일이 될 수도 있고, 유일하게 자긍심을 느끼며 살아가는 방식이 될 수도 있다. 과거에는 법으로 금지됐던 동성애를 보라. 생각 없이 던진 '차단의 돌'이 개구리를 죽일 수 있다. 인터넷이라는 열린 숨통을 통해서 어렵게라도 경제활동, 문화활동을 영위하려는 사람들을 "나에게 명백하니 누가 봐도 명백하다."라는 이유로 절차와 기준을 무시하고 단죄하는 것은 독선적이며 오만한 동어반복이다.

더욱이 각국의 헌법에 표현의 자유는 명시돼 있고 '행동의 자유'는 명시되지 않은 이유는 무엇일까? 표현은 그 표현을 들은 사람의 독립적인 행위를 통해서만 효과가 나타난다는 것이다. 행위는 행위 그 자체로 효과가 나타난다. 누군가가 병역의 의무의 부당성을 주장하는 것과 실제로 병역을 거부하는 것은 다르다. 결국 표현은 표현이 가진 여러 가지 순기능(토론을 통한 공동체적 의사결정, 개인의 자아실현, 그 표현을 들을 사람의 알 권리)이 모두 발현되는 동안 규제할 이유가 없는 것이다. 물론 곧바로 물리적 해악으로 나타날 것이 '명백하고 임박한 경우'에는 표현도 규제될 수 있다. 명예훼손이나 사기처럼 피해자와 피해가 특정 가능하거나, 음란물이나 도박물처럼 피해가 표현물에서 곧바로 발생하는 표현들만 여기에 해당한다. 이렇게 표현은 행위와 달리 예외적으로 규제가 가능하니 더욱더 독선적인 동어반복을 피해야 한다.㉓

인터넷규제 3대 악법인 인터넷실명제, 임시조치제도, 행정심의 중에서 세 번째 행정심의의 주체인 방송통신심의위원회의 문제점은 행정심의라는 태생적 한계 외에도 세 가지로 정리된다.

첫 번째, '불법 정보' 단속만을 하는 것이 아니라 소위 '건전한 통신윤리'를 위반하는 정보까지 단속하다 보니 김문수 건이나 2MB18nomA와 같은 별다른 이유 없이 불쾌하다고 하여 차단되는 경우들이 발생한다. 두 번째, 게시자에게 아무런 반박기회나 통지를 해주지 않은 채 게시자의 기본권을 제한하고 있어 적법절차원리에 어긋난다(아래 제4장의 도입부에서 적법절차의 원리에 대해 다시 한 번 자세히 설명했다). 세 번째, 불법 정보를 단속한다는 권한만을 가지고 있지, '불법 정보를 게시한 사람'을 규제할 권한이 없는데도 불구하고 (블로거 habia의 손자 사진들처럼) 국가보안법 위반정보를 올린 사람이 운영하는 블로그에 올려 있다는 이유로 합법정보들이 차단 및 삭제되고 있다.

행정심의가 가진 검열성은 차치하고라도 방송통신심의위원회가 가진 위 문제들을 해결하는 것이 방송통신심의위원회의 롱런을 위해서도 도움이 될 것이다. 이 문제들을 해결하기는커녕 방송통신심의위원회는 SNS에도 이 누더기심의제도를 똑같이 그대로 적용하려고 해 비난을 사고 있다.

우리가 질식사하지
않는 이유

SNS에 대한 규제가 국민들의 분노를 사고 있다. 우리나라는 전 세계에서 거의 유일하게 명예훼손에 대한 형사처벌이 활발히 이뤄지고 있고, 언사가 타인에게 모욕적이라고 하여 형사처벌을 하고 있으며, 진실도 타인의 평판을 저하한다는 이유로 명예훼손 처벌을 하고, '위력'에 의한 업무방해죄가 존재해 최근까지도 노동자들의 파업 선언은 물론 소비자들의 불매운동마저도 업주에게 심리적 압박을 준다는 이유로 형사처벌이 돼왔다. 게다가 가장 중요한 정치적 표현의 자유에 있어서도 유권자들이 선거기간 2~3주 외에는 공직선거 후보자들에 대한 견해를 제대로 주고받지도 못한다. 이런 유의 법들 모두 국제인권기구들이 폐지를 권고한 바 있다.

이처럼 세계에서 가장 억압적인 법들 아래에서 우리는 도대체 어떻게 생존해가고 있는 것일까? 일본인들은 모두 '혼네(본심)'와 '다테마에(실제 하는 말)'를 가지고 있다. 우리도 비슷한 면이 있다. 공적 대화와 사적 대화를 첨예하게 나누고 평가를 급격히 달리한다. 공적 대화는 위와 같은 억압적인 법 규제들로 처벌받지만, 사적 대화에서는 그다지 규제가 심하지 않다. 대표적인 예로, 장자연리스트에 있던 유명인사들 이름이 인터넷에 올라오거나 국회의원에 의해 언급되면 모두 형사 고소가 이뤄지지만, 국민 모두는 이미 누군지를 알고 사석에서는 자유롭게 토론한다. 노회찬 전 의원이 안기부 X파일 '떡값검사'의 이름을 기자회견에서 거론한 것에 대해서도 기소됐지만 그 이름들은 이미 공공연하게 회자된 후였다. 결국 이렇게 사적 대화의 숨통이 어느 정도 열려 있으니 억압적인 법제가 사람들을 그나마 질식시키지는 않는다.

그런데 두 사건 모두 이미 다 아는 얘기를 겉으로 드러냈다고 해서 처벌의 대상이 됐다. 즉 "너희끼리는 속닥거려도 내 앞에서는 표내지 말라."는 이중성이 있다. 이 법제들이 명예나 인격권을 보호하기 위해 필요하다고 말하지만, 사실 이 법들이 보호하는 것은 체면이거나 위선에 더 가깝다.

그런데 인터넷이 등장해 사적 대화와 공적 대화의 구별을 완전히 파괴하고 있다. 블로그나 SNS는 검색이 가능하다는 면에서 공적인 측면도 틀림없이 있지만, 이용자들 대다수는 '내 일기가 보고 싶어온 사람들에게 일기를 보여주는' 사적인 공간이라고 생각하며 글을 쓴다.

그렇다면 국가가 "SNS도 당연히 규제해야 한다."라고 말하기 전에 위압적인 법들의 무게를 고려해야 한다. SNS는 사적인 측면이 강한데 이 엄청난 법제를 몽땅 다 SNS에도 적용한다면 그나마 열려 있는 국민들의 숨통을 닫아버리는 것 아닐까? 음란 도박물 규제를 하건 말건 말이다.

또 이런 법제들의 실질적인 목표가 '체면치레용'이라는 것, 즉 누군가의 체면 때문에 사적인 공간에서조차 할 말을 못한다는 것에 국민들은 엄청난 모욕감을 느끼고 있지는 않을까? 표현 관련 법제를 바꾸든지, SNS 규제에 대해 다시 생각해봐야 한다. 그런데 선거법은 김제동 씨나 조국 교수의 경우처럼 트위터 몇 개도 '선거운동'이라고 처벌할 수 있고, 방송통신심의위원회는 불법 트위터 하나 때문에 계정 전체를 차단할 수 있다. 방송통신심의위원회와 선거법 몇몇 조항은 더 생각해볼 필요 없이 SNS에서 추방돼야 한다.㉔

국가보안법 제7조가
SNS를 만났을 때

SNS가 블로그와 같은 기존의 인터넷서비스와 다른 점은 단문을 통한 소통이다. 단문은 사람들이 '빠져나갈 구멍 없이' 자신의 사유와 감정을 날것 그대로 보여주(거나 보여준다는 착각을 일으키)기 때문에, 사람들은 기다란 글들을 주고받을 때보다 단문소통을 통해 만나면서 더욱 쉽게 서로 미워하기도 하고(악플!) 좋아하기도 하며(RT!) 결국 더욱 쉽게 사교하기도 한다. SNS의 Social은 '사회적인'이 아니라 '사교적인'이다.

　많은 SNS 사용자들은 직접 보이는 기존 인터넷서비스의 넉넉한 정보량을 이용하기 위해 '링크'를 사용한다. 그런데 당연히도 링크 주소가 보이는 공간과 (클릭했을 때) 링크가 보여주는 공간은 엄청난 차이가 있다. SNS 계정에 올라온 링크들 중에서 어떤 링크 너머에는 소위 '불법 정보'가 있고, 어떤 링크 너머에는 합법적인 정보가 있다. 합법이냐, 불법이냐를 떠나 링크 너머의 정보들은 서로 연관성이 없기도 하다. 더욱 복잡한 것은 SNS는 각 계정의 내용 대부분이 그 사람의 친구들 또는 멘토(팔로우대상자)들에 의해 채워지기 때문에 링크 너머에 있는 정보들은 훨씬 더 연관성이 떨어지고 더 난폭하게 상호 충돌할 수 있다는 점이다.

어떤 SNS 계정에는 링크들이 하도 많아서 사실 계정 자체가 어떤 정보를 제공한다기보다는 수많은 링크들의 집합소, 다양한 그리고 서로 상충하는 내용의 소통이 이뤄지는 파이프라인의 단면 같은 모습을 보인다. 이렇게 링크로만 가득한, 각 링크가 지시하는 정보들이 규범적으로 얽힌 SNS 계정을 과연 방송통신위원회설치법이 정하는 '정보'라고 볼 수나 있는 것일까? 이러한 계정은 서로 다른 사람들 사이의 '사교 행위'일 뿐, 이것을 정보라고 보아 심의하는 것이 타당한지 생각해볼 필요가 있다. 설사 정보로 본다고 하더라도 링크가 지시하는 정보들이 상호간에 다를 경우, 그 계정에 대한 판단은 어떻게 이뤄져야 할까?

49차 통신소위(2011.09.29)에서는 'DPRK North Korea Connection'이라는 페이스북 계정 전체가 차단됐다(가-1775). 이 계정에 올라온 글의 대부분은 다른 웹페이지로의 링크였는데, 그중 하나는 북한정치수용소를 폐지하라는 운동을 벌이는 단체의 링크였다. 이외에도 이효리 · 이승철 · 거미 · 휘성 · 신화 · 이정현 · 김건모 · 세븐 등 유명한 남한가수들이 등장해 "우리는 만나야 한다."라면서 이산가족의 재회 염원을 노래했던 동영상으로의 링크도 같이 차단됐다. 또 계정 소유자가 올린 글은 아니지만, 북한에서 생산해 판매하는 청바지 Noko Jeans라는 홍보사이트로의 링크 등도 같이 차단됐고, 캐나다에 본부를 두고 동아시아 지역의 평화 및 빈곤구제 활동을 하는 East West Coalition이라는 NGO 홈페이지로의 링크도 같이 차단됐다. 나머지 대다수의 글들은 북한체재 찬양 유투브 동영상이나 북한정부나 북한언론 사이트로의 링크였다.

하지만 이 '링크 너머의 정보'들은 다른 심의를 통해 이미 차단되어 있거나 동 심의를 통해 차단될 예정이었기 때문에 그 링크들은 어차피 클릭한다 하더라도 갈 곳이 없는 '죽은' 링크들이었다. 결국 위 페이스북 계정을 차단함으로써 우리 심의위원회가 올린 성과는 남한의 네티즌들이 북한산 청바지, 남한가수들의 이산가족 응원노래, 정치수용소 반대운동, 외국인들의 북한상대 NGO 활동 등을 접할 기회를 막은 것뿐이었다.

물론 이 계정의 특성상 계정 소유자에 의해서든 계정 친구들에 의해서든 북한체재 찬양게시물로의 링크가 계속해서 올라올 가능성도 있다. 그러나 위에서 보다시피 그렇지 않은 게시물들도 계속해서 올라올 가능성도 있는 것이다. 더욱이 누가 친구가 되는가에 따라 페이스북 계정자의 의사에는 완전히 반하는 게시물들만 올라올 수도 있는 것이다.

그렇다면 이러한 상황에서 페이스북 계정 전체를 차단하는 것이 과연 옳은 일이었을까? 북한체재 찬양게시물들만 개별적으로 차단하면 그러한 게시물로의 통로 역할을 더 이상 할 수 없음에도 불구하고 페이스북 계정 전체를 차단하여 합법적인 게시물로의 링크까지 차단시키는 것이 옳은 일이었을까? 결국 링크 너머의 내용이 규범적으로 상충하는 페이스북 계정은 더 이상 정보가 아니라 단순히 '사교 통로'라고 봐야 하지 않을까?

그 페이스북 계정의 대문에 놓인 로고를 보면 북한에 대해 특별한 증오감을 표명하고 있지도 않다. 로고 자체를 국가보안법 제7조 위반이라고 볼 수 있을까? 그렇다고 본다면 더 할 말이 없다.㉕

방송통신심의위원회의 SNS 규제는
내용 심의가 아닌 '친구 심의'

SNS의 게시글이 재판을 통해 위법하다고 판정되어 게시자를 처벌하는 것은 그렇다손 치더라도, 그런 판정이 내려지기도 전에 국가기구가 게시글을 삭제하거나 차단하는 것은 허용되어야 할까? 특히, 그런 행정조처가 아예 실효성이 없거나 헌법상 기본권을 심대하게 침해하는 방식으로만 행사될 수밖에 없다면 의문은 더욱 강해진다.

SNS상의 정보는 그 내용 자체가 아니라 사람을 맥락으로 해석되고 사람을 기준으로 조직되고 유통된다. 이에 따라 SNS에 올라온 글들은 한 계정 내에 올라와 있어도 내용상 서로 연관성이 전혀없고 작성자들도 제각각이며, 오직 공통점은 '저자'들이 계정 소유자의 친구들이나 팔로워들이라는 것뿐이다. SNS 계정은 그 계정의 내용을 일반화시켜 묘사할 만한 특정한 주제도 없고 성향도 없다. 또 양적으로도 소수와의 연대를 목표로 한다기보다는 많은 사람들과의 사교가 목표라서 하루만에도 수천, 수만 개의 내용상 상호 무관한 짧고 많은 글들이 한 계정에 올라올 수 있다. 그렇다면 내용에 의해 조직되지 않은 엄청난 정보를 '내용 심의'하여 차단하는 것은 당연히 어려운 일이 된다.

정보의 수가 이렇게 많을 경우, 웹사이트와 같은 기존의 인터넷 서비스는 웹사이트 내의 정보가 내용에 따라 정돈되어 있으므로 일부 내용이 불법적이면 다른 내용의 불법성을 합리적인 범위에서 유추하여 웹사이트 전체 또는 메뉴 전체를 불법으로 규정하고 차단했다. 하지만 SNS 내의 정보는 내용에 따라 조직되지 않고 '인맥'에 따라 조직된다. 그러므로 계정의 일부 내용이 불법이라고 해도 다른 내용이 불법일 가능성에 전혀 영향을 끼치지 못한다. 불법 정보를 올린 페이스북 사용자의 친구는 역시 불법 정보를 올릴 가능성이 높다는 엉터리 가정을 하지 않는 한 그렇다. 결국 그 사람의 계정에 있는 정보의 편린들, 즉 트위터와 그 글들의 내용을 개별적으로 평가할 수밖에 없다. 마치 콩이 가득 든 부대에서 썩은 콩을 한 알씩 골라내듯.

팔로워가 많은 트위터러의 글은 하나하나가 수십만 개로 복제되는 상황에서 과연 이것이 현실적으로 가능할까?

불법 정보들을 극히 일부나마 골라냈다고 해도 해당 정보만 일일이 삭제하는 비용과 기술적 부담은 상당하다. 국내 SNS가 실제로 그렇게 한 적이 있는지 모르겠다. 해당 SNS가 국내 서비스가 아닐 경우, 국내 행정기관이 외국 SNS한테 서버에서 삭제해달라는 요청을 할 권한이 있는지, 권한이 있더라도 과연 외국 SNS가 이를 들어줄 것인지는 알 수 없다. 외국 서비스의 변덕에 따라 어떤 것은 규제되고 어떤 것은 규제되지 않는다면 형평성이 훼손된다. 결국 서버 삭제 방식은 포기하고 해당 정보에 해당하는 전파를 찾아내 국내 통신사들에게 차단을 요청하는 수밖에 없는데, 개별 트위터나 페이스북 글처럼 인터넷주소URL와 같은 표지도 없는 작은 정보의 편린을 식별해내려면 기계어 수준에서 정보를 훑지 않는 한 불가능하다. 또 이렇게 하게 되면 '일반에게 공개된' 글이 아닌 이메일, 카카오톡, 네이트온과 같은 그야말로 사적인 통신까지 모두 들여다보고 볼 수밖에 없고, 결국 감청을 불사할 수밖에 없다는 이야기다.

이 문제를 현재 방송통신심의위원회는 어떻게 해결하고 있을까? 해결하고 있지 않다. 방송통신심의위원회의 SNS 규제는 불법 정보가 발견되면 계정 전체를 차단하는 방식으로 이뤄지고 있다. 불법적이지 않은 수많은 정보들을 같은 계정에 올라왔다는 이유만으로 차단하고 있는 것이다. 최근 '2MB18nomA'의 경우 계정 이름이 이명박 대통령에 대한 욕설을 연상한다고 하여 그 계정의 수많은 게시글들이 차단됐다. 어떤 페이스북 계정은 김일성 찬양글이 올라왔다는 이유로 차단됐는데 아이러니하게도, 북한 정치범 수용소를 비난하는 글도 같이 차단됐다.

더욱이 계정을 차단하면서 그 계정 소유자의 팔로워들 글마저도 함께 차단하고 있는데 특정 계정의 친구라는 이유로 자기가 쓴 글이 함께 불법 정보인 것처럼 처리된다니 이것이야말로 진정한 '결사의 자유' 침해가 아닐까? 결국 방송통신심의위원회는 내용을 심의하는 게 아니라 사람 심의, 친구 심의를 하고 있는 것 아닐까?[26]

2012년 4월 현재 방송통신심의위원회의 SNS 규제는 우려했던 대로 하나의 트윗이 RT를 통해 게시되었다고 하여 수백 개의 계정들이 차단될 위험에 놓인 경우가 발생하고 있다.

아이러니한 것은 SNS 규제에 대해 반대하는 판사들이 SNS에 '가카의 빅엿' 이나 '가카새끼 짬뽕'과 같이 현란한 표현으로 반대를 표명하다가 사법부로부터 징계를 받았다는 것이다. 필자는 SNS 규제전담팀 창설에 반대하여 의사봉을 잠시 들고 나가는 퍼포먼스를 할 정도로 강하게 반대하긴 했지만, 어찌 되었든 방송통신심의위원회의 SNS 규제 때문에 촉발된 상황의 유탄을 맞은 서기호 판사와 이정렬 판사에게 미안하기는 하다.

시민들의 집회를 불법화하는 사람들

강희락 경찰청장은 지난 4월 29일(2009년) '불법시위'와 '폭력시위'를 원천봉쇄하겠다고 했다. 하지만 체포된 사람들은 대부분 평화롭게 집회에 참가했으나 단지 그 집회가 경찰에 의해 '불법'으로 규정됐다는 이유로 체포됐다. 또 한승수 총리는 "폭력집회로 변질되거나 교통 소통에 지장을 줄 우려가 있는 도심 대규모 집회는 관련 법에 따라 금지 통고를 하겠다."라고 밝히며 이른바 '폭력'의 경력이 있는 민주노총 등의 특정 단체에 집회를 불허하겠다고 했다.

폭력 가능성
불허기준 안 돼

이와 같은 국가의 행태는 위헌이다. 우리나라 헌법 제21조는 집회에 대한 허가제도를 금지하고 있다.

전 세계 거의 모든 국가에서 지켜지는 헌법 원리다. 국가가 자신에 대한 비판적인 내용의 집회를 사전에 막도록 하지 못하는 원리다. 물론 국가는 타인의 자유를 보호하기 위해 집회의 시간·장소·방법을 합리적인 범위 내에서 제약할 수 있고(가령 새벽에 주택가에서 확성기를 사용할 경우), 그러한 제약의 실행을 위해 사전신고를 요구할 수도 있으며 사전신고 없이 진행된 집회를 사전에 '불법집회'로 규정할 수도 있다. 하지만 집회의 내용이나 주최자의 신원에 따라 허용 여부를 정하는 것은 위헌이다.

우리나라 집회 및 시위에 관한 법률(이하 집시법)은 표면적으로는 경찰이 폭력범죄 발생(제5조), 시간(제10조), 장소(제11조), 교통방해(제12조) 등만을 이유로 금지 통고를 할 수 있도록 하고 있어 헌법이 허용하는 방법적 규제인 것처럼 보이지만 실제로는 헌법이 금하는 허가제처럼 운영되고 있다. 즉 정부에 비판적인 집회들만을 금지 통고하고 있다. 내용 차별의 증거는 많다. 지난 5월 4일 경찰청 앞에서의 기자회견 참가자들도 정부비판 발언을 하자마자 체포했다. 또 하이서울페스티벌에 참가한 시민들 중에 일부가 반정부 구호를 외쳤다는 이유로 불법집회 참가자로 규정됐다. 결론적으로 경찰은 집회를 내용에 따라 차별하고 있고, 헌법의 집회허가제 금지 원리를 위반한다.

정부가 말하는 대로 내용이 아니라 교통방해가 문제라면 비슷한 시간과 장소에서 벌어진 친정부적 집회들도 허용될 수는 없다. 폭력발생의 가능성도 지금 상황에서는 불허기준이 될 수 없다. 집회 주최자는 거리의 대중들과 소통하기 위해 집회를 한다. 그런데 집회 참가자들을 훨씬 더 많은 숫자의 전경들이 포위해버리면 당연히 집회 참가자들의 목표는 돌파가 될 수밖에 없고, 이 돌파 속에서 전경과 집회 참가자들 사이에 폭력이 발생할 수밖에 없다. 1980년대식 과도한 포위상황에서 발생한 집회들의 폭력발생 이력을 기준으로 집회의 폭력 가능성을 판단해서는 안 된다. 실제 폭력행위를 한 사람들의 체포는 당연하지만, 'ㅇㅇ가 주최하는 집회는 불법'이라고 칭해놓고서 불법집회를 원천봉쇄한다는 것은 "ㅇㅇ가 주최하는 집회는 원천봉쇄한다."라는 것과 등가다. 헌법은 원래 이러한 원천봉쇄를 금지한다. 이러한 상황의 위헌성에 대해서는 우리나라 헌법재판소가 판시한 바 있다.

헌법의 '집회허가제 금지'

위반
모든 영화에 대해 등급을 부여받아야만 상영될 수 있도록 규정한 후에 특정 영화에 대해서는 아예 등급 부여를 보류하여 그 영화의 상영이 원천적으로 봉쇄되도록 한 것은 헌법 제21조를 위반한다고 했다. 내용이 문제가 아니고 부수효과가 문제라면, 부수효과를 막는 방식으로 허용하면 되는 것이지 특정 내용의 집회를 원천봉쇄한다는 말은 그 내용을 막겠다는 것이다. 집회에 대해서 금지 통고를 하는 것은 그 자체로 위헌이다.[27]

광장과 시청은
다르다

헌법 제21조가 "집회의 자유에 대해 허가제를 인정하지 아니 한다."라고 밝히는데도 서울시의회가 자신 있게 서울광장 조례와 광화문광장 조례에 허가제를 두고 있는 근거는 무엇일까?

첫 번째, 헌법이 보장하는 집회의 자유는 모든 장소에서 집회를 할 자유는 아니라는 것이다. 광장 조례는 집시법과 달리 모든 장소에서 하는 집회에 적용되는 게 아니라 특정 집회가 광장에서 거행되는지만 다룬다. 거기에서 못하면 다른 곳에서 집회를 하면 되므로 집회 자체를 허·불허하는 것이 아니어서 허가제가 아니라는 것이다(물론 현재 광장에서 집회를 하려면 조례상의 서울시 허가와 집시법상의 경찰청 신고를 모두 거쳐야 하며, 후자의 위헌 여부는 여기서 논외로 한다).

두 번째, 군부대는 군 지휘관이 관리하고 시청 건물은 시장이 관리하듯 공적으로 소유된 재산은 모두 대의제하에 선출된 공무원이나 그로부터 위임을 받은 자가 국민을 대표해 배타적으로 관리하고 있으며 그 사용의 범위와 양태를 정할 권한이 있다는 것이다. 즉 광장도 예술의 전당이나 상암구장 등과 마찬가지로 평화롭고 질서 있게 이용되려면 누군가가 인순이의 공연을 할지, K리그를 할지, 국가대표팀 간 경기를 매치할지 등을 심의하여 허가하고 그 결정에 따라 이용될 수밖에 없다는 것이다. 일반적으로 표현의 자유도 그 통로가 되는 시설을 소유한 자에 의해 제약될 수밖에 없음이 당연하다. 아무리 헌법적으로 보호되는 표현도 실리고 안 실리고는 신문사가 자신의 목적에 따라 결정할 수 있다. 결론적으로 서울시가 소유하거나 관리하는 한정된 시설 내에서는 허가제 금지원리가 적용되지 않는다는 주장인 것이다.

그러나 광장이나 공원, 길거리 등은 공공의 장이며 여타의 공공 건물이나 시설들과는 다르다. 예술의 전당이나 상암구장처럼 운용될 수는 없다. 공공의 장 이론은, 공공의 장에 해당하는 시설들이 배타적으로 소유됐다고 할지라도 거기에서의 표현의 자유가 소유자나 관리자의 권리에 의해 제약되지 않는다는 법리다. 이 이론을 처음 세운 미연방대법원 판례(헤이그Hague대 CIO)를 살펴보자. 1939년 프랭크 헤이그라는 펜실베이니아주 저지의 시장은 저지 시내의 길거리, 공원 및 공공건물 내에서 집회를 하기 위해서는 시장의 허가를 받도록 하는 조례를 통과시켰다. 이에 대해 법원은 "길거리와 공원은 소유자가 누구든 역사 이전의 시간부터 공공의 사용에 신탁되어왔고 기억이 아득할 정도로 오랫동안 시민들 간의 집회와 사상의 교환, 그리고 공적 사안에 대한 토론을 목적으로 이용되어왔다. 거리와 공공장소를 그렇게 사용하는 것은 시민의 특권"이라고 판시했다.

길거리와 공원은 법적으로는 시 소유지만 그렇다고 해서 경기장이나 극장처럼 소유자나 관리자의 허가에 의해 운영되는 것이 아니며, 표현의 자유 보호원리들이 그대로 적용된다. 이에 따라 위 법원은 허가제 금지원리를 그대로 적용하여 허가제를 규정하고 있는 시 조례에 대해 위헌 판정을 했다.

공공의 장 이론은 그 후 미국에서 계속 발전해 사적으로 소유된 쇼핑몰의 경우도 길거리 및 공원과 마찬가지로 표현의 자유가 보호된다는 내용으로까지 발전했다. 이와 같은 취지에서 경찰이 광장 주변에 설치하는 차벽은 공공의 장을 완전히 폐쇄하는 것이므로 더욱 심각하다고 볼 수 있다. 이런저런 이유로 시청이나 시의회 건물에 일반인의 출입을 금지하는 것과는 완전히 다른 것이다.❷❽

반값 등록금 촛불집회 금지,
타당한가

경찰이 '반값 등록금 조속 시행'을 주장하는 전국등록금네트워크 (등록금넷)와 한국대학생연합(한대련)의 국민 촛불집회 신고에 금지 통고를 했다. 시민단체는 표현의 자유 침해라며 강행 의지를 밝혔고, 경찰은 '공공질서 유지' 차원에서 엄중 처벌하겠다는 방침이다. 이와 관련해 논쟁의 당사자인 경찰과 등록금넷의 견해, 그리고 법학자의 의견을 들어본다.

'촛불'이라는 말은 2002년 미군 장갑차에 치여 숨진 효순이와 미선이를 추모하는 집회에서 처음 대중적으로 사용된 것 같다. 현재도 마찬가지이지만, 당시 집시법은 '학문·예술·체육·종교·의식·친목·오락·관혼상제 및 국경행사에 관한 집회'에 대해서는 사전신고 의무를 부과하지 않았다. 그래서 당시 많은 집회들이 '문화제'라는 형식을 취했고, 여기에 외국에서 유명인의 죽음을 추모하는 '캔들라이트 비질'이 열렸던 것에 착안, 우리나라에서는 '제사'와의 유사성을 강조하기 위해 앞에 '촛불'이라는 말까지 붙여진 것이 아닌가 추측된다.

그런데 그에 관한 '집회'를 도대체 어떻게 가려내겠다는 것인가? 2008년 미국산 쇠고기 수입을 반대하는 집회에는 수많은 동창회들이 광장에서 모였는데, 이는 '친목'이 아닌가? 요즘 우리 대학생들이 학교에서 벌이는 '공부 농성'을 길거리에서 하면 '학문'이 아닌가? 외국의 길거리 집회 현장에서 자주 볼 수 있는 티치인teach-in(강의 농성)은 어떤가? "전쟁하지 말고 사랑을 하세요."라는 모토가 지배했던 미국의 우드스탁과 비슷한 공연이 작은 규모로 서울의 길거리에서 벌어진다면, 경찰이 '오락'인지 '예술'인지 골머리를 싸매고 고민할 일을 생각하니 헛웃음부터 나온다.

결국 '촛불'이라는 말은 자유롭게 집회를 하고자 하는 시민들의 열망의 산물이기도 하지만, 세계에서 유일무이한 황당한 집시법의 산물이기도 한 것이다.

그러나 허망하게도 경찰은 정부에 비판적인 집회의 경우 '촛불문화제'라는 제목이 붙어도 신고를 하지 않으면 불법이라고 규정하여 탄압하는 경우가 허다했고, 법원은 잡혀온 이들이 실제로 '오락'을 했는지 '예술'을 했는지 따져보지도 않고 경찰의 해석에 따라 유죄 판결을 내려왔다. 결국 지금은 '촛불문화제'라는 타이틀이 약발이

먹히지 않으니 집회 주최자들도 아예 미리 신고를 하고, 경찰은 정부에 비판적인 집회에 대해서는 '금지 통고'를 함으로써 대응하고 있다.

이럴 거라면 아예 신고를 하지 마라. 물론 국가는 타인의 자유를 보호하기 위해 집회의 시간·장소·방법을 합리적인 범위 안에서 제약할 수 있고 그 실행을 위해 사전신고를 의무화할 수 있다.

하지만 '집회'가 무엇인가? 친구 세 명이 영화를 보러 가려고 길거리에서 만나는 것을 집회라고 하여 사전신고를 요구할 수는 없을 것이다. 집회·시위 규제가 정녕 타인의 자유를 위한 것이라면, 많은 인원이 모여야 타인에게 불편한 소음이나 소통장애를 초래할 것이 예상될 테니 그런 경우에만 사전신고 의무를 부과해야 마땅할 것이다. 그러나 집시법 어디에도 그런 요건이 없다. 이 때문에 이명박 정부 들어 '기자회견', 그야말로 기자들과 길거리에서 만나도 미신고 집회라며 처벌당했고, 한 사람이 조용히 코스프레를 하고 나타나도 동시에 다른 장소에 나타난 코스프레와 연관성이 있다며 처벌당했고, 심지어는 시골의 농민 몇 명이 논바닥에서 만나서 쌀값 폭락을 걱정해도 조사대상이 됐다. 애당초 국민의 숨통을 막는 제도였던 것이다. 미국에서는 이런 이유로 '더글러스 대 브라우넬' 판결에서 열 명 이상만 모이면 신고 의무를 부과하던 법이 위헌 판정을 받았고, '최소 참가자' 요건 없이 신고 의무를 부과한 법도 위헌 판정(콕스 판결)을 받는 등 비슷한 위헌 판결이 줄을 잇고 있다.

'최소 참가자 수'라는 요건도 없이 학문 · 예술 · 오락 등등에 관한 집회라는 애매모호한 기준으로 적용되는 사전신고 의무제도는 위헌이다. 전국등록금네트워크가 살인적 등록금에 대해 국가의 개입을 요구하는 집회를 7~10일에 하고자 신고를 했고 경찰은 불허했다. 신고를 하면 집회가 '학문'도 '오락'도 아니어서 신고 의무가 있음을 자인한 꼴이 되고, 이때 금지 통고를 받으면 그 집회의 불법성이 공식화되어버린다. 신고할 것이 아니라 신고제도 자체를 거부하고 그 위헌성을 다툴 일이다.㉙

선거,
그들만의 잔치

우리나라 선거법은 선거기간을 정해놓고 그 기간 외의 선거운동을 금지하고 있다. 선거가 끝난 후에 선거운동을 할 리는 없으니 이 조항, 즉 공직선거법 제254조를 그래서 우리는 '사전 선거운동 금지 조항'이라고 부른다. 정치가 과잉한 사회에서 너무 많은 시간과 자원을 선거에 낭비하지 않겠다는 취지로 이해할 수 있다.

선거를 몇 년 만에 한 번 찾아오는 '잔치'로 만드는 것은 좋다. 하지만 우리 법은 여기에 덧붙여 선거운동도 아닌 유권자들의 소통행위까지도 광범위하게 규제하고 있다. 즉 현행 공직선거법 제93조는 선거일 전 180일 동안 후보자들에 대한 '글'을 통한 비판 또는 지지를 총체적으로 금지한다.

이 조항의 의미를 되새겨보자. 선거 전 반년이라는 황금 같은 기간 동안 국민들이 후보자들에 대한 토론을 하지 않고 도대체 어떻게 선거에 의미 있게 참여할 수 있다는 말인가? 규제의 근거는 '금력·권력·폭력·학연·지연·혈연'에 의한 '과열' 선거의 예방이라고 한다. 그러나 '금력'은 선거자금 규제로, '권력'은 공무원의 공무상 중립성에 대한 감시로, '폭력'은 형법으로 막으면 된다.

국민들이 후보자들에 대한 비판을 할 수 없으면 기존의 사회질서상의 우위, 즉 '학연·지연·혈연'을 가진 자들에게 도리어 유리하다. 광고를 규제하면 할수록 광고 없이도 시장에서 우위를 점하는 대기업들에게 유리한 것과 마찬가지다. 제93조는 불공정 선거를 막는 데 반드시 필요하기는커녕 오히려 불공정을 조장하면서 서민들이 후보자들에 대해 의견교환을 하지 못하도록 하는 것이다.

특히 제93조가 인터넷에도 똑같이 적용되고 있는 것은 심각한 문제며, 또 선거기간 외의 선거운동을 금지하는 제254조 역시 그래서 문제. 제93조가 벽보·현수막·출판 등을 규제하는 것은 이들 '문서를 통한 소통'이 모두 의사소통의 양에 비례하여 돈이 들기 때문이다. 즉 금권金權선거 예방을 위해서 문서를 통한 후보 지지 혹은 비판을 규제하는 것은 최소한의 관련성이 있다. 하지만 인터넷 댓글 및 트위터 등은 돈이 많다고 해서 경쟁자를 압도할 수 있는 매체가 아니다. 알바 고용 등을 통한 우위 점유도 가능하긴 하지만 이용자의 자발적 접속에 의지하는 인터넷소통의 특성상 그 효과는 오프라인 매체에 비하면 훨씬 제한적이다. 제93조가 인터넷에 적용되는 것은 금권선거 예방과는 더욱 상관없는 것이 되며 별도의 선거 자금 규제가 있는 상황에서 과잉한 것이 된다. 사실 선거기간 외 선거운동을 금지하는 제254조를 그대로 인터넷에 적용하는 것도 재고되어야 한다. 선거운동의 일상적 과열을 막고 간헐적인 '잔치'로 만들려는 것도 선거가 불공정해질까봐 그런 것이다. 돈을 많이 태울 수 있는 사람은 더 오랫동안 열기를 이어갈 수 있기 때문이다. 하지만 인터넷은 위에서 말했듯 돈을 태워서 불길을 높일 수 있는 매체가 아니다. 사전 선거운동 금지제도를 인터넷에 똑같이 적용하는 것은 무리가 있다. 또 선거운동의 정의(법 제58조) 자체도 너무 폭넓게 되어 있어 인터넷에 글을 수십 개 올리는 것 정도도 선거기간이 아니면 선거운동으로 분류되어 금지된다.

게다가 법 제59조 제3항은 후보자가 인터넷을 통해 선거운동을 하는 것은 언제라도 허용하고 있다. 어떤 정신없는 후보가 선거운동을 하면서 자신에 대한 비판 글을 올리겠는가? 온·오프라인을 통틀어 후보 비판은 불가능하니 선거 전체가 '직업정치인들, 그들만의 잔치'가 되어버린다. 후보 자신들의 홍보는 허용하면서 이들에 대한 비판을 금지하는 것은, 지지나 비판을 모두 금지하는 것보다 훨씬 더 공정한 선거를 저해한다. 결국 온라인만 보면 후보를 지지하는 글만 남는 '이상한 나라'가 되어버리는데, 의사소통의 혁명이라던 인터넷이 우리나라에서는 법적으로 피폐화되는 또 하나의 사례다.

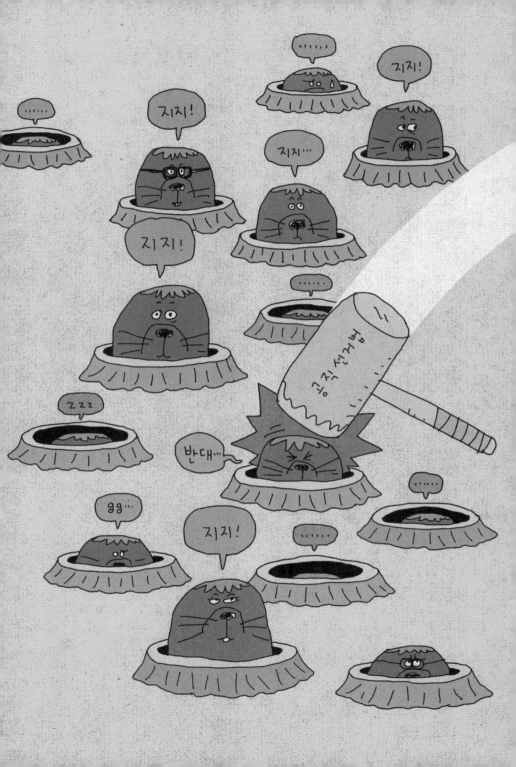

온라인에서는 실명제 실시로, 당국에 신원을 공개하지 않으면 글을 올릴 수 없다. 또 '임시조치제도'로, 남이 싫다고 하는 글은 사라져간다. 온라인상의 신상정보나 이메일이 손쉽게 당국에 유출됨은 물론, 이용자는 유출 사실조차 모르게 된다.

물론 우리나라 누리꾼들도, 유권자들도 그렇게 쉽게 죽지는 않을 것이다. 그러나 이들이 잔치에 초대되는가, 아니면 문밖에서 서성이는가는 선진과 후진의 차이다. 가뜩이나 오프라인에서는 정부비판 성향의 연예인이나 예술가, 극장이나 학교, 교과서의 '돈줄 끊기'가 매카시즘처럼 진행되고 있는 판에 그나마 '돈 없어도 뭔가 될 것 같았던' 인터넷과 선거마저 이렇게 더욱 깊숙한 철창에 가둬버리면 무슨 문화가, 무슨 민주주의가 꽃필 것인가?❸⓿

정치인이
무슨 귀족인가

나경원의 '1억대 피부숍' 의혹을 제기했던 나꼼수가 허위사실유포죄로 수사를 받았는데, 엄청난 아이러니는 우리나라 선거법에서는 나꼼수의 주장이 진실이라고 할지라도 어차피 처벌되는 조항이 버젓이 있다는 것이다. 바로 후보자비방죄다.

선거는 민주주의의 꽃이다. 선거에서 유권자들이 허위주장에 오도되지 않도록 보호하는 것이 중요하여 이미 허위사실공표죄를 만들어놓았다. 여기에 또다시 진실을 말해도 처벌하는 법을 둔 것은 불필요한 정도가 아니라 선거에서 진실을 추방하겠다는 것이고, 결국 유권자에 의한 후보자의 평가를 포기하겠다는 것 아닌가?

물론 '오로지 공익을 위한 진실'은 면책된다고 되어 있다. 유권자로서 후보자들에 대해 진실을 말하는 것이 공익을 위하지 않은 경우도 있는가? 결국 이 조항은 아무런 실효성도 없고 진실의 가치, 선거의 가치를 동시에 모독할 뿐이다.

개똥도 쓸 데가 있다 했던가. 후보자비방죄 유죄 판결은 도대체 언제 내려지는 걸까? 바로 후보자들에 대해 경멸적인 표현을 쓸 때인 것으로 보인다. 예전에 "망한 ○○건설의 부도 원인은 중동에서 미수금 회수 못한 게 주요 원인인데, 땅바기는 아직도 중동의 사기꾼들을 들먹이며 경제를 살린다고 구라를 치고 다닌다."라고 이명박 후보를 비판했던 글도 유죄 판결을 받았다(2007고합324). 표현이 과격하면 공익을 위한 것이 아닌 것으로 간주하는 것이다. 선거관리위원회의 후보자비방죄에 대한 안내 문구를 봐도 이러한 추측에 부합한다. '진실이 적시되어 있다 하더라도 그 내용이 상당히 공격적이고 악의적이어서 정치적 의사표현의 자유 또는 알 권리를 감안하더라도 사회통념상 평균인이 참기 어려운 정도인 때'에 후보자비방죄가 적용된다고 하고 있다.

'사회통념상 참기 어려운 정도'라고? 진실을 말했는데도 참기가 어렵다고? 이런 표현을 어디서 보았더라? 바로 모욕죄 판결문들이다. 필자는 후보자비방죄는 후보자에 대한 경멸적 표현을 막는 모욕죄로 기능하고 있다고 감히 추정한다. 물론 법원에서는 견해와 감정의 표현은 사실적 주장이 아니며 이에 따라 후보자비방죄에 해당되지 않는다고 누차 강조한다. 하지만 실제로는 단지 후보자에 대한 경멸을 드러내는 것만으로도 유죄가 선고된다.

"이명박이 이야기하는 샐러리맨의 신화는 현대 정 영감의 후광을 이용해서 재창조한 존나 비열한 종자의 짓거리며, 한반도 대운하는 국토를 씹창내서 제 배를 불리자고 하는 개지랄이며, 제 비리를 마누라한테 떠넘기는 존나 파렴치한 인간이며, 해외에서 사기나 당하는 경제관념 없는 멍청이며 (중략) 이야, 늘어놔도 늘어놔도 끝이 없네." (2007고합1365 제93조 제1항 경합)

이 내용에 사실적 주장이라고 할 만한 것은 어디에도 없고 거의 전적으로 견해의 영역인데도 유죄가 선고된 것은 후보자비방죄의 모욕죄로서의 정체성을 보여주는 것이다. 또 지금까지의 판례나 선관위 해석에 따르면, 사실의 적시가 들어가 있는 경우의 예를 보더라도 "박근혜의 아버지는 군사독재를 했던 박정희 대통령이다."라는 말은 비방이 되지 않고 "독재자의 딸, 박근혜"는 후보자에 대한 비방이 될 것인데 그 차이는 표현이 경멸적이기 때문일 것이다. 결국 후보자비방죄는 정치인(선거후보자)모욕죄로 기능하고 있는 것이다. 정치인이 무슨 귀족인가?❸❶

SNS의 S는 '사회'가 아니라
'사교'다

SNS 소통의 사적인 성격　　　SNS 소통은 사적인 면도 있고 공적
인 면도 있다. 그러나 SNS에서의 정보의 소비는 대부분 사적 소통
을 통해 이뤄진다. 즉 SNS에 글을 올리면 그 글은 SNS 관계망에 전
달된다. SNS 관계망은 아무나 들어오는 포털게시판이 아니고 일정
한 기준에 의해 선별된 사람들로 이뤄지며 이들에 대한 소통은 포
털게시판에서의 소통과는 달리 사적 성격이 더욱 강하다. 물론 그
정보는 RT나 공유를 통해 망 밖으로도 전달이 되지만, 이 전달은
친구나 팔로워 중 한 명에 의해 이뤄지는 것이지, '내'가 하는 것이
아니다. 여기에 SNS의 사생활로서의 본질이 있다.

　SNS의 정보가 불특정 다수에게 공개된다는 말 자체는 맞지만,
SNS를 통한 정보 확산이 '주로' 공개적 소통으로 이뤄진다는 것은

착시현상이다. 수많은 사람들에게 전달되는 SNS 게시물은 한 사람이 불특정 다수에게 전달하는 것이 아니고, 우선 한 사람이 자신의 친구나 팔로워들에게 볼 수 있게 정보를 올리면 그 친구나 팔로워 중의 한 명이 다시 이를 리트윗이나 공유를 하고 이 단계가 여러 번 반복됨으로써 이뤄진다. 이러한 모드에서 어느 한 사람도 정보를 불특정 다수에게 보내지 않는다. 모두 특정 소수나 특정 다수에게 보낼 뿐이다.

SNS 소통의 사적 성격이 규제의 타당성에 미치는 영향은 자명하다. 과거에 연예인 X파일이 "너만 보라."는 식의 일대일 소통을 통해 들불처럼 퍼져나가 모든 사람들이 이를 보게 되었지만, 어느 한 사람도 이를 '불특정 다수'에게 공개한 적은 없었기 때문에 업무규칙을 위반해 처음 회사 외부로 유출한 자 외에는 처벌이 불가능했었다.

SNS의 '공적 소통'의
소극적 성격

물론 '비공개' 처리를 하지 않은 SNS 계정에 있는 정보는 일반에게 '공개'되는 측면이 있다. SNS 계정을 '공개'로 해두면 '나'의 관계망에 없는 사람들도 계정에 찾아와서 볼 수 있는 것이다. 특히 자신의 팔로우 대상이나 친구들이 제공하는 글들만으로는 시의성 있는 정보가 자기 계정에 제공되지 않는다고 생각하는 사람은 검색search 기능을 통해 자신의 관계망 밖에 있는 정보에도 접근한다. 정확히 비공개라고 말할 수는 없는 것이다. 그럼에도 불구하고 왜 우리들은 SNS상의 대화가 사적 소통이라고 느낄까? SNS 계정에 글을 올리는 행위 자체는 매우 소극적인 행위이기 때문이다. 계정 소유자는 단지 자신의 소회를 담담히 적어 내려가는 것이고 친구와 팔로워 들은 이 일기를 자발적으로 지켜보는 것이 된다. 그 외의 이용자들이 자신의 계정까지 방문해 일기를 보는 것은, 광장에서 소리 지르기와 같이 침입성이 있다기보다는 술집에서 옆자리의 이야기가 관심 있어서 귀 기울여 듣는 것 정도로 생각해도 무방하다. 즉 자신의 관계망에 있는 사람들에게 공개되는 것은 이미 일정한 관계를 맺은 사람들에게 공개하는 것이기 때문에 공개라 보기에 어렵고, 관계망 밖에 있는 사람들에게 공개되는 것 역시 '적극적인 배포'라기보다는 '열람의 허용' 정도로 생각해야 하는 것이다.

정리하자면, SNS에서의 소통은 관계망에 있는 사람으로의 정보 전달, 즉 사적 전파를 주로 기본단위로 하여 이뤄진다. 관계망에 없는 사람들이 직접 계정에 찾아와서 계정 소유자의 정보를 지득하는 공적 전파도 많이 이뤄지기도 한다. 하지만 규제의 측면에서 봤을 때 공적 전파는 글을 게시한 사람에게 법적 책임을 물을 경우 신중할 것이 요구된다. 특히 법 규제가 상당한 적극성을 위법성 요건으로 하고 있을 때, SNS에서의 소통에 법적 책임을 묻기가 어렵다고 본다.

공직선거법

적용의 문제　　　　　　　　　바로 그러한 법 중의 하나가 공직선거법이다. 공직선거법은 금권선거, 관권선거 및 과열된 선거를 방지하기 위해 선거운동 기간을 2~3주 정도로 매우 짧게 지정해 이 기간에만 허하는 것을 골자로 하고 있다(공직선거법 제254조). 즉 선거운동에 해당하는 행위를 그 기간 외에서 하면 사전 선거운동이라는 범죄를 저지를 것으로 다루어진다. 그런데 이 조항에서 선거운동을 '당선되거나 되지 않게 하기 위한 모든 행위'로 폭넓게 규정하고 있고, 실제로 법원에서도 인터넷에 글을 올리는 개별적인 행위마저 모두 선거운동으로 간주해 처벌하고 있다. 다만 법의 취지상 선거운동은 상당한 적극성을 요구한다고 봐야 할 것이다.

　그렇다면 SNS상의 소통에 공직선거법을 적용시키는 것은 더욱 심각한 문제를 발생시킨다. 대부분의 SNS 소통이 사적 전파를 통해 이뤄지고 공적 전파가 일부 있더라도 이는 전파자의 입장에서 보면 타인들의 열람을 허용하는 소극적인 행위다. 결국 SNS상의 소통에서 사적 전파 부분은 공연성이 없으니 처벌대상이 되지 않고, 공적 전파 부분은 선거법이 요구하는 적극성을 갖추고 있지 않다.

SNS의 구술생활적인

성격　　　　　　　　　　특히 SNS에서의 소통은 문자생활이라기보다는 구술생활에 가깝다. 필연적으로 짧지만 많은 숫자의 글들로 이뤄진다. 이렇기 때문에 수많은 글들은 올라오자마자 순식간에 화면 바닥으로, 망각의 지평 너머로 꺼져간다.

트위터의 경우, 나의 글을 받아본 팔로워나 팔로워의 RT를 받은 사람이 멘션을 해주면 내가 그에 대해 멘션을 해주면서 대화가 시작된다. 이 대화 역시 유통단위가 작기 때문에 쌍방향으로 또는 다방향으로 참여적으로 이뤄진다. 한쪽에서 장고하여 완성된 의사를 전달하면 이를 다른 쪽에서 면밀하게 평가하는 것이 아니라, 한쪽에서 완성되지 않은 의사표시를 하고 이에 대해 재빨리 다른 쪽에서 반응하고 다시 이쪽이 반응하면서 대화참여자들은 하나의 의사를 형성해가는 것이다.

이것은 우연이 아니다. SNS가 인기를 끈 이유, SNS 개발자들이 사람들에게 팔려고 했던 것은 바로 이러한 구술생활의 재연이다. SNS의 Social은 '사교'다. 더 친해지기 위해서는 서로 만나봐야 하듯이 사람들을 서로 '만나도록' 해주려 했던 것이고 여기서의 만남은 당연히 구술대화를 동반하는 것이다. SNS는 진짜 구술생활의 일부인 메신저나 휴대폰 문자메시지의 기능을 블로그상으로 구현하려 했다.

그렇다면 SNS의 소통에 법이 칼날을 대는 것은 본능적인 반감을 일으킨다. 사람들이 SNS 규제에 대해 극렬히 반응하는 이유는 위에서 말한 전파행위가 관계망을 통해서 이뤄진다는 것, 관계망에서 밖으로의 전파는 전파자 입장에서 소극적으로 이뤄진다는 것 외에도 구술생활 자체의 개입에 대한 반감이 섞여 있는 것이다.

특히 실제로 법 중에서는 정보의 전파가 '문서'로 이뤄졌는지 아닌지에 따라 법적 평가가 달라지는 경우들이 있다. 대표적으로 공직선거법 제93조는 위에서 말한 사전 선거운동 금지조항과 입법 목적은 같되 그 조항을 보완하여 '문서를 통한 후보 지지 반대'마저도 특정 기간 금지하고 있다. 이 조항 역시 입법 취지상 전파자의 적극성을 어느 정도 요구하고 있어 SNS에서의 소통에 적용하기에 신중해야 한다는 것은 위에서 본 바와 같다. 그런데 이와 더불어 이 조항은 '문서'라는 요건을 부가적으로 두고 있어 방송 또는 육성과 같이 비영속적 매체를 통한 후보 지지 반대에는 적용되지 않는데, SNS의 구술생활적 성격에 비춰 이 법 조항의 적용이 타당한지 생각해봐야 한다.㉜

뒷이야기

결국 2012년 말, 헌법재판소는 인터넷상의 선거운동을 전면적으로 '허용'하는 결정을 내렸다. 즉 제93조와 제254조 모두 인터넷을 통한 소통에는 적용되지 않는다고 결정한 것이다.

반면 선거판에서 진실을 추방한 후보자비방죄의 위용은 최고 형량이 높아지면서 더욱 엄해졌다. 사실 앞의 글은 한나라당이 심지어 '최저 형량'을 정하려는 것을 막기 위해 썼던 것인데, 그나마 최고 형량을 높이는 정도로 끝나서 다행이다. 그럼에도 불구하고 후보자비방죄가 있는 한 선거에서 유권자가 진실을 찾으려는 노력은 계속 차단당하고 후보자가 자신의 허명만을 붙들고 늘어지는 추한 모습만이 반복될 것이다. 또 후보자비방죄 때문에 한 사람의 말이 허위인지 진실인지는 별로 중요하지 않게 되어, 결국 말한 사람에게 말의 책임을 지우는 소위 '정봉주 판결'의 재탕이 이뤄질 가능성이 높다.

186

시험을 치르지 않을
헌법적 권리

최근 전국수준 학업성취평가(일제고사)에 학생들의 불응시를 허용했다는 이유로 담당 교사들이 해임·파면돼 논란이 일고 있다.

이 논란의 당사자들은 기본적으로 교육권의 주체가 학생임을 망각하고 있는 듯하다. 징계당한 교사들은 '일제고사를 거부'한 것이 아니다. 일제고사를 거부한 것은 학생이며 교사들은 이 학생들이 억지로 시험을 보도록 강제하지 않았을 뿐이다. 우리는 학생들이 일제고사를 거부할 권리가 있는지를 먼저 살펴야 한다. 그리고 그러할 권리가 있다면 이를 침해하지 않은 교사는 상을 줘야지, 징계를 할 수는 없다.

학생의 교육권이 헌법적으로 독특한 점은 교육자의 방침에 따라 교육수용자(학생)의 권리가 일정하게 제약될 것을 전제로 하고 있다는 것이다. 처음에는 공부하기 싫더라도 일정한 '강요'를 통해 조금씩 재미를 들이도록 하여 나중에는 큰 보람을 느끼도록 하는 것이 교육의 본질이다. 하지만 그 '강요'의 도구는 교육적이어야 한다. 곧 공부를 잘 못하거나 열심히 안 하는 학생은 평점을 낮게 주거나 다음 단계의 교육과정으로 진급시키지 않으면 될 뿐, 징계 또는 과태료 등의 강제수단을 동원할 수는 없다. 다른 학생에게 피해를 주거나 교육을 방해하는 것과, 스스로 공부를 잘 못하거나 안 하는 것은 다른 것이다.

시험도 마찬가지다. 시험은 보통 학생이 한 단계의 교과과정을 충실히 이수하여 다음 단계로 이행할 준비가 됐는지, 또는 그 학생이 다른 학생들과 비교해 학력수준이 어느 정도인지 확인하는 절차다. 진급이나 학력평가 준비가 되어 있지 않다고 판단한 학생 본인이 부모의 동의를 얻어 그 시험을 일부러 보지 않는다고 해서 교육당국이 그 부모나 학생을 징계할 수는 없다. 단지 그 시험을 영점 처리하면 될 일이다. 시험에서 틀린 개수대로 학생들을 때리던 과거의 교육은 명백히 잘못된 것임을, 우리는 몸서리치게 기억하고 있다.

그렇다면 이 사건에서 학생이 부모의 동의를 얻어 '일제고사'를 보지 않겠다는 것은 학생의 헌법적인 권리였으며, 교사들은 그 학생의 헌법적 권리를 존중해줄 의무가 있었고, 그러한 의무를 이행한 교사들을 징계하는 것은 결론적으로 부당했다. 특히 이번 '일제고사'는 다른 시험과 달리 교육당국이 각 학생 및 학교의 성취도를 전국적으로 판단해보고 교육시스템의 효율성을 자체 평가하기 위해 진행했던 것이다. 순전히 교육당국의 정보수집 활동으로, 학생의 교육권 보장과는 아무런 관련이 없기 때문에 그런 시험은 학생들이 더욱더 거부할 권리가 있다. 미국의 몇몇 주들은 주 단위 졸업시험을 보지만 이 시험을 모두 볼 의무는 없으며, 학생들이 빠짐없이 이 시험을 보도록 지도하지 않았다고 해서 교사를 징계하지는 않는다.

이와 같은 자신의 권리를 학생들이 모르는 상태에서 교육당국이나 학교가 위계와 강압으로 응시를 강요하고 있었을 때 일부 교사들이 그 학생이나 부모에게 교육수용자의 권리를 고지해준 것이라면 교사들은 '공익적인 내부고발자'라고도 할 수 있다.

학생은 자신의 전국석차를 알지 않을 권리가 있다. 치기 싫은 시험을 쳤는데 다른 학생들의 전국석차를 알 수 있도록 해줘야 할 의무도 없다. 이번 일제고사는 교육당국의 행정적 필요로 수행된 것이다. 학생은 이에 동원되지 않을 권리가 있다. 징계를 당한 교사들은 학생들의 권리를 보호하려 했던 것이므로 이들 교사들에 대한 징계는 명백히 위헌이다.㉝

교과서 수정요구는
위헌

교육받을 권리가 헌법적으로 독특한 점은 교육자의 방침에 따라 교육수용자의 권리가 일정하게 제약될 것을 전제로 하고 있다는 것이다. 예를 들어 학생들은 수업의 내용을 자신이 정하지 않고 교사가 정한 대로 따라야 한다. 학생의 권리가 보호되기 위해서 학생의 권리가 어느 정도 제약되어야 한다는 일견 모순된 상황은 여러 가지 복잡한 문제를 발생시켜왔다.

교사의 의견

중시하는 게 원칙　　　　학부모들이 특정 교사나 교과서를 교실에서 추방하거나 들여오려 할 때, 교사나 교장이 특정 교과서나 교육방법을 고집하거나 거부할 때, 교육당국이 특정 내용이나 관점의 교과서를 일률적으로 승인하거나 거부할 때, 이들의 논거는 '학생의 교육권'이다. 결국 권리의 주체가 침묵하는 동안 학부모, 교사, 학교, 그리고 국가가 서로 자신이 올바른 교육의 내용을 알고 있다며 다투는 곤혹스러운 상황이 세계 공통적으로 반복되고 있다.

그러나 이와 같은 혼란이 사법적 판단을 거치면서 확실해진 원칙은 두 가지다.

첫 번째, 권리의 주체인 학생들이 침묵할 때 가장 중시되어야 할 의견을 가진 사람들은 바로 학생들의 이익에 봉사할 직업적 의무를 가진 전문가, 즉 교사들이라는 점이다. 무의식 또는 식물인간 상태의 환자에게 제공할 치료서비스의 내용을 결정할 때 의사의 의견이 가장 중시되는 것과 마찬가지다. 물론 이들의 '교육의 자유'도 학생들의 교육받을 권리에 종속돼야 함은 말할 것도 없다.

두 번째, 국가가 교육전문가들이 구성한 교육의 내용에 간섭하려는 것은 학생들의 헌법상 '표현의 자유'를 침해할 수 있다는 것이다. 국가가 학생들이 배울 교육내용을 미리 통제하는 것은, 국가가 국민이 접할 언론의 보도내용을 통제하는 것과 같은 사전 검열에 해당될 수 있다. 물론 '의무교육'의 수준과 범주는 국가가 정하지만 국가의 역할은 거기에 한정되어야지, 어떠한 내용이나 관점을 요구해서는 안 된다는 것이다. 사전 검열은 정부가 체제비판을 막는 도구로 남용될 수 있고, 이것은 학교에서도 마찬가지이기 때문이다.

교과서 선정 및 개정도 마찬가지다. 1980년 미국 미시시피주의 연방지방법원은 주 정부 교과서검정위원회가 『미시시피: 분쟁과 변화』라는 책이 흑인과 노예들의 처우를 너무 부정적으로 묘사했다며 검정을 거부한 것에 대해, 학생들과 교사들의 헌법적 권리를 침해한다는 결정을 내렸다. 또 1983년 미국 연방대법원은 교육당국의 서적검열위원회가 보수적인 관점에서 일부 서적들을 도서관 장서에서 제외하자 "교육당국이 정치, 애국심, 종교 및 기타 견해의 영역에서 정설을 확립하려 해서는 안 된다."라고 판결했다.

국가의 통제는
'사전 검열' 해당

위 판결들에 따르면, 교육내용의 개편은 전문가들의 교육학적 요청과 견해에 따라 이뤄져야 하며, 교육당국이 생각하는 '정설'을 세우려거나 교육당국이 포착한 '편향'을 시정하기 위해 이뤄지면 학생들의 배울 권리와 표현의 자유를 위헌적으로 침해한다는 점이다. 이른바 '정설'은 자유로운 대화와 토론을 통해 각자가 찾아가도록 했을 때 나타나는 것이고, 국가에 의해 강요될 수는 없다는 것이다. 학교에서의 대화와 토론의 범위는 물론 어느 정도 강제돼야 하지만, 그 강요의 주체와 동기는 역사교육전문가와 교육학적 필요가 되어야 하며 정부가 정설임을 자임하는 역사관이 될 수는 없다.

이러한 이유로 현재 정부가 진행하고 있는 교과서 수정요청은 위헌적 요소를 안고 있다. 좌편향을 시정하거나 정설을 확립하기 위한 것이라고 할지라도 이를 정부가 주도하거나 강제할 수 없다. 더욱이 현재의 교과서들이 지난 정권의 강요에 의한 결과물이 아니라 역사교육전문가들의 자발적인 연구 노력의 결과물이라면 더욱 그러하다.❹

뒷이야기

위의 일제고사 글이 나간 후에도 교과부는 교사들의 징계를 멈추지 않아 상당수의 교사들이 파면됐다가 교원소청심사위원회 절차를 통해 당연히 대부분 복직했다. 다행스럽기는 하지만 시험을 볼지 말지 등 학생들이 자신에게 주어지는 교육내용을 스스로 정할 수 있는 권리의 보호는 아직도 요원하다.

또 교과서의 내용이 국가의 호불호에 의해 좌지우지되는 상황도 호전되지 않았다. 참여연대 공익법센터는 학생들에게 이미 전문가들의 검인정을 통과한 교과서를 국가가 일방적으로 첨삭하는 것은 특정 내용의 교과서를 학생들에게 강요하는 것이 되며, 이는 학생들이 다양한 표현물을 접할 자유를 제약한다는 취지의 헌법소원을 제기했다. 2009년 2월 헌법재판소는 놀랍게도 교과서 내용의 변경은 학생들의 표현의 자유에 직접적인 영향을 주지 않으며 오직 교과서 저자나 출판사의 표현의 자유에 영향을 줄 뿐이라는 이유로 헌법소원 요건 중 하나인 소위 '자기관련성'이 없다면서 헌법소원을 각하했다. 교과서라는 매체는 틀림없이 공적으로 통제되어야 하는 매체다. 하지만 애초에 '공교육'이라고 (혹은 '공공시설'이라고) 말해놓고 실제로는 정부를 위한 홍보의 도구로 이용한다면 국민들은 자신의 세금이 자신의 사상통제를 위해 이용되는 모순을 지켜봐야만 할 것이다.

더 읽을거리

★ '교과서검인정제도의 본질과 정치적 중립성-학생의 교육권에 관한 미국판례들을 중심으로', 박경신, 「법학논총」 26권 4호, 한양대학교, 2009.12

오바마의 방송정책 :
내용규제 말고 소유규제

지상파 방송은 다른 매체들과 달리 희소성이 있는 전파자원을 매개로 이뤄진다. 전자파는 서로 간섭현상이 발생하여 한 사업자가 특정 주파수대에서 방송을 하면 다른 사업자는 같은 지역에서 같은 주파수대에서 방송을 할 수 없다. 한정된 물리시설 내에서 신호가 전달되는 신문·케이블·인터넷·영화와는 다르다. 이 때문에 모든 나라에서 전파자원은 국가의 소유로 유지되고 이를 이용하는 지상파 방송에는 국가의 개입이 헌법적으로 더욱 자유롭게 허용된다.

이에 따라 다른 매체들에서는 검열로 여겨져 금지되는 내용규제가 방송에서는 시행되고 있다. 방송에 대해서는 대부분의 나라들에서 행정기관이 선정성 등을 기준으로 방송의 내용을 심의하고 있는 이유다. '공정성' 심의는 다른 문제인데, 이에 대해서는 아래에서 따로 언급하겠다.

한나라당은 IPTV 등이 방송을 대체하면서 전파자원의 희소성이 급격히 떨어져 다양한 소유규제를 유지할 이유가 없다고 주장하고 있다. 하지만 전파자원의 희소성과 관계없이 소유규제는 지속적으로 필요하다. 방송사 소유규제는 신문과 재벌에 의한 방송사 소유를 제한하고 있는데, 그 취지는 언론이 몇몇 유력 언론사나 재벌들에 의해 지배되는 현상을 막기 위함이다.

신문·방송의 겸영금지는 전파자원의 희소가치 때문이라기보다는 방송을 통해 이뤄지는 언론의 다양성을 보호하기 위한 것이다. 가령 영화관의 숫자가 늘어난다고 해서 영화의 다양성을 보호하기 위한 스크린쿼터가 불필요해지는 것이 아니다. 다양성의 위협이 어디에서 오는지에 따라 다양성 보호조치의 대상은 달라져야 한다. 영화시장에서는 자본집약적으로 생산된 외국영화가 다양성을 해치므로 쿼터의 대상이 외국영화가 되는 게 당연하다. 언론에서도 시장이 소수의 자본들에 의해 독점되고 있다면, 그 제한의 대상은 바로 그 자본들이 되어야 하며, 때문에 신문·방송 겸영금지나 재벌에 의한 방송사소유금지가 필요한 것이다.

미국에도 같은 이유로 신문·방송 교차소유금지제도가 존재했다. 인터넷이 활성화되면서 2007년 12월 연방통신위원회는 신문·방송 교차소유금지를 완화하려 했지만 실패했다. 즉 미국 내 대도시들 중 20대 미디어시장에 한해 각 시장의 4대 방송을 제외한 방송에 대해서는 교차소유를 허용하려 했다. 물론 그것도 교차소유 이후 그 지역의 주요 일간신문과 종합편성 지상파 채널의 총합이 8개 이상 존재해야 한다는 조건이었다. 하지만 이 완화조치는 당시 상원의원이었던 오바마를 포함한 20여 명의 상원의원들이 공동발의한 법안에 의해 실질적으로 무효화되어버렸다. 부시 대통령이 거부의사를 밝혀서 이 법안이 하원에서 통과하지 않았지만, 공동발의자인 오바마가 대통령에 당선되면서 결과는 뻔해졌다. 특히 하원은 연방통신위원회에 대한 예산권을 가지고 있고 교차소유금지가 완화되면 예산을 삭감하겠다는 의사를 밝혔기 때문에 연방통신위원회는 현재까지도 완화조치를 시행하지 못하고 있다.

도리어 연방통신위원회는 미수에 그친 이 조치에 대한 당시 설명에서 일간신문과 지상파 방송은 인터넷 등의 뉴미디어가 대체할 수 없는 독보적인 지위를 가지고 있음을 재확인했다. 즉 인터넷이 아무리 활성화되더라도 전통적 매체들 내에서의 다양성이 보존되어야 한다는 것이다. 완화조치의 적용지역을 '20대 시장'으로 완화한 것도 이들 시장에서는 10개 이상의 지상파 방송이 상호경쟁하고 있는 것으로 확인됐기 때문이다. 우리나라처럼 대형 지상파 방송이 전국적으로 3개밖에 존재하지 않는 곳에서 신문에 의한 소유를 허용하는 것과는 다르다.

소유규제 중에서도 다양성을 고취시키는 규제와 다양성을 훼손하는 규제가 있다. 변호사 수의 제한과 같은 진입장벽은 법조시장

내의 다양성을 훼손한다. 그러나 신문·방송 겸영금지, 특히 그중에서 신문시장에서 상당한 시장지분을 가지고 있는 회사의 방송 진입을 통제하는 규제는 다양성을 고취시킨다. 신문과 방송을 한 사람이 만들 때와 두 사람이 만들 때를 생각해보라. 그러므로 소유규제를 풀더라도 다양성을 고취하는 소유규제는 유지해야 한다. BBC뿐만 아니라 유럽의 공영방송 시스템은 기본적으로 이와 같은 소유규제의 결과물이다.

우리나라가 언론의 다양성을 더욱 증진하기 위해서는 방송에 대한 소유규제를 유지하고 내용규제를 완화해야 한다. 대표적인 내용규제로 공정성 심의가 있다.

공정성 심의는 겉으로는 "논쟁이 되는 사안에 대해 보도할 때는 양측 얘기를 균형 있게 보도해야 한다."라는 명목상 '멋진 규범'인 것처럼 보이지만, 사실은 약자들이 절실히 필요로 하는 발언기회에 자신의 신념에 반대되는 입장을 병치시킬 것을 요구함으로써 그 발언을 희석시켜버린다. 여론다양성의 진정한 목표는 시장에서 자원의 부족으로 목소리를 내기 어려운 사람들의 목소리에 힘을 실어주는 것인데, 그러한 면에서 공정성 심의는 다양성에 도리어 독이 될 수 있다.

위에서 말했듯 다른 선진국에서도 지상파에 대해서는 행정기관이 내용규제를 하지만, 그 규제의 범위는 선전성, 청소년유해성 등으로 매우 한정되어 있다. 미국에서 1980년대에 공정성 심의가 표현의 자유를 해친다 하여 폐지한 이후 오바마 대통령도 분명히 공정성 심의의 부활에 대한 반대의사를 밝혔다. 대신 상원의원 당시 소수자들의 방송사 소유확대 및 지역콘텐츠 강화를 요구했다.

　방송의 다양성을 확보하는 방법은 크게 두 가지로 보인다. 미국식으로 소유규제를 통해 자본의 영향력을 견제하면서 민영방송들이 경쟁하도록 하든지, 유럽식으로 의회나 행정부의 영향력하에 있는 공영방송 위주로 운영하여 방송사가 스스로 공적 책무를 수행하도록 하는 것이다. 그런데 어차피 민주적 통제권하에 있는 공영방송을 다시 공정성 심의로 규율하는 것은 국가의 직접적인 영향력을 너무나 강화시키는 것이다. 정부여당이 임명한 방송사 사장하에서 만들어진 콘텐츠를 다시 정부여당이 주도권을 갖는 방송통신심의위원회가 공정성 심의를 한다는 것은 중복규제다. 국가에 의한 공정성 심의는 대부분의 나라에서 폐지됐지만, 그나마 남아 있는 나라인 영국에서도 공영방송 BBC에 대해서는 자율규제에 의해 수행되고 있다.

　어느 길로 가든 공정성 심의와 같은 강도 높은 내용규제는 폐기되어야 하고 소유규제는 필요하다. 지금 한나라당은 강도 높은 내용규제는 그대로 유지해 방송을 국가의 영향력에 복속시키면서 소유규제를 폐지해 자본의 영향력에도 복속시키는, 방송의 다양성에는 최악인 선택을 하고 있다.[35]

방송통신심의위원회의
공정성 심의는 코미디

최근 방송통신심의위원회는 MBC 〈PD수첩〉의 광우병 보도, 신문사 및 재벌들의 방송사 운영을 허용하는 개정에 대한 MBC의 보도 및 앵커 멘트, KBS가 제야의 종소리 타종행사 생중계 시 정부정책에 반대하는 군중 목소리 삭제, 대통령특보의 사장직 임명에 반대하는 YTN의 검은 옷 보도 등에 대해 공정성 심의를 했고 이때마다 그 정치적 중립성에 대한 논란에 휩싸여왔다.

예를 들어, 〈PD수첩〉의 광우병 보도는 취지 자체가 "미국산 쇠고기가 정부가 추진하는 대로 당장 30개월령 소까지 수입할 정도로 안전한가?"에 대해 의혹을 제기하는 것이었는데 미국산 쇠고기가 안전하다는 내용을 많이 방송하지 않았다고 징계를 받았다. 당시 정부에서는 쇠고기 협상에 대해 철저하게 보안을 유지했기 때문에 안전성에 대한 내부보고도 공개되지 않는 상황이어서 취재 자체가 불가능했는데도 징계를 받았던 것이다. 방송통신심의위원회의 다수를 정부여당이 임명하는 상황에서, 바로 이들이 자신의 동료 고위공무원인 농림수산부 장관에게 방송내용이 불리하다고 하여 불공정 낙인을 찍는 것은 한마디로 코미디라고 하지 않을 수 없다.

공정성은 논쟁이 되는 사안의 양쪽 주장에 동등한 기회를 주어야 한다는 규범으로 이해된다. 물론 더 넓은 의미의 공정성은 객관성, 진실성, 선정성의 지양, 품위 등을 포함하지만 여기에서는 좁은 의미의 공정성만 다루고자 한다.

이상으로서의 공정성과 국가규제의 기준으로서의 공정성은 구별되어야 한다. 예를 들어, 진실이 이상이 될 수 있지만 진실을 추구하기 위해 허위사실유포죄를 두는 것은 헌법적으로 국제인권기준상으로 터부시된다. 공정성은 '진실', '경제발전', '애국'처럼 국가가 추구할 수 있는 이상이기는 하지만 이를 따르지 못한다고 해서 국민들을 규제할 수 있는 기준이 될 수는 없다.

원래 공정성은, 공영방송 주도의 유럽에서는 방송인들이 공무원으로서 국민의 다양한 목소리를 방송에 반영해줘야 할 봉사의무에서 유래했고, 민영방송 주도의 미국에서는 방송사들이 편향된 신문언론에 식상한 소비자들에게 어필하기 위해 내세운 홍보전략이었다. 물론 미국의 경우 전파자원의 희소성과 이에 따른 방송의 독점적 지위, 그리고 이를 제어하기 위해 부가되는 공적 책무에 따라 공정성 의무가 부과됐지만 방송사들은 이를 신문언론과 경쟁하기 위한 홍보전략으로 기꺼이 받아들였던 것이다.

결국 세계적인 추세는 공정성은 역사적으로 자율규제의 이상이었을 뿐, 국가라는 외부압력이 방송사를 규제하기 위한 기준은 아니었다. 이 사실은 미국 · 독일 · 일본 · 영국의 제도에 그대로 드러나 있다. 좌우파를 가리지 않고 공정한 방송의 본보기라 할 수 있는 BBC는 자율규제를 통해 공정성 심의를 수행하고 있으며, 독일과 일본은 방송심의 전체를 자율규제로 수행하면서 공정성 심의 역시 자율규제로 수행하고 있다. 미국도 국가에 의한 공정성 심의는 1983년도에 폐지했다.

행정심의, 방송에는 허용되더라도
공정성 심의는 다르다   특히 행정기관에 의한 공정성 심의는 위헌성이 높다. 권력자의 영향력하에 있고 권력자의 정책을 수행해야 할 행정기관이 표현의 내용에 대해 규제하는 것은 위헌적인 검열이다. 국가를 보위하기 위한 목적으로 국가에 비판적인 표현물들을 차단할 가능성이 높기 때문이다. 이러한 이유로 대부분의 선진국에서 행정기관이 내용규제를 하는 것은 금기시되어 행정기관이 인터넷 내용규제를 하는 나라는 우리나라 · 터키 · 호주밖에 없다. 여기서 내용규제란 방법규제에 반대되는 말로서 표현의 내용에 대해 규제를 한다는 의미다.

물론 방송의 경우 예외적으로 전파자원의 희소성, 그리고 이에 따른 공적 자원으로서의 성격 때문에 미국에서도 국가에 의한 내용규제가 허용된다. 그러나 방송에 대한 내용규제 중에서도 선정성 심의나 청소년유해 심의와 달리, 공정성 심의는 다르게 평가되어야 한다. 왜냐하면 '논쟁이 되는 사안'의 상당수가 정부정책에 대한 것들이고, 이들 사안에 대한 보도가 불공정하다고 해서 정부기관이 제재를 하는 것은 절차적 중립성이 결여되어 있기 때문이다. 대규모 반전시위에 대한 보도를 할 때 정부의 참전논거를 충분히 보도했는지에 대한 판단을 과연 국방부의 동료기관인 방송통신심의위원회가 할 수 있을까? 결국 미국은 전파자원을 대체하는 수많은 매체가 등장하면서 방송의 희소성이 줄어들었고, 1983년 국가에 의한 공정성 심의를 폐지하기에 이른다. 우리나라도 전파자원의 희소성이 대체매체의 등장으로 상당히 줄어들어 방송에서의 국가에 의한 내용규제를 정당화할 근거가 희박해지고 있다. 방송이 가족생활에서 차지하는 비중을 고려해 선정성 심의 등 다른 규제들은 그대로 유지하더라도, 공정성 심의는 더 유지할 이유가 없다.

반드시 국가정책에 대한 비판이 아니더라도 공정성 심의의 원래 목표에 비춰보자면 폐지되는 것이 옳다. 공정성은 방송사업자가 자신의 이익, 국가 또는 자본의 영향력에 밀려 이들의 주장만을 보도할 것이 아니고 다양한 목소리를 보도하는 공공의 장이 되어야 한다는 필요에서 나온 것이다. 그런데 강자들은 자신들의 자원으로 목소리를 내게 되겠지만, 약자들의 목소리는 방송사들의 의식적인 노력을 통해 균형 있게 반영해야만 공공의 장이 유지된다. 이렇게 시장자유에 맡겼을 때 도태될 수 있는 약자를 적극적으로 보호해야 하는 규범을 우리는 '다양성'이라고 부른다. 하지만 공정성이 강요될 때, 공정성은 기존 시스템에 대해 변화를 요구하는 사람들의 목소리에 항상 반대되는 목소리를 병치시켜 그 설득력을 희석시킬 것을 요구한다. 50대 50이면 약자는 더 힘들다. 방송에서의 발언기회는 강자보다 약자에게 훨씬 더 소중하기 때문이다. 강자들은 '조용히' 권력메커니즘을 움직이면 되지만, 이를 반대하는 자는 더 많은 사람들에게 호소하기 위해 더 '시끄럽게' 떠들어야 한다. 결국 공정성 심의는 이렇게 약자들의 목소리를 억제함으로써 공정성의 목표인 다양성에 배치되는 결과를 초래한다. 여기에다 보도되는 논쟁사안이 심의의 주체인 국가가 추진하는 정책일 경우, 공정성 심의는 필연적으로 중립성을 잃게 되어 공공의 장 유지에 치명적인 역효과를 끼친다. 지금 공정성 논란이 제기된 사례들이 모두 국가행위에 대한 보도였음은 우연이 아니다.

폐지가 힘들다면

상식적인 축소를　　　　　국가에 의한 공정성 심의를 지금 당장 폐지해 자율규제로 전환할 수 없다면 최소한 국가심의의 문제점을 인정하고 그 심의의 범위를 최소화해야 한다.

첫 번째, 정부여당이 과반수를 임명한 방송통신심의위원회 위원들에게 특정 보도가 정부여당 또는 소속 정치인들에게 불리하므로 불공정한 판단을 내려달라고 요구하는 일은 없도록 해야 한다. MBC 〈PD수첩〉의 광우병 보도나 MBC 〈뉴스데스크〉의 방송법 개정안 보도 등에 대한 공정성 심의를 국가기관인 방송통신심의위원회가 진행하는 것은 코미디며, 바로 이러한 가능성 때문에 외국에서는 사후적인 심의라고 할지라도 사법부 아닌 행정기관이 진행할 경우 '검열'로 간주한다.

두 번째, 불공정방송의 피해자를 특정할 수 있으므로 이들에게 불공정성이 직접적으로 미칠 때만 불공정판단을 내려야 한다. 예를 들어 YTN의 '검은 옷' 진행에 대한 제재는 코미디였다. YTN은 자사의 해고조치를 비난하는 내용을 방송했다. 도대체 방송사업자 자신 외에 누구에게 불공정한 것인가? 즉 노조 측이 만들어온 방송내용이 자신에게 불리하지만 설득력이 있어서 방송사가 송출을 결정한 것을 방송통신심의위원회가 "너 자신에게 불리한 줄 알라."며 제재하는 것이다.

방송사업자가 방송의 내용을 자신에게 불공정하게 구성했다는 이유로 제재하는 것은 방송사업자의 양심의 자유를 침해하는 극단의 사전 검열이 된다. 이와 관련해 심의규정 제9조 제4항의 이해상충 조항도 법적으로 엄격하게 해석해야 한다. 방송인들이 사회의 다양한 이슈들에 대해 자유롭게 보도하거나 논평하도록 해야 한다.

박혜진, 신경민 같은 방송인들이 자신의 관심사인 논쟁의 한쪽에 동의한다고 해서 그 논란의 대상에 법적 이해관계도 없음에도 불구하고 이들이 방송인이라는 이유만으로 방송관련법에 대한 '이해당사자'로 몰아 아무 말도 하지 못하게 해서는 곤란하다.

세 번째, 내적 다양성과 외적 다양성을 구분하여 외적 다양성에 초점을 맞춰야 한다. 하나의 프로그램이 편향되어 있더라도 다른 프로그램이 반대쪽 입장을 반영하여 균형을 맞출 수 있도록 해야 한다. 그렇지 않으면 모든 프로그램들이 일률적으로 다양성을 추구하여, 결국 진정 목소리가 필요한 사람들이 제대로 발언할 기회를 갖지 못하게 된다. 약자 쪽 프로그램 한 번, 강자 쪽 프로그램 한 번 보도를 했다면 한 번이라도 더 약자 쪽 얘기를 제대로 들어볼 수도 있지만, 두 프로그램 모두 50대 50 비율을 맞춘다면 그 한 번이라도 기회가 없다.㊱

뒷이야기

위의 기고에도 불구하고, 방송통신심의위원회의 코미디 같은 공정성 심의는 물론 계속되고 있다. 2011년 3월 6일에는 김미화가 게스트와 1대 1로 진행하는 CBS 토크쇼에 우석훈과 선대인이 출연해서 FTA가 축산농가에 미치는 영향을 부정적으로 다루었다는 이유로 징계를 내렸고, 바로 얼마 전 1월에 농림수산부 장관이 나와서 정부의 입장만을 다루었다는 점은 깡그리 무시해버렸다. 또 백선엽 장군의 한국전쟁 당시 영웅담만을 소개하고 만주 간도특설대에 자원해서 독립군 소탕에 나섰다는 사실은 단 한 줄 코멘트로 처리한 프로그램에 대해 "문제 없다."라고 한 반면, 중국에서 독립영웅으로 추앙받는 음악가 정율성에 대한 다큐멘터리에서는 정율성이 한국전쟁 참전 중공군을 기리는 노래를 만든 사실까지 부정적으로 멘트했음에도 불구하고 법정 제재했다.

재미있는 것은 방송통신심의위원회에서는 거의 모든 사건이 민원제기를 통해 이뤄지는데, 민원을 제기하는 분들은 대부분 친정부 측 입장에서 제기한다는 것이다. 사실 심의의 잣대를 대자면 정부 측에 편향적인 방송내용도 상당히 많은데, 이에 대해서는 거의 아무도 민원제기를 하고 있지 않다. 공정성 심의가 정말 사회적으로 도움이 되는지 곰곰이 생각해보자.

더 읽을거리

★ '방송 공정성 심의의 헌법적 한계: 견해차에 따른 차별viewpoint discrimination 금지의 원리', 박경신, 「민주법학」, 2012.03

심의공화국에서는
어른들도 숨 쉴 곳이 없다

아래는 청소년유해매체물 지정 취소에 대한 재판에서 판사와 청소년보호위원회 측 대리인의 실제 대화다.

청소년보호위원회: 술 이야기가 나온다고 해서 다 청소년유해물인 것은 아닙니다. 유해약물의 효능을 미화하여 청소년의 호기심을 발생시켜야 합니다.

판사: '술 마시면 네가 생각나.'라는 가사에서 무슨 유해효능이 미화됐다는 건가요?

청소년보호위원회: 네가 생각났다는 거요.

청소년유해매체물 판정제도는 성인은 자유롭게 향유할 수 있으나 청소년에게는 유해하므로 국가가 청소년은 향유하지 못하게 하거나 향유하기 어렵도록 하는 제도를 말하며, 주로 청소년보호법에 의해 규율된다. 여기에서는 최근 판정제도에 의해 빚어진 음반심의위원회의 심의 논란에 대한 배경 및 주요 내용을 살펴보고자 한다.

심의공화국 　　　　　　　인터넷물 · 간행물 · 공연물 · 음반 · 방송물 등에 대해서는 유통이 시작된 후에 사후적으로 심의가 이뤄지고 영화 · 비디오 · 게임 등에 대해서는 사전적으로 심의가 이뤄진다. 즉 영화 · 비디오 · 게임이 아닌 다른 매체물을 제작하는 사람은 심의기관에서 연락이 오기 전까지는 안심하고 있어도 된다는 이야기다.

영화 · 비디오 · 게임 외에는 사전 심의를 하지 못하는 이유는 첫 번째, 사전 심의를 운영하기 위해서는 각 매체물의 유통을 심의 전까지는 금지시켜야 하는데 이렇게 되면 관련 문화산업의 발전을 심대하게 마비시킬 것이고 두 번째, 사전 심의를 위해서는 유통되는 매체물을 전부 다 심의해야 하는데 영화 · 비디오 · 게임은 1년에 수백 편 정도라지만 유통량이 엄청난 다른 매체물들은 사전에 심의한다는 것이 사실상 불가능하다.

세 번째, 국가기관에 의한 사전 심의는 언제나 위헌 논란을 불러일으킨다. 물론 헌법재판소는 사전 심의를 통해서 매체물의 유통 자체를 금지하지 않고 "청소년보호를 위한 유통제한만 하는 경우 합헌"이라고 판시했지만, 청소년보호를 위한 유통제한이 실질으

매체	인터넷	방송	영화/비디오	책	음반	게임	공연
규제기구	방송통신 심의위원회	방송통신 심의위원회	영상물등 급위원회	간행물윤 리위원회		게임물등 급위원회	영상물등 급위원회
규제시점	사후 심의	사후 심의	사전 심의	사후 심의	사후 심의	사전 심의	외국공연 물에 대한 수입추천 사전 심의
규제방법	삭제 차단	주의경고 및 과징금	등급	등급	등급	등급	등급
중복규제	청소년보호위원회 (사후 심의에 의한 등급 부여)						

로는 유통금지를 의미하는 경우가 있어 위헌 논란이 끊이지 않고 있다. 예를 들어 영화 분야에서 '제한상영가' 등급을 받아도 현재 제한상영관이 따로 없기 때문에 제한상영가 등급처분은 실질적인 유통불가를 의미한다.

여하튼 이런 문제 때문에 사전 심의하는 기구들은 청소년유해물을 지정하는 것밖에 할 수 없다. 상영불가 등의 극단적인 결정까지 내릴 수 있으면 헌법재판소에서 사전 검열로 판정할 것이기 때문이다. 사후 심의하는 기구들은 삭제 등의 제재를 내릴 수 있는데 그렇게 극단적인 결정을 하지 않고 청소년이 볼 수 없도록 유해매체물로 지정하는 것은 기본권 침해가 덜한 것이기는 하다.

청소년유해매체물로 지정되고 난 후에는 '청소년유해매체물임을 표시하고 포장할 의무'(법 제16조), '청소년유해매체물을 구분하고 격리하여 전시할 의무'(법 제18조), '청소년이 볼 수 있게 광고선전

을 하지 아니 할 의무'(법 제20조), '방송물의 경우 청소년보호 시간
에 방송하지 아니 할 의무'(법 제19조)가 부과되고, 결정적으로 '청
소년에게 판매하지 않기 위해 구매자의 연령을 확인할 의무'(법 제
17조)가 부과된다. 참고로 청소년보호 시간대는 보통 오전 7시에서
저녁 10시까지를 의미한다.

예술적 표현

규제에 대한 반발
영화를 제외한 전 매체물을 청소년
보호위원회가 사후에 심의한다. 방송통신심의위원회(방송)는 사후,
영상물등급심의위원회(영화 · 비디오)는 사전, 간행물윤리심의위원
회(출판물)는 사후, 게임물등급위원회(게임)는 사전에 각각 분야별
심의를 하는데 청소년보호위원회나 심의기관들 중 어느 한 곳에서
라도 청소년유해매체물로 지정되면, 위의 법률상 의무가 모두 부과
되는 중복적인 성격을 띤다. 영화 · 비디오 · 게임 등은 사전 심의를
하기 때문에 유일하게 청소년보호위원회가 관여하지 않으며 영상
물등급심의위원회와 게임물등급위원회가 각각 독점적으로 심의를
한다. 즉 극장에서 상영하고자 하는 모든 영화를 사전 제출하도록
하여 상영 이전에 청소년유해판정에 따라 상영장소가 제한되고, 게
임 역시 출시되는 모든 제품을 사전 제출하여 심의하도록 한다. 거
꾸로 음반과 공연의 경우, 전문심의기관이 없기 때문에 음반에 대
해서는 청소년보호위원회에서 소위원회를 구성하여 사후 심의를

구분	지정시기	지정사유	관련가사
주문 (동방신기)	2008.11	선정적 표현	"넌 내게 빠져", "I got you under my skin" 등
심야식당 (보드카레인)	2011.02	유해약물	"한 모급의 맥주" 등
그게 아니고 (10cm)	2011.03	유해약물	"늦은 밤 내내 못 자고 술이나 마시고 우는 게 아니고" 등
한 잔의 추억 (세시봉친구들)	2011.06	유해약물	"마시자 한 잔의 술" 등
여자와 남자가 이별한 뒤에(여우비)	2011.06	유해약물	"추억은 가슴에 묻고서 가끔 술 한 잔에 그대 모습 비춰볼게요" 등
비가 오는 날엔 (비스트)	2011.07	유해약물	"취했나봐 그만 마셔야 될 것 같아" 등

하고 있다. 그런데 바로 이 음반심의위원회의 심의가 최근 언론의 도마 위에 오르고 있다.

음반제작사인 SM의 경우 자신들이 발매한 동방신기, SM더발라드 등이 청소년유해매체물 음반으로 판정받자 청소년보호위원회를 상대로 소송을 제기해 2009년 4월(동방신기)과 2011년 8월(SM더발라드)에 승소, 결국 판정을 취소받은 바 있다. 행정기관의 유해판정은 SM의 사례처럼 사법부에 의해 번복될 수 있는 잠정적인 성격임에도 행정기관의 판정부터 사법기관의 취소 사이의 기간 중 음반에는 '19금' 딱지를 붙여 격리 진열되어야 하고, 오전 7시부터 오후 10시까지 방송을 타지 못하는 것이다. 소송이 진행되는 기간 동안의 경제적 손해에 앞서, 그 기간 동안의 예술적 표현이 규제되어 있는 것은 부당한 일이다.

서로 교육관이 다른데
국가가 일률적으로 정하나

행정기관이 유해식품 등을 지정하는 것은 유해식품이 곧 국민에게 물리적 피해를 발생시키기 때문이다. 하지만 사상이나 감정의 표현은 그 자체로 물리적 해악을 일으키지 않으며, 그것을 듣는 사람들이 어떻게 반응하는지에 따라 해악이 발생할 수도 있고 그렇지 않을 수도 있다. 일찍이 전 세계적으로 받아들이고 있는 표현의 자유 보호법리인 '명백하고 임박하는 위험' 원칙에 따르면, 사람들로 가득 찬 극장에서 "불이야!"라고 소리 지를 때 나타나는 사람들의 반응만큼 명백하고 즉각적인 해악이 예견될 때만 표현물을 억제할 수 있다.

그런데 청소년유해매체물 지정은 사물에 대한 변별력이 부족한 청소년의 의사결정 과정을 교란시키고 현혹한다는 논리 아래 이뤄지는 것으로서, 명백하고 임박한 위험의 원리에 따라 이뤄지는 것은 아니다. 결국 각 심의위원의 청소년관이나 교육철학에 따라 심의가 이뤄지고 있으므로 이에 대해 많은 사람들이 동의하지 않아 논란이 일어나는 것이다. 이럴수록 다양한 청소년관과 교육철학에 대한 논의가 충분히 이뤄지도록 절차가 마련되어야 하는데, 현재 청소년유해매체물 판정이 영화·비디오·게임을 제외한 대부분의 심의기관들이 매체물 작성자의 견해를 듣지 않고 일방적으로 하고 있어 논란이 더욱 증폭되고 있지 않은지 검토해볼 일이다.㉗

이 나라의 판검사들은 명예훼손죄의 적용 범위를 거의 무한대로 넓혀놓았다.
모욕죄, 명예훼손죄, 허위사실공표죄, 후보자비방죄는
조지 오웰의 『동물농장』에서 돼지들에게 충성을 다 바치는 개들의 튼튼한 이빨이다.

• 김용원(『브레이크 없는 벤츠』의 저자) •

3장

표현의 자유,
누가 규제할 자격이 있는가

매도 누가 때리느냐에 따라 억울함이 다르다. 성추행 여부도 남성의 손길인가, 여성의 손길인가에 따라 판단이 달라질 수 있다. 아니, 더 중요한 것은 자기가 '선택'하는 손인가 하는 것이다. 그렇다면 표현의 자유도 다른 기본권처럼 "누가 침해하는가?"에 따라 평가가 달라져야 한다.

대부분의 나라에서는 검찰과 행정기관이 표현의 자유 영역에 개입하지 않는다. 우리나라에서는 매우 깊게 개입하고 있다. 더 나아가 검찰과 행정기관은 정부를 국민의 비판으로부터 비호하기 위한 목적으로 개입한다. 검찰은 '명예훼손 형사처벌'이라는 칼이 쥐어져 권력자에 의해 남용됐던 역사가 전 세계적으로 널리 퍼져 있다. 다른 행정기관들은 칼보다 무서운 돈을 들고 있으니 명예훼손뿐만 아니라 전 분야에서 더욱더 조심해야 한다. 칼을 들고 있다는 이유로 검찰의 권한은 수사시점부터 법원에 의해서 치밀하게 통제되지만, 다른 행정기관들은 그런 통제마저도 없다.

행정기관들은 검찰처럼 개별 표현물에 대해서 행정적인 제재를 할 수 있을 뿐만 아니라 국가예산을 이용함에 있어서 정부의 주장에 유리하게 운용함으로써 국민의 정신생활을 교묘하게 교란시킬 수 있다. 국민의 세금과 권한을 위임받은 사람들이 그 세금과 권한을 이용해 국민의 사상을 통제하려 드는 것은 민주주의라는 문명프

로젝트를 내부에서부터 궤멸시키는 것과 다름없다. 검찰과 행정기관은 표현의 자유를 규제할 수 없거나 신중하게 해야 한다.

그런데 필자가 표현의 자유에 대한 강의를 열심히 하고 나면 질의응답 시간에 첫 질문은 항상 "검찰 법원은 어떻게 개혁하죠?" 하는 것이다. 과장이 아니라 한 번도 그렇지 않은 적이 없었다. 한편으로 생각하면 모욕죄, 명예훼손죄, 인터넷실명제 등에 대한 필자의 주장이 너무 상식적이라서 더 이상 질문할 것이 없고 또 왜 이렇게 상식적인 내용대로 법원과 검찰이 법을 집행하지 않는지에 대한 궁금증이 생겨서일 것이라고 본다. 그러나 다른 한편으로는 법을 바꾸는 것이 정치를 통해서, 즉 선거를 통해서만 할 수 있는 일이지만 법원과 검찰의 법 집행은 정치가 바뀌지 않아도 가능한 것이니 상식에 근거한 기대를 가지고 있기 때문일 것이다.

"왜 지금 우리나라에서는 이러한 현상들이 나타나는 것일까?"를 고민하지 않을 수 없다. 검찰과 행정기관은 표현의 자유를 규제할 수 없거나 신중하게 해야 한다고 아무리 주장을 하더라도 법원에 대해서는 같은 주장을 할 수가 없다.

표현의 자유는 다수결로도 침해할 수 없는 기본권으로서 의미가 있는 것이며, 다수의 횡포에 의해 좌지우지 않는 법원이야말로 표현의 자유의 피할 수 없는 보호자인 것이다. 그렇다면 법원에 대한 이야기 없이 표현의 자유에 대한 이야기를 마칠 수 없다.

명예훼손 형사처벌,
폐지하거나 폐지 이유를 만들지 말거나

촛불이 타오르고 있다. 미국산 쇠고기를 다 태워 없애버릴 정도로 맹렬히 타고 있는 촛불의 첫 심지를 제공한 영예는 단연코 MBC 〈PD수첩〉이다. 그런데 최근 검찰이 〈PD수첩〉 제작진이 미국산 쇠고기의 광우병을 다룬 다큐멘터리에서 다른 병명을 인간광우병으로 잘못 번역했다며 농림수산부 장관에 대한 명예훼손 수사를 진행하겠다고 밝혔다.

각 부처 또는 소속 공직자들의 '명예'를 보호하기 위해 정부가 검찰을 동원하여 국민과 언론을 처벌하는 것은 이명박 정부가 내세운 선진화와 세계적인 흐름에 역행하는 것이다.

현재 세계 각국에서는 형사상 명예훼손의 '폐지'에 대한 논의가 진행되고 있다. 2007년에는 회교국가인 바레인에서도 이 제도의 폐지가 논의됐다. 그 이유는 형사처벌은 결국 검찰이 할 수밖에 없는데 그들은 권력자들의 영향력하에 있고, 권력자들은 검찰을 통해 명예훼손의 형사처벌제도를 정치적으로 남용하기 때문이다.

사실상 권력자들은 아무런 비용을 들이지 않고 자신에게 비판적인 개인 및 단체들에게 타격을 가하거나 이들을 제압할 수 있다. 이 행태는 그 사회에 매우 위험한 일인데, 권력자에 대한 비판이 사라지면 사회는 무비판의 암흑 속에서 썩어가기 때문이다. 부패와 언론의 자유가 반비례 관계임은 매년 국제기구들의 조사에서 재확인되고 있다.

감시의 눈과 폭로하는 입이 없는 곳에는 부패가 만연하기 마련이다. 권력자가 쉽게 남용할 수 있는 명예훼손 형사처벌제도는 국민의 표현의 자유뿐만 아니라 사회의 투명성과 효율을 증진하기 위해서라도 폐지되어야 한다.

미국에서는 연방대법원이 1964년 「뉴욕타임스」 대 설리번Sullivan 판결에서 "공직자에 대한 비판에는 고의성 있는 허위actual malice를 동반하지 않는 한 명예훼손 민사책임을 물을 수 없다."라고 판시한 해에, 형사책임에 대해서는 더욱 높은 잣대를 들이대어 실질적으로는 형사처벌제도를 위헌 처분한 '게리슨Garrison 대 루이지애나' 판결 이후 뉴욕·캘리포니아·일리노이·텍사스를 포함한 많은 주들의 명예훼손 처벌조항이 위헌 처분되거나 주의회에 의해 자발적으로 폐기됐다. 사법부나 입법부에서 이렇게 형사상 명예훼손을 폐지했던 이유는 1920년에서 1956년 사이에 형사상 명예훼손 사건의 절반 정도가 권력자가 검찰을 동원하여 비판적 개인을 탄압하려는 시도였다는 연구 결과에서 찾을 수 있다.

유럽에서도 마찬가지다. 유럽인권재판소는 언론인들이 정부를 비판하여 명예훼손 형사처벌을 받은 여러 사례들의 거대 다수 사건들에서 회원국 최고법원의 결정들을 번복했다(이는 유럽인권협약의 회원국들에게 구속력을 미치는 결정이다).

가장 유명한 것은 2006년 '라이샨코Lyshanko 대 우크라이나' 사건으로서 유럽인권재판소는 우크라이나 총리를 비판한 기자에 대해, 우크라이나 검찰이 형사처벌을 가한 것은 인권침해라고 규정하여 법원의 유죄 판결을 번복했다.

이와 같은 흐름은 유럽과 미국에만 국한된 것이 아니다. 아메리카 대륙 30여 개국이 가입한 아메리카인권협약을 해석하는 아메리카인권재판소 역시, 협약에 가입한 중남미 국가들 내에서 언론인들이 자국의 정치인들에 대한 비판적인 기사를 써서 명예훼손 처벌을 당하는 것에 대해 인권협약에 위반된다는 결정을 했다(2004년 카네세Canese 대 파라과이 사건, 2004년 헤레라유요아Herrera-Ulloa 대 코스타리카 사건).

이에 따라 최근 월드뱅크, 유럽의회의 사무총장, 유엔사회경제권규약 특별조사관, 미주기구 등의 국제기구들이 세계 각국에 형사상 명예훼손의 폐지를 촉구한 바 있다.

지금 당장 형사상 명예훼손의 폐지를 요구하지는 않는다. 최소한 세계 각국의 폐지 움직임의 원인을 제공하고 있는 패악은 저지르지 말아야 한다. 언론의 정부비판에 대한 기소인 〈PD수첩〉 기소가 바로 그 패악이 될 것이다.

기소의 내용도 권력남용임이 명백하다. 〈PD수첩〉이 비판한 대상은 '미국산 쇠고기'였다. 즉 광우병 감염 가능성에 있어서 정부의 주장처럼 당장 30개월령부터 몽땅 받아들일 정도로 안전하지는 않다는 것이었다. 그 내용에 대해 씌운 제목이 명예훼손인데, 도대체 누구의 명예를 훼손했다는 것일까? 미국산 소? 미국산 소를 키운 낙농업자?

놀랍게도 미국산 소를 수입하기로 결정한 농림수산부 장관이란다. 정말 소가 웃을 일이다. 어떤 사물을 부정적으로 평가하면 그 사물을 상대적으로 평가한 사람의 평판을 저하시킨다니. 그렇다면 어느 중국집 짜장면이 맛없다고 말했다는 이유로, 그전에 맛있다고 말하고 간 다른 손님의 미감을 모욕했다고 하면 명예훼손도 가능하다는 말인가? 이런 식이라면 도대체 이 세상에 어떤 평가가 타인의 평판에 흠집을 내지 않을 수 있겠는가? '삼성 최고'라는 말도 최고임을 자임하는 LG의 평판에는 흠집을 내는 것 아니겠는가? 명예훼손을 이렇게 고무줄처럼 죽 늘여서 적용한 예는 필자가 아무리 뒤져봐도 전 세계적으로 찾을 수가 없다.

검찰이 〈PD수첩〉을 기소하는 날, 그날이 이 땅의 표현의 자유가 죽는 날이 아니다. 국가가 국가 스스로의 명예훼손에 대해 국민에게 형사처벌을 위협하고 있는 바로 지금, MBC가 그 위협에 대해 대책을 마련해야 하는 바로 지금, 그 위협에 국민을 포함한 다른 언론기관이 조금이라도 움츠리고 있는 바로 지금, 표현의 자유는 매일매일 죽어가고 있다.㊳

더 읽을거리

★ 'The Social Utility of the Criminal Law of Defamation', Robert A. Leflar, 34 「Texas Law Review」 984, 1956

칼은 뽑는 것만으로도
효과가 있다

경찰청장이 최근 국제사면위원회(이하 앰네스티)의 「경찰의 촛불시위 과잉진압에 대한 보고서」의 '오역'에 대해 법적 조치를 취할 것임을 공언했다. 앰네스티는 "몰려든 군중을 경찰이 통제한다."라는 표현을 "경찰이 군중에게 진격한다."로 잘못 번역했음을 시인했다. MBC 〈PD수첩〉 측이 시인한 광우병 다큐멘터리의 '의역'에 대해 검찰이 형사처벌을 공언하고, 이명박 대통령이 「오마이뉴스」의 부정확한 보도에 대해 손해배상 소송을 제기한 후에* 나온 것이라서

....

* 청와대는 이명박 대통령이 불교계 지도자와의 만남에서 '촛불 배후는 주사파 친북세력'이라고 말했다는 오마이뉴스의 보도와 관련, '왜곡 보도'로 정정보도를 요청했으며 이를 수용하지 않을 경우 법적 조치를 취할 것이라고 밝혔다. 2008년 6월 23일 언론중재위원회에 5억 원의 손해배상청구를 하는 언론조정신청을 내기도 했다.

하나의 트렌드가 되고 있는 것 같다. 즉 국민이 부정확한 사실을 근거로 공직자나 정부를 비판하면, 공직자와 정부는 호된 민형사소송으로 제재하는 것이다.

그러나 이 법적 조치들은 모두 실패할 것이다. 우리나라의 법조계는 이미 20년 전부터 "공직자에 대한 보도는 허위라 할지라도 진실이라고 믿을 만한 상당한 이유가 있다면 위법하지 않다."라는 이론을 따라왔다. 위 기준은 전 세계 대부분의 헌법학자들이 수용하고 있는 미국의 1964년 「뉴욕타임스」 대 설리번 사건이 제시한 '실제 악의actual malice' 기준과 다르지 않다.

우리 학계에서는 보통 '현실적 악의'라고 번역하고 있으나, '실제 악의'가 더 정확하다. 즉 명예훼손이 성립하려면 피고가 표현물이 '허위'라는 것을 실제로 알고 있었어야 하고, 표현물이 원고의 명예를 '훼손'할 것임을 실제로 알고 있었어야 한다는 것이다. 기사 작성자가 기사가 허위임을 알 수 있었는데 알아내지 못했으니 더 알기 위한 노력을 하지 않은 것을 악의로 간주한다는 의미의 '추정적 악의'와 대조되어, 실제로 허위임을 알았거나 거꾸로 진실이라고 믿을 만한 상당한 근거가 없었다는 '실제 악의'를 의미한다.

위 설리번 사건에서도 인권운동가였던 마틴 루터 킹의 후원회가 「뉴욕타임스」에 경찰 측의 탄압을 비난하는 광고를 게재할 때, "학생들이 저항의 표시로 노래를 불렀다는 것 때문에 법원에서 쫓겨났다."거나 "킹 목사가 일곱 차례 구속됐다."라는 명백히 잘못된 사실들이 포함되어 있었다. 하지만 실제로 학생들은 법원 내 매점이 서비스를 중단한 것에 대해 항의하다가 쫓겨난 것이었고, 킹 목사도 일곱 번이 아니라 세 차례 구속된 상황이었다. 이와 같이 명백한 오류가 있었는데도 연방대법원은 퇴거 이유나 구속 횟수를 오해할 만한 근거가 있었기 때문에 '실제 악의'가 존재하지 않는다며 면책 결정을 했다.

자신의 주장에 대한 사실 확인 노력을 기울여 사실이라고 믿을 근거를 확보한다면 '실제 악의'는 철저히 부정된다. 한편으로 자신의 주장이 진실일 수 있는 근거를 손에 쥐고도 동시에 그것이 허위라고 믿는 것은 논리적으로 불가능하기 때문이다. 〈PD수첩〉 사건에서도 아레사 빈슨의 어머니가 문제의 인터뷰에서 MBC 측이 만든 자막과 같이 '인간광우병'을 의미한 것이라고 믿을 만한 근거는 아주 많이 있었다. 앰네스티 역시 번역이 잘못됐음을 '실제로' 알고 있지는 않았다. 이 사건들에서는 '실제 악의'가 없다.

'실제 악의'가 존재하지 않아 위 소송들이 법원에서 모두 기각된다고 하면 도대체 무엇이 문제일까? 어떠한 국민이나 언론도 국가권력이나 그 일원을 상대로 법적분쟁을 치르기를 원치 않는다. 그 분쟁에서 이긴다고 할지라도 발생할 엄청난 비용과 보복의 가능성 때문이다. 실패할 위협이라고 할지라도 소송의 위협은 국민과 언론이 자기검열을 할 수밖에 없도록 만들 것이다. 이런 이유로 많은 선진국에서는 아예 명예훼손에 대한 형사처벌제도가 폐지됐다. 권력자가 자신의 영향력하에 있는 검찰을 동원해 비판세력을 제압하는 식으로 남용해왔기 때문이다.

또 앰네스티에 대한 경찰의 발언처럼, 경찰과 같은 일선 행정기관이 표현물의 불법성이나 명예훼손성 여부를 예단하여 국민들을 위협하는 것도 비록 사후 심의라 할지라도 넓은 의미의 '사전 검열'로 보아 헌법적으로 금기시된다. 물론 이명박 대「오마이뉴스」소송과 같은 권력자에 의한 명예훼손 민사소송은 소송 제기 자체를 막을 길도 없고, 이를 제어할 헌법적 규범도 없는 것이 사실이다. 권력자들 스스로 그 악영향을 고려하여 자제해주길 바랄 뿐이다. 노무현 정부 때부터 시작됐지만, 필자는 그때나 지금이나 같은 의견이다. 미국에서는 이미 40년 전 설리번 사건에서, 소수였지만 일부의 대법관들이 "공직자들은 아예 명예훼손 민사소송의 원고가 될 수 없다."라고 판시했음을 상기하자. 선진화의 길은 아직일까.㊴

⟨PD수첩⟩ 수사,
거부하는 것이 법치 구현

필자는 첫 번째, 형사상 명예훼손은 권력자 비판을 막기 위해 검찰을 동원하는 제도로 남용된다는 이유로 세계적으로 폐지되거나 사문화되고 있는데 검찰의 MBC ⟨PD수첩⟩ 수사가 외관상으로 바로 그러한 수사인 동시에 두 번째, 정부정책에 대한 비판을 그 정책을 담당한 관리의 명예훼손으로 단죄하려는 유례없는 소송이기 때문에 수사 자체가 부당하고 더욱 권력남용의 사례임이 분명하며 세 번째, '실제 악의' 기준에 따르자면 혹시나 허위가 밝혀지더라도 면책되어야 한다고 주장한 바 있다.

이에 대해 많은 이들이 '언론의 책임'을 언급하며 "그러한 부당성은 법원에 호소하면 되니 떳떳하다면 원본 공개하고 수사에 응하라."고 말하고 있다. 그러나 ⟨PD수첩⟩은 검찰수사를 거부해야 하며, 또 거부하는 것이 법치를 구현하는 일이다. 이 수사는 단지 권력자를 비판하는 국민을 위축시키려는 것이며, 〈PD수첩〉이 수사에 응하면 국민들은 더더욱 위축될 것이다.

수사를 거부해야 하는 이유는 영장 자체가 법적 타당성이 없기 때문이다. 국가가 개인소유 정보의 공개를 요청할 때는 그것이 범죄수사 목적이라고 할지라도 공개의 타당성, 즉 해당 정보의 범죄 관련성이 소명되어야 한다. 압수수색 영장이 이러한 소명도 없이 발부됐다면 그 영장의 집행은 거부되어야 한다.

그런데 소명이 있으려면 수사대상인 범죄가 특정되어야 할 것이다. 이번 사건에 적용될 수 있는 죄목은 '허위에 의한 명예훼손'과 '위계에 의한 업무방해'뿐이다('위계'는 '허위'와 같다). 그렇다면 검찰은 무엇이 허위인지를 우선 영장에 밝혔어야만 그 영장은 온전한 영장이 될 것이다. 그러나 어디에도 방송내용 중에서 무엇이 '허위'인지 특정되어 있지 않았다.

첫 번째, 아레사 빈슨의 유족과 의사, 또 미국의 현지 언론들이 "CJD(희귀 뇌질환의 하나)가 의심된다."라고 말한 것을 "vCJD(인간광우병)인지 의심된다."라고 바꾼 것은 허위가 아니라 당연한 조치였다. 현지에서 vCJD는 CJD와 다른 병이 아니라 CJD 중의 하나로 지칭되고 있음이 검찰자료에도 나와 있다. 언론보도의 예를 들면, '광우병 감염이 의심되는 여성'이라는 제목하에 "CJD는 백만 명 중 한 명꼴로 나타나며 쇠고기를 먹으면 걸릴 수도 있다."라는 식이다. 즉

CJD는 인간광우병의 약자였다. 아레사 빈슨 사건이 애당초 유명해진 것도 누구나 먹는 쇠고기에 의해 전염되는 vCJD 감염 가능성 때문이었지, 전염통로 자체가 희귀한 일반 CJD의 감염 가능성 때문이 아니었다. 모두의 관심사는 아레사의 병명이 정말 인간광우병인지에 대한 것이었고 CJD이었는지에 대해서는 관심이 없었다.

두 번째, 주저앉는 소(다우너)를 '광우병 의심소'로 지칭한 것은 허위도 과장도 아니다. 실제로 다우너가 광우병이 아니라고 입증된 바가 없다. 물론 다우너의 원인은 수백 가지가 될 수 있고 광우병은 그중 하나일 뿐이지만, 그렇다고 해서 광우병 감염소의 비중에 '의심'이라는 말을 붙이는 것이 법적으로 금지될 정도로 낮은지는 한 번도 확인된 바가 없다. 사실 광우병의 위험 때문에 오바마 대통령은 모든 다우너의 도축을 금지하지 않았는가. 앵커가 다우너를 가볍게 단 한 번 '광우병 걸린 소'라고 지칭하기 전에 이미 앞에서 "광우병이라고 단정할 수 없다."라고 확정적으로 내레이션한 후였다. 아레사 빈슨에게 광우병 의심 진단을 내린 의사가 주치의인지 아닌지도 마찬가지다. 의심 진단은 의심 진단일 뿐이다. 검찰이 "다우너는 광우병 의심소다."라는 말이 '허위'임을 밝힌다면, 즉 "다우너는 광우병을 의심할 필요가 없다."는 것을 '입증'한다면 검찰이 노벨상을 탈 일이다.

세 번째, 나머지 '허위'로 지적되는 것들은 피해자들의 명예에 영향을 주지 못한다. 미국에서 학교 급식에 이용된 리콜 쇠고기의 양이 1억 톤인지 3천만 톤인지는 전혀 이들의 명예와 관련이 없다. 명예훼손의 위법성 구성요건이 되지 않는 것이다.

네 번째, 미국의 리콜이 2급이었다는 것, 미국인의 먹거리 불안감에 대한 여론조사 방법, 도축장이 적발된 법이 위생법이 아니라는 사실 등을 생략한 것은 허위가 아니다. 누군가 신문 · 방송 겸영의 장점만을 말하고 단점을 생략하면 허위가 될까? 사물의 어느 측면을 언급할지는 순전히 견해의 영역이며 법적 규제의 밖에 있다. 공정성 심의의 대상이 될지 모르나 형법과는 전혀 관련이 없다.

다섯 번째, '화장품 · 의약품으로 전염 가능'하다는 점은 과학자들이 특정한 조건들을 가정한 상황에서 불완전한 정보에 근거해 수립한 가설이며, 누구에 의해서도 허위라고 입증된 바가 없다. 미국에서 광우병 위험물질이 포함된 부위로 화장품 및 의약품에 포함되는 젤라틴을 만들지 못하도록 금지되어 있는 이유도 바로 그러한 감염의 가설이 확정적으로 부인된 바가 없기 때문이다.

여섯 번째, '0.1g의 위험물질로 감염'이나 '발병하면 100% 사망'도 지금까지의 발병 사례에 비춰봤을 때 충분히 추정 가능한 가설이며 한 번도 반증된 바가 없다. 0.1g의 위험물질을 사람에게 먹이는 실험을 해본 적도 없고 인간광우병에 걸린 사람 중 살아남은 사람도 없으니 반증되지 못한 것은 당연하다.

일곱 번째, '발병률이 94%로서 미국, 영국에 각각 두 배, 세 배'*도 틀림없이 영국인들의 MM형 유전자보유율은 33%밖에 되지 않는데 인간광우병 발병자는 거의 모두 MM형 유전자보유자라는 것에서 착안하여, 만약 MM형 유전자가 인간광우병 발병의 필수조건이라고 가정한다면 MM형 유전자보유율이 94%에 이르는 우리나라에서는 그만큼 발병률이 높을 것이라는 의미, 즉 상대적인 발병 가능성을 말한 것임이 분명하다. '발병률'이라는 표현이 조금은 오도의 가능성이 있지만 허위는 아닌 것이다.

위의 다섯 번째에서 일곱 번째까지의 가설들은 '진실'로 입증되지도 않았지만 진실의 근거가 충분하지 않다는 이유로 '허위'로 단죄되어 법적 책임을 져야 한다면, 신의 존재를 믿는 모든 신앙인들은 모두 감옥에 가야 할 것이다.

정리하자면, 〈PD수첩〉 방송내용에는 의혹이 있고 생략이 있고 가설이 있을 뿐, '타인의 평판을 저하시키는 허위사실의 주장'은 없다. 이런 상황에서 도대체 압수수색 영장은 어떤 사실을 입증하는 데 필요한 증거를 취득하라고 발부한 것일까? 〈PD수첩〉이 얼마나 근거를 잘 준비했는지 확인하기 위해서? 〈PD수첩〉의 방송이 원본

---

* "한국인 500여 명의 유전자 분석을 실시한 결과, 유전적으로 광우병에 몹시 취약하다는 것을 알 수 있었습니다. 프리온 유전자 가운데 129번째 나타나는 유전자형은 총 세 가지. 그중 지금까지 인간광우병이 발병한 사람 모두가 메티오닌 MM형이었습니다. 즉 한국인이 광우병에 걸린 쇠고기를 섭취할 경우 인간광우병이 발병할 확률이 약 94%가량 된다는 것입니다. 그렇다면 미국인은 어떨까요? MM형을 가진 사람이 미국인의 약 50%인 것으로 나타났습니다. 보시다시피 한국인이 영국인의 약 세 배, 미국인의 약 두 배 정도 가능성이 높다고 볼 수 있습니다."

과 얼마나 다른지에 대해서? 그것이 왜 중요한가?

검찰은 다른 범죄들과 마찬가지로 허위에 대한 입증 책임이 있다. MBC 〈PD수첩〉 측이 자신의 보도가 진실이거나 진실이라고 믿을 만한 상당한 이유가 있음을 입증하지 못하더라도, 검찰이 허위 입증을 먼저 하지 않는 한 범죄가 성립되지 않는다. 검찰은 우선 타인의 명예나 업무 수행을 훼손하는 허위보도가 무엇인지 입증한 후에 피고 측의 허위를 '진실이라고 믿은 이유가 타당한지'에 대해 물을 수 있다. 하지만 무엇이 허위인지 전혀 특정조차 되지 않았다. 물론 우리나라의 명예훼손은 '진실' 명예훼손도 있으므로 검찰이 허위를 입증할 필요가 없다고 하지만, 이번 보도는 공익성이 명백하여 '허위에 의한 명예훼손'만이 적용될 수 있다. 도대체 무슨 범죄를 입증하기 위해 수사를 하겠다는 것인지가 불분명한 상황에서 피고들의 프라이버시를 침해할 수는 없는 것이다.

"압수수색을 해야 범죄를 입증할 것 아니냐?"라는 반문은 자료제출 자체도 기본권 침해며 '범죄수사에의 필요성'이 입증되어야 영장에 의해 허용될 수 있다는 원칙을 간과한 것이다. 압수수색 영장 발부의 타당성을 다투는 절차조차 없는 우리나라에서 할 수 있는 일은 집행을 거부하는 것뿐이다. 또 압수수색 대상이 언론보도의 취재원이고 보도내용이 권력에 밉보임을 무릅쓰고 이뤄진 탐사보도라면, 그 취재원의 보호는 언론의 권력감시기능 유지를 위해 필수불가결하며 어떤 경우에는 공개의 타당성이 입증되더라도 이에 우선한다. 바로 이러한 이유로 미국의 23개 주에 취재원보호법shield law이 존재하며, 다른 주들에서도 범죄 관련성이 입증되기 전에는 취재원보호는 강력하다.

　정당검찰이 압수수색에 필요한 최소한의 범죄 관련성이나 수사 필요성도 입증하지 않은 채 개인정보나 취재원의 공개를 요구할 때마다 우리 모두 '떳떳하게' 수사에 응할 거라면, 우리는 당장 민주주의를 포기하는 것이 낫다.❹⓿

피디저널리즘과
〈PD수첩〉 무죄

결국 〈PD수첩〉은 예상했던 대로 2년의 수사와 재판 뒤에 무죄를
받았다. 기쁘지만 한편으론 당연한 것을 받았다고 생각하니 허탈하
다. 그래도 한 가지 느끼게 된 것은 피디저널리즘의 사회적 중요성
과 이를 보호해야 할 필요성이다.

 기자저널리즘과 피디저널리즘은 무엇이 다른가? '보이는 것'을
보도하는 것과 '보이지 않는 것'을 찾아내 보도하는 것의 차이라고
할 수 있을까? 언론의 의무가 공론을 시작하는 것이라면 가장 공론
이 필요한 사안들은 관련 정보가 부족한, 보이지 않는 사안들일 것
이다. 담배가 몸에 나쁘다는 당연한 사안은 공론이 필요 없다. 그러
나 미국산 쇠고기가 광우병 위험성이 있는지는 공론이 필요하다.
바로 정보가 부족하기 때문이다. 그리고 정보가 부족하기 때문에,

피디저널리즘은 결국에는 불충분한 근거를 가지고 문제제기를 하는 수준의 보도를 할 수밖에 없다.

이러한 문제제기가 완벽하지 않다고 해서 법적으로 단죄한다는 것은 피디저널리즘을 포기하라는 것과 마찬가지며, 곧 공론이 가장 필요한 사안에 대한 언론의 의무를 포기하라는 것이 된다. 그래서 "적시된 사실의 내용 전체의 취지를 살펴보아 중요한 부분이 객관적인 사실과 합치되는 경우에는 그 세부에 있어 진실과 약간 차이가 나거나 다소 과장된 표현이 있다고 하더라도 이를 허위의 사실이라 볼 수 없다."라는 이번 판결은 바로 피디저널리즘에 생명줄과도 같은 것이다.

또 피디저널리즘은 '보이지 않는 사안'들을 대상으로 하므로 대다수 국민들이 잘 모르는 지식을 소화해낸다. 결국 피디들은 생소한 사안에 대해 '전문가' 역할을 자임할 수밖에 없고 우리나라의 왜곡된 전문가상像과 맹렬히 마찰한다. 아레사 빈슨의 사인이 인간광우병으로 의심된다거나 CJD를 vCJD로 자막 처리한 것들은 검찰 스스로 2008년 7월 중간수사 발표에서 공개한 미국 현지 언론이나 과학자들이 사용한 표현들과 100% 일치하는 것들이었다. 그럼에도 피디들을 처벌하려는 것은 전문가가 아니기 때문인가? 똑같은 경제전망도 대학 나온 경제학자들이 하면 괜찮고, 미네르바가 하면 허위사실유포죄로 처벌하겠다는 것과 다르지 않다. 게다가 "한국인의 유전자가 광우병에 취약하다."거나 "화장품을 통해서 감염될 수 있다."거나 모두 과학자들이 한정된 실험데이터를 가지고 만든 가설들이다. 과학자들이 하면 괜찮고 기자들이 하면 형사처벌감이었던 것이다. 그렇기 때문에 "변종 CJD환자의 발생 가능성이 세계에서 제일 높은 나라가 될 가능성이 있음을 암시한다는 연구 논문이 (중략) 발표 이후 국내 과학계에서는 별다른 비판 없이 받아들여졌"으므로 이에 같은 취지의 보도를 한 〈PD수첩〉도 무죄라는 판시는 우리나라의 폐쇄적인 전문기관을 돌파한 쾌거였다.

더욱이, 중요하면서도 보이지 않는 사안이 더 보이지 않게 된 것은 그 사안의 비밀성에 이해관계를 가진 권력자들 때문이다. 그렇다면 피디저널리즘은 이들 사안에 대한 문제제기를 할 때마다 그 권력과 추종자들을 호명할 수밖에 없다. "언론보도로 인해 당해 정책에 관여한 공직자의 사회적 평가가 저하될 수 있다고 하여 바로 그 공직자에 대한 명예훼손이 된다고 할 수 없을 것이다."라는 판시는 이번 판결의 백미라고 볼 수 있다.

갈 길은 멀다. 〈PD수첩〉은 지난 12월 1일, 민생예산이 대폭 삭감된 반면 효용성이 검증되지 않은 4대강 사업에는 엄청난 혈세가 투입되고 있다는 방송을 했다. 이에 대해 방송통신심의위원회는 정부 비판 일색이라며 불공정하다는 이유로 징계절차를 밟았다. 정운찬 총리는 전직 서울대 교수니 아무런 근거 없이 "행정기관 하나라도 이전하면 나라 거덜 난다."라고 해도 괜찮지만, 〈PD수첩〉이 불충분한 근거로 "4대강 때문에 민생예산이 깎였다."라고 하면 징계감이 된다는 또 하나의 위선의 칼날이 세워진 것이다. 전문가와 비전문가를 나누는 칼날이. 황우석 연구 사기를 밝혀냈던 '비전문가' 〈PD수첩〉을 다시 위협하는 칼날이.㊶

필자는 어떻게든 기소를 막아보기 위해 펜을 들었지만 검찰은 결국 실제 기소를 했고, 〈PD수첩〉을 비롯한 수많은 인기 있는 사회비판 프로그램들이 비판의 칼을 접었다. 다행히도 법원은 〈PD수첩〉에 대해서는 무죄 판결을 내렸지만, 방송 전반에 위축효과chilling effects가 위력을 발휘한 것이다. 물론 2011년경 김재철, 김인규 사장이 MBC, KBS를 접수한 후에는 완전히 피폐화되기는 했지만 말이다.

게다가 당시 무죄 판결에 자극받은 한나라당은 "좌파 판사 척결"을 구호로 법원조직법을 개정하여 법원장악에 나섰고, 실제로 2012년 개정된 법원조직법하에 '좌파 판사'로 분류된 서기호 판사가 재임용 탈락을, 이정렬 판사가 6개월 정직의 징계를 당했다. 앞으로 〈PD수첩〉 소송처럼 국가정책 비판에 대한 명예훼손 형사소송이 제기되면 법원은 제 역할을 하게 될까?

명예훼손 형사처벌의 폐지를 심각하게 고민해야 한다. 한 사람의 평판이 타인을 감옥에 넣어야 할 만큼 취약하고 보호를 필요로 할까? 평판의 회복은 상당 부분 반론권의 행사로 가능하지 않을까? 반론권의 실효성에 대해 비관적인 사람이 많지만 그 비관은 국민들의 의식수준에 대한 비관, 즉 우리가 대한민국에 대해 가지고 있는 수많은 자조적인 비관 중의 하나 아닐까? 명예훼손 형사처벌이 없어지면 명예를 훼손당한 사람이 보호받는 방법은 민사소송밖에 없어, 결국 가진 자에게만 유리하다는 주장도 귀 기울일 필요는 있다. 그나마 현재 명예훼손 형사처벌도 가진 자들의 전유물이 됐음을 직시해야 한다.

미국에서 '게리슨 대 루이지애나' 판결 이후, 명예훼손 형사처벌이 대부분 폐지되고 나서 이뤄진 매우 적은 기소들 중에서도 매우 높은 비율의 사건들이 공직자 자신들에게 비판적인 민간인들을 보복하기 위해 제기된 것이었다. 1990년부터 2002년 사이에 있었던 23건 중 절반이 정치적인 처벌로 분석됐다. 사회적 지위가 더욱 평등한 미국에서도 그러하다면 민(民)과 관(官) 사이의 위계질서가 더욱 두드러지는 우리나라에서는 어떠할까?

'ARTICLE 19(세계인권선언 중 표현의 자유를 규정한 조항에서 이름을 따왔음)'이라는 인권단체가 조사한 바에 의하면, 조사대상 주요국 168개국이 형사상 명예훼손을 유지하고 있긴 하나 이들 나라에서는 2005년 1월부터 2007년 8월까지 20개월 동안 명예훼손죄로 투옥된 사람은 전 세계적으로 146명뿐이라고 한다(이 통계는 우리나라의 실형 횟수를 포함하지 않고 있으며 일본은 1~4명 사이라고 한다). 즉 전 세계적으로 평균 1년에 한 사람도 투옥되지 않고 있다고 보면 된다. 이에 비해 우리나라는 이춘석 의원이 공개한 보도자료에 따르면, 2005년에서 2009년 7월 사이 55개월 동안 136명(집행유예 및 선고유예 제외)이 자유형을 선고받았으니, 월 평균 명예훼손 투옥수를 산정해보면 한국을 제외한 세계 평균이 7.3명인 데 비해 한국은 2.8명이다. 전 세계 명예훼손 투옥수의 28% 정도가 대한민국에서 일어나고 있는 것이다.

더 읽을거리

★ 'A Compendium of U.S. Criminal Libel Prosecutions: 1990~2002' (97p), Russell Hickey, 「Libel Defense Resource Center Bulletin」, 2002.03.27

사후 검열도 위헌이다,
경찰은 입을 다물라

최근 어청수 청장 동생의 성매매업소 투자에 관한 부산 MBC의 보도내용이 유투브에 동영상으로 오르자 경찰청 쪽에서 명예훼손이라며 유투브 소유자인 구글 쪽에 임시차단 조처를 요구했다. 중국 공안이 특정 외국 사이트들을 자국민만이 보지 못하도록 차단하는 것을 보며 경악했던 우리 국민들은 결국 국가의 후진성을 대표하는 바로 그 메시지 "회원님의 국가에서는 볼 수 없습니다."를 보아야 했다. 특히 최근 방송통신심의위원회가 MBC와 KBS의 광우병 관련 방송내용 및 다음 아고라의 소비자운동 게시물에 제재 결정을 내린 것과 관련해 심의제도 자체의 타당성을 둘러싸고 논의가 한창 진행 중인 가운데 이뤄진 일이라서 더욱 걱정스럽다.

경찰이나 방송통신심의위원회가 위와 같이 표현의 자유에 개입하는 것은 넓은 의미의 '검열'이며, 위헌이다. 행정기관의 개입은 형식적으로 사후 심의라 할지라도 헌법적으로 흠결이 있다. 우선 명예훼손 형사처벌제도와 마찬가지로 행정기관은 권력자의 영향력 아래 있을 뿐만 아니라 헌법상 권력자의 합법적인 통제 아래 있기 때문에 항상 권력남용의 의혹이 상존한다.

또 사후 심의도 사전 검열처럼 합법적 표현물의 자기검열을 낳는다. 보통 행정기관의 사후 심의제도 아래서는 행정기관의 위법성 판단에 불복할 경우, 표현물이 실제로 합법적인지에 관계없이 행정 제재가 가해진다. 입 닫고 있으려면 반대의 법원 판단이 나올 때까지는 입 닫고 있어야 하는 것이다. 추후 사법부에 의해 표현물이 합법적인 것으로 밝혀지더라도 행정기관과의 마찰이 두려워 그 표출 자체를 꺼리게 된다. 행정기관의 잠정적인 판단만으로 합법적인 표현물을 지연해야 한다는 것은 충분히 위헌적이다.

물론 추후의 사법 판단으로 완전히 정정을 받을 수 있으면 행정 개입이 주는 위축효과가 완화되기는 하겠지만, 행정기관은 보통 해당 산업분야에 대한 재정지원 권한을 갖기도 하며 사법 판단을 신청하는 것마저도 행정기관에 밉보일까봐 두려워 사용하지 않게 되기도 한다.

이상과 같은 이유로 미국에서는 사후 개입이라 할지라도 행정기관의 사후 개입에 대해서는 재량이 거의 없을 정도로 명백한 기준이 아닌 이상 위헌 결정이 내려지는 것이다.

우리나라에서도 2002년 헌법재판소는 사후 심의의 '검열의 위험성'을 인지하며 위헌이라고 선언한 바 있다. 당시 심의기준이었던 '불온통신'을 행정기관에 맡기기에는 너무 애매모호하며, 더욱이 인터넷사업자에게 같은 기준으로 이용자들을 감시 및 제재하도록 강요했다는 이유였다. 이번 다음 측 게시물에 대한 심의는 2002년 헌재에서 위헌 결정을 받은 심의와 사실 다를 것이 없다.

MBC와 KBS에 대해 이뤄진 '공정성 심의'도 위헌성이 검토되어야 한다. 공정성은 이미 위헌 결정을 받은 불온통신보다 더 모호하다. 전파자원의 희소성 때문에 방송에서만큼은 예외적으로 행정기관의 심의가 자유로이 허용되어야 한다는 주장도 있지만 지금은 인터넷, 케이블 등 다양한 대안미디어 등이 폭발적으로 발전한 상황이다. 미국은 이미 1980년대에 케이블이 발전하면서 연방통신위원회의 심의기준에서 '공정성'을 삭제했는데 그 이유를 곱씹어봐야 한다. 역대 정권들이 공정성이라는 심의기준을 이용해 비판세력을 제압하려 했기 때문이었다.

이번에 경찰청이 아무런 기준도 심의도 없이 '명예훼손'이라는 책임지지 못할 주장으로 유튜브 동영상을 차단시킨 것이 위헌임은 두말할 것도 없다. 경찰청장 개인에게 쏟아질 비판을 막기 위해 경찰청이라는 공공기관의 이름과 자원이 남용된 정황을 볼 때, 우리는 행정기관에 의한 심의는 사후 심의라도 위헌인 이유를 다시 되새길 수 있다.[42]

방송통신심의위원회 심의제도는 위헌이다

우리나라 헌법 제21조는 표현의 자유에 대한 '검열'을 금지하고 있으며, 우리나라 헌법재판소는 대체로 행정권이 주체가 된 사전 심사 절차에 표현물을 제출하여 이 심사를 통과하지 않으면 해당 표현물의 유통이 금지되는 제도로 검열을 정의하고 있다. 표현의 자유에 대한 여러 가지 형태의 제약 중에서 검열은 헌법상 절대적으로 금기시되는데, 표현물이 공표도 되기 전에 차단된다는 심각함, 그리고 국민들이 정부에 비판적인 표현물까지 일일이 정부 측에 사전 보고해야 하는 상황에서는 합법적인 비판도 스스로 포기하게 되는 자기검열의 위험 때문이었다.

하지만 검열을 이와 같이 사전 심사를 통한 원천적이고 완벽한 차단에만 적용하는 것은 국제적인 기준에 맞지 않을 뿐만 아니라 검열의 원래 의미에도 맞지 않다. 일찍이 미국 연방대법원은 1963년부터 '반탐북스Bantam Books 대 설리번' 사건에서 주 정부가 임명한 사람들로 구성된 심의기구가 이미 유통되고 있는 서적들에 대한 적격심사를 하고 검찰 및 경찰에 통보하는 제도에 대해 사법적인 판단도 없이 서적의 유통을 차단하는 것은 '사전 제재'에 해당한다며 위헌 판정을 했다.

첫 번째, 법치주의 국가에서는 본질적으로 '잠정적'일 수밖에 없는 행정적 판단으로 표현물의 유통을 금지하거나 지연하는 것이 표현의 자유에 대한 부당한 제약(정의의 지연은 정의의 거부다Justice delayed is justice denied.)이며 두 번째, 행정기관은 권력자의 영향력하에 있어 권력에 비판적이고 합법적인 표현물들을 위법한 것으로 몰아 제재할 위험이 높을 뿐만 아니라 세 번째, 행정기관은 자신들의 잠정적 판단에 불복할 경우 보복할 수 있는 권한도 가지고 있기 때문에 사람들이 자기검열을 하도록 만든다.

이러한 이유로 미국 · 일본 · 독일 · 영국 등 대부분의 선진국들에서는 이와 같이 '행정기관의 사후 심의'를 검열의 한 형태로 보고 있어, 이들 나라에서는 인터넷이나 방송의 내용에 대해 행정기관이 적격성이나 불법성을 판단하는 제도는 거의 자취를 감췄다.

선진국들 중에서 행정기관이 인터넷 콘텐츠 심의를 하는 국가는 우리나라 · 터키 · 오스트레일리아ACMA뿐인데, 오스트레일리아는 음란물 및 아동유해물만을 걸러낸다. 터키는 실질적으로 사법시스템을 통한 검열이다. 우리나라처럼 정보통신망법 제44조의7에 따라 명예훼손 정보나 범죄를 목적으로 하거나 교사 방조하는 정보, 또는 건전한 통신윤리를 위배하는 정보 등 애매모호할 수 있는 내용들까지 행정기관의 독자적인 판단에 의해 걸러지는 경우는 없다. 이렇게 광범위한 심의가 행정기관에 의해 이뤄지면 합법적인 표현물이 정치적인 이유로 제재될 위험이 너무 높아 외국에서는 제도 자체가 위헌으로 여겨지는 것이다.

방송 역시 행정기관이 소위 '공정성'을 기준으로 방송심의를 하는 국가는 선진국들 중에서 우리나라의 방송통신심의위원회와 프랑스의 CSA뿐이다. 독일과 일본은 방송에 대한 심의를 행정기관으로부터 받고 있지 않고 자율규제를 통해 이행하고 있다. 미국의 FCC도 행정기관에 의한 공정성 심의 자체가 1987년도에 폐지됐다. 전파자원의 희소성 때문에 방송에서만큼은 예외적으로 행정기관의 사후 심의가 자유로이 허용되어야 한다는 주장도 있었지만, 케이블 등의 대안미디어 등이 폭발적으로 발전한 상황에서 희소성 주장은 힘을 잃었다. 영국의 경우도 공정한 방송의 본보기로 받아들여지는 BBC에 대한 공정성 심의를 자율규제BBC Trust에 맡기고 있다.

행정기관의 개입은 형식적으로 표현물이 공개된 이후에 이뤄지는 사후 심의의 형태로 이뤄지더라도 사전 검열과 비슷한 효과를 낳는다. 행정기관의 판단은 사법부의 판단에 의해 번복될 수 있기 때문에 본질적으로 잠정적이다. 보통 행정기관의 사후 심의제도 아래서는 행정기관의 위법성 판단에 불복할 경우 행정기관에 의한 유무형적 보복을 두려워할 수밖에 없다.

실제로 대한민국 역사를 통틀어 방송국들과 인터넷 포털들은 지금까지 한 번도 방송통신심의위원회나 그 전신인 기관들에 대해 공식적 이의제기를 한 적이 없으며, 행정기관의 판단은 결국 종국적인 것으로 굳어져버리고 있다. 정의의 지연이 단순히 은유적으로 정의의 거부가 되는 것이 아니라 실제로 정의의 거부로 이어지는 상황이 계속되고 있는 것이다.

예외적으로 사법부의 판단을 통해 합법판단을 받는다고 하더라도 행정기관이 스스로 순순히 사법부의 판단을 따를 것이라는 보장이 없기 때문에 행정심의의 잠정성에서 초래된 위험은 해소되지 않는다. 예를 들어 신문광고 불매운동 카페 운영자들에 대한 지난 2월 판결에서 법원은 2차 불매운동 자체는 합법적이라고 판단했고 그 운동이 수반한 '집단적·조직적 전화 걸기'에 대해서만 위법이라고 판단했다. 이 판시에 따르자면 게시물에 대해서만 판단한 방송통신심의위원회의 지난 2008년 7월 결정은 잘못된 것이며, 2009년 2월까지의 삭제는 불법이다.

결국 국민은 합법적인 표현물이라 할지라도 행정기관의 잠정적 판단이 올바르게 나오지 않을 가능성이 두려워 그 표출 자체를 꺼리게 되며, 행정기관의 눈치를 보게 되며, 자기검열을 할 수밖에 없게 된다. 국민이, 중립성과 독립성이 보장되는 사법기관의 눈치를 보는 것은 헌법적으로 용납된다. 법치주의 국가에서 사법부의 판단은 최종적이기 때문이며, 그렇기 때문에 사법부의 독립성을 보장해 왔기 때문이다. 그러나 행정기관은 권력자의 영향력 아래 있을 뿐만 아니라 헌법상 권력자의 합법적인 통제 아래 있는데, 이들 행정기관의 눈치를 보는 것은 위헌적인 상황이다.

표현speech과 구별되는 행위action를 행정기관이 사후 심의하여 제재하는 것과는 구별되어야 한다. 행위의 결과는 즉각적이다. "마리화나를 합법화하자."라는 '말'과 실제 마리화나를 사용하는 '행위'는 다르다. 표현은 듣는 사람의 지적인 반응을 통해서만 그 효과가 나타난다는 점에서 즉각적이지 않다. 그렇기 때문에 행위에 대해서는 검열이 금지되지 않으며, 위 마리화나의 예를 들자면 보건복지부나 식약청의 개입이 헌법적으로 허용된다.

우리나라에서도 2002년 헌법재판소는 행정기관의 사후 심의를 일종의 '검열'로 규정하며 위헌이라고 선언한 바 있다. 당시 단순히 행정심의라서 검열로 규정한 것은 아니었고 인터넷 심의기준이었던 '공공질서와 안녕'이 행정기관에 그 운용을 맡기기에는 너무 애매모호하기 때문이었다. 하지만 현재 방송통신심의위원회의 심의 기준이 되는 불법 정보의 내용 중 일부는 당시 헌법재판소가 요구한 명확성의 원칙을 위배하고 있으며, 공공질서와 안녕보다 더 명확하지 않다. 같은 맥락에서 심의기준인 공정성 심의 역시 위헌성이 검토되어야 한다. 공정성은 이미 위헌 결정을 받은 공공질서와 안녕만큼 모호하다.

특히 객관성, 진실성, 선정성의 지양, 품위까지 포함하는 일반적 심의와는 달리 공정성(협의)을 논쟁이 되는 사안의 양쪽 주장에 동등하게 기회를 주어야 한다는 특수한 규범으로 이해할 때, 공정성 심의는 검열의 진면목을 보여준다.

공정성은 방송사업자 자신의 이익, 국가 또는 자본의 영향력에 밀려 특정한 주장만을 보도할 것이 아니고 다양한 목소리를 보도하는 공적 토론의 장을 유지해야 한다는 필요에서 나온 것이다. 외부에서 방송국에게 강요되는 공정성은 기존 시스템의 변화를 요구하는 사람들의 목소리에 항상 반대 목소리를 병치시켜 그 설득력을 희석시킬 것을 요구한다. 다양성의 측면에서도 국가가 강요하는 공정성은 내적 다양성을 요구하여 비판적 목소리를 용납하지 않아 모든 방송국을 일률적으로 '다양'하게 만들고, 특히 외적 다양성을 결국 훼손한다. 공정성은 이렇게 비판세력들의 목소리를 억제하는 효과를 내며, 사실은 '불공정한' 정치검열의 도구가 된다. 미국의 경우 FCC가 공정성 심의를 1987년에 폐지한 중요한 이유 중의 하나는, 역대 정권들이 공정성이라는 심의기준을 이용해 비판세력을 제압하려 했다는 것이었다.

그렇다면 간행물윤리위원회의 심의도 '검열'이란 말인가? 국제적인 기준을 따르자면 행정기관에 의해 진행되는 한 검열이다. 2002년 우리나라 헌법재판소 결정을 따르더라도 불분명한 기준을 이용한다면 검열이다. 교육과학기술부가 교과서 내용을 수정하려 할 때, 군에서 불온서적들을 선정하려 할 때, 우리들의 분노는 모두 헌법적으로 정당한 것들이다.❹❸

앞에서 명예훼손에 대해 검찰이 개입하는 것이 권력 남용될 위험이 높은 것과 똑같은 이유로, 그 위축효과는 덜하지만 행정기관이 표현의 자유 영역에 개입하는 것도 헌법적으로 금기시된다. 하지만 검찰이든 다른 행정기관이든 국민의 손으로 직접 뽑은 대통령이 임명한 사람들이 국민을 대표해서 우리의 소통을, 우리의 문화생활을 통제하는 것이 정말 무엇이 문제인지 알아보자.

우리는 '기본권은 소수의 보호를 위한 것'이라는 말을 반복적으로 들어왔다. 그런데 여기서 '소수'는 외국인노동자나 성전환자 등만을 말하는 것이 아니다. 국회나 행정부는 다수결의 원칙에 의해 선출되기 때문에 다수의 견해에 따라 움직인다. 결국 국회나 행정부의 행동이나 방관에 의해 기본권을 침해당하는 모든 사람들이 소수다. 사실 더 넓게는 형사기소를 포함한 모든 행정행위에 기본권을 침해당했다고 생각하는 사람, 또는 법이나 행정부가 자신이 당한 피해를 누락하거나 방치했다고 생각하는 사람도 소수다. 예를 들어 급발진으로 피해를 당한 사람 입장에서도, 다수가 만든 민법 법조문하에서는 가해자인 자동차회사가 급발진에 대해서 피해보상의 동기를 가지기 어렵다. 국민 대다수가 급발진의 피해자였다면 법을 그렇게 만들지는 않았을 것이라고 서러워할 것이다.

그렇다면 소수가 이렇게 기본권 침해를 호소할 때 이에 대한 결정은 누가 내려야 할 것인가? 이마저 행정부나 입법부가 내려야 한다면 공정하기 어려울 것이다. "국가에 의한 기본권에 대한 제한은 반드시 적법절차를 따라야 한다."라고 했을 때 적법절차는 널리 '기본권 제한 사실 및 그 이유의 통지, 국민이 이의를 제기할 기회, 중립적인 제3자에 의한 결정'으로 이해된다. 여기서 바로 이 중립적인 판정자가 대부분의 나라에서 사법부라고 불리는 조직인 것이다.

그렇기 때문에 사법부는 공정성을 최고의 가치로 두는 절차를 두고 있다. 사법부는 기본적으로 각 개인의 '작은' 이야기를 들어줄 수 있는 절차와 조직 원리를 갖추고 있다. 사법부는 보통 입법부가 만든 법을 따라야 하지만, 더욱 중요한 것은 헌법을 따라야 한다. 헌법에 따라 입법부가 만든 법도 축소 해석하거나 무효화할 수 있다. 바로 이 중립적인 판정자가 필요하기 때문에 자유민주주의 국가는 사법부라는 '선출되지 않은 권력'을 두고 그 독립성을 유지하기 위해 별의별 노력을 다 기울이고 있는 것이다.

"사법부가 소수를 위해 존재한다."라는 말을 듣고 "나는 동성애자도 아니고 여성도 아니라서 소수가 아니다."라며 그 긴절함을 느끼지 못하는 사람은 무언가 잘못 생각하고 있는 것이다. 우리 모두는 다음 골목의 모퉁이를 돌아서면 소수가 되어 있을 수도 있다.

물론 입법부가 법을 만들어놓고 행정부가 그 법을 집행하면서 기본권이 제한되는 경우는 많이 있다. 입법부가 '제한 약물을 지정할 권한'을 식약청에 부여하면 식약청이 특정 약물을 제한 약물로 지정할 때마다 그것을 사용하는 업자와 판매하는 업자는 기본권 제한을 받게 된다. 하지만 이 역시 어느 나라나 행정소송이라는 절차를 통해 식약청 판단의 시시비비를 가릴 수 있도록 하고 있다. 또는 입법부가 특정 약물을 아예 법조문상에 명시하여 금지시키는 경우도 있을 수 있지만 이에 대해서는 헌법소송을 할 수 있다.

그렇다면 표현의 자유 영역에서도 행정소송이라는 절차를 통해 사후적으로 다툴 수만 있다면, 행정기관이 우선 불법 표현물과 아닌 것을 가리는 것 자체는 허용될 수 있지 않을까?

그렇지 않다. 물리적 행위와 비교했을 때 표현은 듣는 사람의 반응에 따라 나타나는 효과가 달라져 표현 자체에 대한 규제의 타당성은 불분명한 반면, 일단 규제를 받으면 비슷한 표현들이 너무나 쉽게 위축되기 때문이다. 검찰의 미네르바, 〈PD수첩〉, 언론소비자국민캠페인에 대한 기소만으로도 이명박 정부의 친재벌 경제정책을 비난하던 논객들, 정부에 비판적인 방송 프로그램들, 불길처럼 일어났던 신문 불매운동이 모두 '평정'된 것을 보라. 방송통신심의위원회에서는 형사처벌을 하지 않으나 위축효과는 마찬가지다. 국민들은 방송통신심의위원회에 의한 차단이 형사처벌로 이어질 수 있다고 쉽게 믿을 수밖에 없다. 실제로 〈PD수첩〉과 언론소비자국민캠페인에 대한 형사처벌도 방송통신심의위원회가 각각 "불공정하다."와 "2차 불매운동이라서 불법이다."라는 판단을 내린 이후였다.

실제로 다수결에 의해 움직이는 행정기관이 소수를 위해 존재하는 기본권의 하나인 표현의 자유를 통제할 경우 발생할 수 있는 모든 문제들을 우리나라의 심의행정기구들이 온몸으로 보여주고 있다고 해도 과언이 아니다. 우선 방송통신심의위원회는 2MB18nomA라는 트위터 계정이 대통령에 대한 욕설을 연상시킨다고 차단한 사례, 언론소비자국민캠페인 카페 글을 차단한 사례, 〈PD수첩〉광우병 보도를 제재한 사례 등등 도대체 중립적이라고 볼 수 없는 친권력적 심의를 계속 이어가고 있다. 사법부가 갖춘 적법절차 기제들이 제대로 갖춰져 있지 않다. 불법 여부가 아닌 '건전한 통신윤리'라는 애매모호한 잣대로 심의가 이뤄지고 있어 불법성이 불분명한 게시물도 차단되고 있다.

도리어 검찰은 지속적으로 법원의 통제를 받으므로 명예훼손이 아닌 다른 표현의 자유 분야에서는 형사처벌이 허용될 수 있겠지만, 방송통신심의위원회는 법원의 지속적인 통제 밖에 있다. 적어도 표현의 자유 영역에서 행정기관에 의한 차단이나 삭제는 중단되어야 한다.

영상물등급위원회, 간행물윤리위원회, 청소년보호위원회 등은 주로 선정성, 청소년유해성을 잣대로 한 등급심의만 하고 있어 그 침해의 정도가 심대하거나 침해의 사유가 친권력적이지는 않은 것처럼 보인다. 그러나 "술 마시면 네가 생각나."라는 가사가 유해한지 아닌지를 심의하는 데 국민세금을 들이는 코미디를 반복하고 싶지 않다면, 그리고 그런 치사한 언어통제에 국가기관의 품위를 희생시키고 싶지 않다면 이를 최대한 축소하고 자율규제가 확대되도록 해야 할 것이다. 아무리 얄미운 가사가 있어도 그걸 청소년들로부터 격리시키는 것은 학부모들이 직접 해야 한다. 각 학부모가 가진 청소년에 대한 교육관에 맞게 말이다. 그것까지 국가가 일률적으로 해야 한다는 것은, 우리 자신에 대한 모독이다.

검찰, 정치적 독립성과 중립성의 의미

임채진 검찰총장이 올해 신년사에서 "대한민국의 정통성과 정체성을 부인하면서 친북좌익 이념을 퍼뜨리고 사회 혼란을 획책하는 세력을 발본색원해야 합니다."라고 말했다. 그러나 북한에 대한 지지도, 우익에 대한 반대도 위법이나 불법이 아니며, 도리어 자유민주주의의 기둥인 사상의 자유가 보장하는 다양한 사상 중의 하나다. 그런 의미에서 위 말은 결국 "불교 세력을 발본색원해야 한다."라는 말과 다를 것이 없다. 외국의 어느 검찰총장도 '레프트'를 불법과 동일시하지 않는다.

검찰은 국민의 자유와 재산을 보호해야 할 의무가 있다. 그런데 헌법이 보호하는 사상을 가진 일부 국민들에 대해서는 "당신들의 자유와 재산을 뿌리째 뽑겠다."라고 선전포고를 한 것이다. 이것이

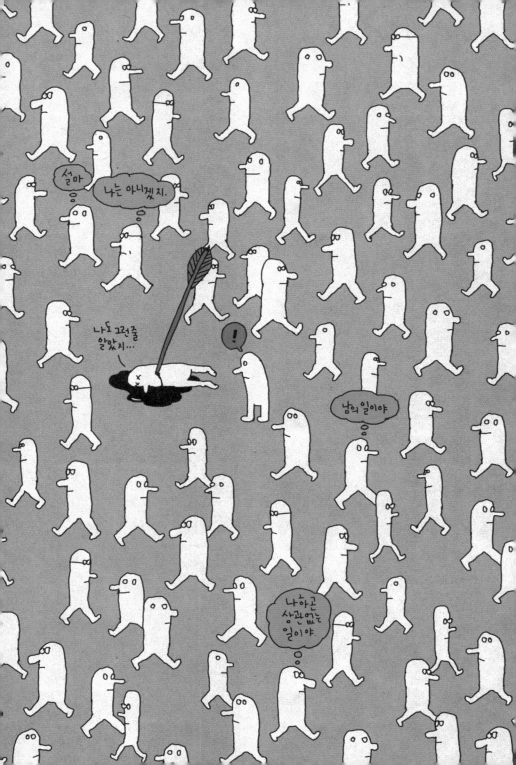

야말로 자유민주주의에 뿌리박은 대한민국의 정체성과 정통성을 부인하는 말임은 물론, 반헌법적이며 명백한 탄핵 사유다. 물론 문장 구조상 '발본색원' 당하려면 '대한민국의 정통성과 정체성을 부인'하기도 해야 하며 '사회 혼란도 획책'해야 하지만 이 문구들은 매우 애매모호하다. 상하이 임시정부의 정통성을 부인하는 것은 '대한민국의 정통성'을 부인하는 것이 아닌가? 4·19 민주화운동은 단지 결과적으로 성공했기 때문에 '사회혼란'이라고 볼 수 없는 것인가?

물론 위 발언은 '불법필벌不法必罰'의 맥락에서 나왔다. 하지만 같은 범법자들 중에서도 차별적으로 특정 집단에 대해서만 불법필벌의 의지를 천명하는 것은 바로 그 집단에 대한 공격이다. 허위사실 유포죄가 실제로는 정부에 비판적인 미네르바 같은 사람들만 처벌하므로 허위사실에 대한 처벌이 아니라 정부비판자에 대한 처벌로 여겨지는 것과 마찬가지다.

자신은 좌익 또는 친북이 아니므로 검찰총장의 발언과 상관이 없다고 생각하는 국민들에게 미네르바 구속사태에 비춰 조언하고 싶다. 미네르바는 운동권에 속한 사람이 아니었다. 자신이 다수에 속해 있다는 환상을 깨라. 백만 개의 평이한 게시물이 허용된다고 하더라도 단 한 개의 게시물이 현 정권에 위협될 정도로 대중적 지지를 얻는다고 해서 처벌하는 것은 백만 개 모두를 처벌하는 것이나 마찬가지다. 정부가 그어놓은 선을 벗어나면 처벌되는 것이므로 정부가 그어놓은 말의 감옥에 갇혀 있는 것이다.

검찰은 1월 15일 시위 및 파업에 대한 구형 기준표를 마련했고, 그로부터 열흘 전에는 사이버전담반 신설을 추진했다고 밝혔다. 검찰은 '좌익'에 현혹되기 쉽다고 판단되는 힘없는 개인들이 자신의 입장을 효과적으로 표명할 수 있는 유일한 통로인 집회시위나 인터넷을 통해 우리 모두를 압박할 것이다.

'검찰의 독립성'의 의미를 재검토하자. 우리는 대통령의 권력이 영원할 것처럼 보였던 시절에 대통령을 직접 비판하지는 못한 채 그 아래서 시녀 노릇을 하던 검찰에 일말의 양심을 기대하면서 이 문구를 만들어내었다. 하지만 민주화 이후 '독립성'은 정부의 민주화 의지와 검찰 개혁을 방해하는 이데올로기로 작용했다. 심지어는 법무부 장관의 '무죄추정에 따른 불구속 수사' 요청에 대한 방패막이로도 동원됐다. 결국 헌법이 독립성을 보장하는 법원도 꾸준히 자기개혁을 진행하는 동안, 검찰은 한 번도 개혁의 수술대에 오르지 않았다. 검찰의 독립성은 누구의 통제에서 시작하든 자유로운 '섬'으로서 존재할 수 있는 것이 아니다. 검찰·노조·시민단체 모두 외부의 견제와 비판으로부터 격리되면 자기의 집단적 이익을 좇기 마련이며 결국 진정한 독립성을 잃게 된다. 결국 국민의 일부가 자신의 정치적 성향에 반한다고 하여 이들을 공격하려 하고 있는 것이다. 진정한 독립은 자기로부터의 독립이다. 그렇다면 검찰이 좇는 '자기이익'은 왜 좌익과는 반대되는 것일까?[44]

긴급조치시대로의 사법적 회귀,
사법개혁만이 막을 수 있다

광고중단 운동 관련자들이 구속되면서 대한민국은 인터넷에 자신의 순수한 견해를 밝힌 것만으로 구속될 수 있는 나라가 됐다. 대한민국의 변호사·판사·검사·법학교수들은 더 이상 '명백하고 임박하는 위험'의 원칙을 입에 올리지 말라.

말은 듣는 사람이 반응해주지 않으면 아무런 효과가 발생하지 않는다. 음란물·기밀누설·저작권침해·명예훼손·사기 등과 같이 표현행위 자체가 공익을 해하는 경우를 제하고는, 듣고 반응하는 사람을 거치지 않고 곧바로 효과를 내는 행동에 비해 말은 자유롭게 구사할 수 있다는 원리가 바로 표현의 자유의 몸통이다.

우리나라에서도 표현의 자유의 보호기준으로 널리 받아들여진 '명백하고 임박하는 위험'의 원칙은 미연방대법원이 1차 세계대전 당시 징집 불복을 선동하는 전단을 배포한 것에 대해 실제로 대규모 징집 거부사태가 발생할 명백하고 임박하는 위험이 있어야만 선동행위에 대한 처벌이 헌법적으로 가능하다고 판시한 데서 온 것이다(셍크Schenck 대 미국 사건). 이 원칙은 미연방대법원이 1969년 KKK단원이 집회에서 소수민족을 폭력적으로 공격할 것을 선동한 행위에 적용하면서 특정 행위가 타당하다는 '주장'과 그 행위의 '교사'를 구별하고, 즉각적인 위법행위의 교사에 대한 처벌만이 헌법상 가능하다는 원칙으로 발전시켰다(브란덴부르크 대 오하이오 사건).

'주장'과 '교사'는 다음과 같은 예시를 통해 구별된다. 미연방대법원은 1973년 시위진압 경찰이 시위대가 차도에서 물러날 것을 요구하자 시위자 한 명이 "우리는 차도를 점거할 것이다."라고 말한 것에 대해서도 그 말이 특정인들을 교사하려 한 것이 아니라며 이에 대한 처벌이 위헌이라고 했다(헤스 대 인디애나 사건).

이 사건에서 광고주에게 광고행위를 근거로 불매의사를 밝히는 전화를 거는 것이 위법한 '2차 불매운동'에 해당한다는 검찰의 주장은 이미 날조된 외국법리에 근거한 것임이 판명됐다. 그러자 검찰은 한발 물러나 2차 불매라서 위법이라는 것이 아니고 항의전화를 조직적이고 집중적으로 하여 업무가 불가능하게 했기 때문이라고 주장한다. 그러나 그러한 일이 있었다고 할지라도 이번에 구속된 네티즌 두 명은 광고주들에게 항의전화를 한 것에 대해서가 아니라 광고주들의 리스트를 다음 카페나 구글에 게재하고 네티즌들에게 항의전화를 독려하는 글을 올린 것에 대해 구속됐다. 구속자들은 특정인들에게 돈이나 지위를 이용해 항의전화를 하도록 유인하지도 않았다. '광고주들에게 광고를 철회하지 않으면 그 회사 제품을 구매하지 않겠다고 전화로 통보하는 행위'의 타당성을 '주장'했을 뿐이다. '명백하고 임박하는 위험' 원칙하에서는 이들의 처벌이 불가하다.

더욱이 그중 한 명은 광고주 리스트를 구글에 올린 것만으로 구속됐다. 광고주 리스트는 광고가 실린 일간신문들에 이미 공개된 것인데 이것을 인터넷에 다시 게재한 것이 범죄라면 바로 그 광고를 몇십만 부씩 찍어 광고주들의 이름과 연락처를 전 국민에 통보하는 일간신문 스스로도 범죄를 저지르고 있는 것 아닌가? 견해의 표명만으로도 감옥에 갈 수 있다는 면에서 우리는 유신 시절의 긴급조치의 시대로 다시 돌아온 것이나 같다. 2008년의 긴급조치는 독재정권에 의해 이뤄진 것이 아니라, 검찰과 법원에 의해 이뤄진 것이다. 이에 대한 우리의 대응은 단호히 사법개혁이어야 한다.

가장 중요한 것은 검찰과 법원을 구성하는 법률가들의 배경을 다양하게 만들고 이들의 특권의식을 깨뜨리는 것이다. 이를 위해서는 기본적으로 법률가들의 숫자를 지금보다 대폭 늘여야 한다. 현재처럼 극도로 숫자가 제한된 변호사 정원제하에서는 아무리 사회적으로 소외됐던 사람이라 할지라도 한번 특권의식의 세례를 받고 나오면 중요한 시점에서는 법과 원칙을 포기함은 물론, 누구의 편도 아닌 자신들의 편에만 서게 된다. 지금 검찰과 법원이 보이는 판결 및 수사행태도 자신들이 특권층에 속해 있고 촛불시위가 보여준 대중들의 공포스러운 힘으로부터 이명박 정권이 특권층을 계속 보호해 줄 것이라는 무의식적인 믿음에서 비롯된 것이다. 판검사들은 법과 원칙을 포기해도 이들은 걱정이 없다. 변호사들의 숫자가 너무 적기 때문에 이들이 변호사가 됐을 때 국민들이 법률가의 양심 따위를 따지며 법률서비스 제공자를 선택할 여유가 없기 때문이다.

'민주사회를 위한 변호사 모임'이 지금처럼 검찰과 법원에 법 논리로 대응하는 것보다 더욱 열심히 해야 할 일은 그와 같은 모임이 10개 이상 나올 수 있을 만큼 판검사 후보자(즉 변호사)의 숫자가 늘어나도록 사법개혁에 앞장서는 일이다. 법학전문대학원법을 개정하여 총 정원 제한을 폐지해야 한다. 변호사 시험법을 제대로 만들어 대부분의 로스쿨 졸업자들은 합격할 수 있는 절대평가시험이 확립되어야 한다.

혹자는 사법개혁은 변호사 숫자 이상의 무엇이어야 한다고 주장한다. 그러나 이 논리는 최소한으로 필요한 변호사 증원마저 지연하는 데 이용돼왔을 뿐이다. '경제개발이 기아퇴치 이상의 것'이라는 논리로 기아퇴치 노력을 지연시켜서는 안 된다. 또 노동시장이 바뀌지 않은 상황에서 어떠한 입시제도의 변화도 입시과열을 막을 수 없듯이, 변호사 시장이 바뀌지 않은 상황에서 어떠한 사법개혁도 실효성이 없다.⑤

판검사들이 이명박 정부를 비호하는 수사와 재판을 했다는 주장을 하려는 게 아니다. 이때 구속된 네티즌 두 명은 보석으로 풀려나올 때까지 60일을 감옥에 있어야 한다. 미네르바도 무죄 판결을 받기 전까지 100일 동안 감옥에 있었다. 〈PD수첩〉 광우병 편을 제작한 프로듀서와 작가들도 모두 수갑을 차고 이틀간 유치장에 갇혀 있었고 수사를 핑계로 7개월치 이메일이 압수수색 당했다.

사회적인 지위가 높다고 볼 수도 없는 평범한 이들의 말 한마디로 감옥에 가는 현실이 암담하기만 하다. 영장을 청구하는 검사나 영장을 발부하는 판사나, 과연 일반인들이 감옥에 갇힐 때 받는 사회적인 그리고 인격적인 타격과 이들의 말에 의해 발생됐다고 주장하는 피해들을 제대로 저울질을 해보았을까? 구속된 네티즌 두 명의 선동에 따라 이뤄졌는지도 불분명한, '조·중·동' 광고주들이 받았다고 주장하는 전화세례가 초래한 업무상 불편함, 실제로 외환거래가 거의 중단됐었고 금융당국은 전화로 외환거래의 자제를 요구하는 현실에 비춰 미네르바의 '외환거래 중단사태'나 '금융당국의 외환거래 요구공문' 주장이 발생시킨 추가적인 혼란, 미국산 쇠고기가 자기 생각보다 조금 더 위험하게 그려졌다고 해서 농림수산부 장관이 당했다고 주장하는 명예의 훼손, 이런 것들이 과연 죄 없는 사람들을 감옥에 넣고 수사해야 할 정도로 중요한 것들이었을까? 여기에 이미 일반인들의 경험에 무감하고 상대적인 기득권자들의 이익이나 세계관에 투철한 무의식이 엿보이는 것이다.

명예롭게 묵비권을
행사할 자유

검찰수사 도중의 '자살'은 왜 일어나는 것일까? 검찰수사가 형벌이 되어서는 안 된다는 것은 '무죄추정의 원칙'의 당연한 귀결이다. 그리고 검찰수사가 형벌이 되지 않도록 하기 위해서 영장주의와 자기부죄거부권이 존재한다.

영장주의란 체포·구속·압수수색과 같은 개인의 신체적 자유나 사생활의 제약은 수사기관과는 독립된 법관이 '범죄수사에의 필요성'이나 '죄를 범했다고 믿을 만한 상당한 이유' 등을 영장을 통해 인정한 후에야 이뤄질 수 있다는 헌법적 원리다('죄를 범했다고 믿을 만한 상당한 이유'는 아직 2011년 형사소송법 개정 전이라서 압수수색 영장 발부요건에는 포함되어 있지 않았으나 헌법상 포함되어 있어야 한다는 목마름에 그냥 이렇게 썼었다).

묵비권은

헌법적 권리

자기부죄거부권이란 피고나 피의자가 수사기관에 의해 자기 자신에게 불리한 진술을 강요당하지 않을 헌법적 권리를 말하며 소위 '묵비권'으로 불린다. 이 권리는 피의자의 신체적 자유나 사생활의 절차상 보호를 넘어서 훨씬 더 섬세하고 실체적으로 피의자의 자기결정권을 보호한다. 즉 피의자에 대해서는 최소한의 진술 강요도 용납되지 않아 강압적이거나 다른 권리 침해가 없어도 불법이 되며, 이를 통해 취득된 진술은 증거력이 부인된다. 기실 진술이라 함은 뇌와 입을 통해 이뤄지므로 물리적인 강제를 통해 얻어낼 수 있는 것이 아니며, 궁극적인 의미에서는 모든 진술은 자발적임에도 불구하고 그 증거력을 인정하지 않는다는 것이다.

강요 행위가 합법적인 영장에 의한 구금하에서 이뤄졌어도 마찬가지다. 결국 자기부죄거부권도 검찰이 강압적인 신문을 할 수 없도록 하는 규범으로 작용한다. 묵비권의 보호 정도는 나라마다 다르지만, 예컨대 미국에서는 피의자가 수사기관에 묵비권을 선언하면 모든 신문은 중단된다. 이때 중단되지 않고 계속된 신문을 통해 취득된 진술은 모두 증거력이 거부된다.

아울러 피의자가 묵비권을 행사했다는 것이 유죄의 증거가 될 수 없음은 물론, 피고의 묵비권 행사는 사회적으로도 비난받지 않는다. 입증에 대한 책임은 검찰이 가지고 있고 피의자는 자기파괴에 이르는 입증에 협조하지 않을 권리가 있는 것으로 여겨지기 때문이다. 이 때문에 모든 피의자 신문은 피의자가 진정으로 원할 때만 이뤄진다. 결국 피고가 검찰에게 진술을 하는 경우는 변호사를 대동하고 검찰과의 협상을 통해 자신의 죄과를 줄이려 할 때뿐이다. 이에 따라 검찰은 전혀 피의자의 진술에 의지하지 않은 상황에서 독자적으로 증거를 취득해야 한다.

그렇다면 검찰과 법원, 그리고 언론이 영장주의와 묵비권을 보장하는 사회에서 노무현 대통령에 대한 수사는 어떻게 이뤄졌을까? 검찰은 우선 노 대통령의 입을 통하지 않고 '포괄적 뇌물죄'의 증거들을 독자적으로 찾아야만 한다. 물론 검찰은 형사소송법 제215조상의 '범죄수사에의 필요성'을 입증한다면 봉하마을 사저에 대한 압수수색 등을 할 수도 있다.

하지만 분명한 것은 노 대통령이 받은 정신적 압박의 정점이 된, 김해에서 서울에 이르는 수시간에 이르는 버스여행 뒤에 다시 새벽 5시경 돌아오는 형벌과도 다름없는 수사는 없었을 것이다.

출두 거부도

문제 안 되어야　　　　　물론 노 대통령이 출두요구에 불응한다면 검찰이 형사소송법 제200조 2상의 '죄를 범했다고 의심할 만한 상당한 이유'를 입증해 체포와 같은 더욱 강제력 있는 수사도 가능했을 것이고(구속영장은 증거 인멸이나 도주의 우려가 없으므로 발부되지는 않았을 것이다), 사실 이 가능성을 피하기 위해 노 대통령은 굴욕적인 검찰출두에 동의한 것이다. 하지만 이 가상사회에서라면 노 대통령이 출두요구에 응하지 않았을 것이다. 체포영장의 발부 가능성이 낮을 것이기 때문이다.

검찰이 실제로 정당하게 영장을 받아낼 정도의 증거를 가지고 있었는지에 대해 필자는 모른다. 하지만 지금까지 유리한 증거는 모두 공개해왔던 검찰의 관행에 비춰봤을 때 그러한 증거는 없었던 것 같다. 그리고 더욱 중요한 것은, 노 대통령은 출두 거부에 대해 아무런 심리적 부담감을 가지지 않았을 것이고 누구도 이에 대해 비난하지 않았을 것이다. 혹시나 체포영장이 발부되어 노 대통령이 수갑을 차는 험한 모습을 국민에게 보여주더라도 국민은 체포영장을 발부한 법원을 비난했을 것이다. 검찰이 아무것도 입증하지 않은 상황에서 결자해지해야 한다는 생각도 가지지 않았을 것이다. 이번 비극이 '명예롭게 묵비권을 행사할 자유'에 대해 생각해볼 기회가 되길 빈다. 물론 기회라는 말을 붙이기에 우리는 너무나 소중한 사람을 잃었다.**㊻**

뒷이야기

우리나라 사법제도의 가장 큰 문제 중 하나는 묵비권 행사가 책임으로부터의 도피나 과오의 은폐로 여겨진다는 것이다. 이런 시각에서 실제 증거의 존부와 관계없이 출두 거부는 곧바로 체포영장 발부로 이어지는 관행이 세워졌다.

이 당시 진보세력은 검찰의 표적수사 및 편파수사에 대한 비난을 심하게 했었는데, 도리어 위에서 말한 관행에 대한 비판으로 중화되어야 할 필요가 있다. 물론 검찰이 비특권층 인사들에 대한 수사 시 피의사실을 공표함으로써 출두를 압박하는 관행도 신중하게 다뤄야 한다. 피의사실 자체를 국민들이 낱낱이 알고 있어야 검찰수사가 제대로 이뤄지고 있는지 평가를 할 수 있고, 공인에 대한 수사가 제대로 이뤄지고 있는지 감시할 수 있다. 하지만 검찰이 특정 정부와의 상대적 관계에 따라 피의사실을 유포하기도 하고 그렇게 하지 않기도 하는 것은 납득하기 어렵다.

한명숙 무죄 판결이
말하는 것

검찰은 이제 칼을 거두라. 국민들의 한낱 말싸움에 시퍼런 칼을 들고 피 냄새를 풍기며 달려드는 것이 바로 검찰이다.

미국산 쇠고기와 한우를 구별 못하는 20대 연인들이 광장에서 촛불을 들고 데이트할 때, 별다른 정보도 없는 젊은이가 경제학을 독학해 환율정책에 훈수를 둘 때, 힘없는 독자들이 몇몇 신문에 광고를 하지 말자는 운동을 벌일 때, 몇몇 PD가 정부의 미국산 쇠고기 안전성 판단에 "No!"라고 말할 때 옥살이를 위협하며 나라를 온통 전쟁터로 만들어버린 것이 검찰이다.

전 국민을
분열시키는 검찰　　　　그때부터 국민들은 "나는 어느 편인지"를, "이 편에 속하지 않으면 다른 편으로 오해받지 않을지"를 걱정하게 됐고 이제는 모든 국민이, 아니 모든 교수 · 연예인 · 영화인들이 반MB와 친MB로 나뉘어버렸다. 사상의 자유시장에 검찰이 칼을 들고 나타남으로써 '판돈'이 엄청 커져버린 것이다.

검찰의 사상에 대한 개입, 즉 '정치'는 자신의 임명자에게 비판적인 유력인사들에 대한 탄압을 통해서도 이뤄졌다. 이번 한명숙 전 총리 사건이 바로 그러하다. 한명숙에 대한 무죄 판결은 검찰이 법이 아니라 정치에 개입하려는 목적으로 기소했음을 사후적으로 보여주었다.

재판에 참가하지 않은 필자가 보기에도 무죄 판결은 너무나 당연하다. 용산참사 재판에서 법원의 공개명령이 있음에도 불구하고 검찰은 피고인들에게 유리할 수 있는 증거를 피고인에게 공개하지 않았다. 필자는 이에 대해 피고인의 방어권 침해를 이유로 법원은 무죄 판결을 내려야 함을 주장한 바 있다.❹

검찰은 이번 사건에서도 곽영욱에 대한 증권거래법 위반 혐의 내사기록을 법원 결정에도 불구하고 공개하지 않았다. 표적수사도 공소기각 사유며, 곽영욱의 내사종결 정황은 검찰의 표적수사 여부를 확인할 수 있는 매우 중요한 자료였다. 이것만으로도 무죄 판결의 근거는 충분했다.

또 검찰이 작성한 조서의 내용이 재판 시 증언에서 뒤집히는 일이 반복됐다. 그리고 검찰은 자신에게 불리한 증언을 반박하기 위해 재판 진행 중에 반박할 증인들을 불러다 다시 조서를 만들었으나 공판중심주의에 의거해 이 조서는 증거 채택이 거부됐다.

대부분의 검사는 정치에 관심이 없고 법의 집행에 매진하고 있음을 잘 알고 있다. 임명자 또는 임명자의 임명자에게 충성해 승진하고자 하는 몇몇 '정치검사들'이 물을 흐리고 있는 것이다. 이들의 '정치'를 막기 위해서는 검찰의 분권화가 이뤄져야 한다. 체포, 구속, 압수, 수색은 법원이 영장을 통해 통제하면 되지만 피의사실 유포와 표적수사는 법원에서도 막을 길이 없다.

'정치검사'는 진짜 정치를 통해
유권자에게 답하도록

검찰이 권력자를 위해 '오버'하는 것을 막기 위한 방법 가운데 하나는 바로 검찰권을 다른 행정기능으로부터 분리시켜 선출권력이 아닌 국민의 직접적인 통제 아래 두는 것이다. 미국의 경우 범죄수사 및 기소의 95%가, 대통령이 임명하는 연방검찰이 아닌 주 정부의 카운티검찰에 의해 이뤄지며 카운티검찰의 95%가 선출직이다. 미국은 검찰직선제의 나라다. 독일 역시 나름대로 분권화가 되어 있고 프랑스는 검찰이 아예 사법부 소속이다.

우리나라도 지방검찰청장과 고등검찰청장을 지방선거로 선출할 수 있다. 물론 전국적 통일성을 기할 필요가 있는 사건을 다룰 대검찰청은 존치시킬 수 있고, 그 장은 대통령이 임명하고 법무부의 지

휘를 받으면 된다. 각 지방 및 고등검찰청장은 상호, 그리고 법무부장관 및 대검찰청장으로부터 독립성을 인정받는다. 검찰도 교육처럼 중요하다면 '분권화+직접선거'가 가능하다.**48**

여기서 검찰에게 하고자 하는 충언은 두 가지로 요약된다.

첫 번째, 명예훼손, 허위사실유포죄, '위력' 업무방해죄와 같은 표현의 자유 영역에서는 발을 빼라. 반론권을 행사할 수 있도록 공론의 장을 보호해줘야지 말이 틀렸다고, 누군가에게 불리하다고, 혹자에게 부담이 된다고 해서 칼을 들고 들어오는 것은 빈대 잡자고 초가 태우는 꼴이다. 무죄가 나오더라도 위축효과가 강하기 때문에 "기소는 해볼 수 있는 것 아니냐?"라고 반문해서는 안 된다. 아무리 잘하려고 해도 결국 권력자의 비호에 동원됐다는 비난도 피할 수 없고 실제 그렇게 동원되는지 검찰 스스로도 알기 어렵다. 물론 가장 중요한 것은 검찰이 이러한 동기를 갖지 못하도록 위 법조문들을 폐지하는 것이 급선무다.

두 번째, 표현의 자유 영역 밖에서도 표현의 자유를 탄압할 수 있다. 노무현 전 대통령과 한명숙 전 총리에 대한 수사는 표현의 자유를 탄압하는 수사는 아니었다. 그러나 특정 정파에 속한 사람들에 대한 표적수사는 그 정파의 사상을 지지하는 사람들의 표현을 위축시킨다. 특히 이 수사가 국민의 세금으로 이뤄진다는 면에서, 국가자원이 반대세력의 사상 탄압이나 친정부세력의 사상 진흥에 이용된다는 면에서 표현의 자유에 대한 탄압인 것이다. 이 원리는 '견해차에 따른 차별' 원리를 보라.

시위하면
생활보조 끊는 서울시

최근 서울시는 장애인복지확대를 요구하는 농성에 참여한 장애인들에 대해 생활보조를 중단했다. 이는 2008년 말 기획재정부는 '불법시위를 주최, 주도하거나 적극 참여'하거나 '구성원이 단체 명의로 불법시위에 적극 참여하여 집시법 처벌을 받은 단체'에 대해 "보조금의 지원을 제한해야 한다."라고 명시된 '2009년도 예산 및 기금운용계획 집행지침'을 공공기관들에 하달했기 때문이다. 이 지침의 힘은 사회의 여러 분야에서 나타나고 있다. 불법시위로 규정된 미국산 쇠고기 수입 반대 시위에 참여했던 수많은 단체들이 매년 받아오던 정부 지원에서 배제되고 있다.

국가가 개인의 자유를 제한할 때에는 헌법적 제한이 준수되어야 한다. 대신 국가가 개인에게 시혜를 베풀 때는 넓은 재량이 허용된다. 그렇지 않으면 국가는 법적 문제의 발생이 두려워 개인이나 단체를 위한 적극적 지원을 꺼려할 것이다.

하지만 그러한 재량에도 한계가 있다. 그 한계는 표현의 자유 영역에서 도출된다. 표현의 자유는 사상통제에 대한 거부를 천명한 헌법적 원리다. 그런데 사상통제는 단지 국가가 국민을 규제할 때만 나타나는 것이 아니다. 국가가 공론의 한쪽 입장만을 지원해도 사상통제가 이뤄질 수 있다. 예컨대 국가가 공교육을 베푼다면서 관제역사관을 따르는 교과서들만을 검정한다거나 또는 공영방송을 제공한다면서 방송심의를 통해 관제입장들만을 지원하는 경우다. 미국에서는 공공기관이 단체지원금이나 대회참가 허락 등에 있어서 반전 활동단체나 특정 종교단체들을 배제하는 것이 위헌이다.

우리나라 법제상으로도 군대·검찰·감사원·공교육기관과 같이 그 행정행위가 사상통제의 위험을 내포하는 기관들은 명시적으로 '정치적 중립성'의 책무가 부여되지만, 나머지 기관들도 마찬가지라고 봐야 한다. 예를 들어 보건복지가족부가 불법시위 참가자들을 기초생활수급권자에서 제외할 수는 없을 것이다. 이번에 장애인들이 참여한 시위가 불법이라고 해서 서울시가 보조를 중단하는 것은 명백히 위헌일 뿐만 아니라 국제적 웃음거리다.

결국 민간지원금을 집행하는 기관들이 위 지침을 따라 지원 대상을 선정했다면 정치적 견해나 관점에 따라 국민을 차별한 위헌적인 행위다. 관제여론에 동의하는 단체들만 지원하는 것이 사상통제로 이어짐은 뻔한 일이다.

위 지침이 위헌인 또 한 가지 이유는 수많은 위법행위들 중에서 오직 집시법 위반행위만을 지원제한 사유로 정하고 있는 것이다. 고액탈세가 있었던 단체들은 지원이 제한되지 않지만 집시법 위반 단체들만 지원이 제한되는 것도 자의적인 평등권 침해다.

마지막으로, 헌법이 보호하는 집회를 하면 지원을 받지 못할 개연성이 더 높아지게 된다. 이는 18대 국회에 한나라당이 상정했다가 웃음거리만 된 소위 '집회시위 집단소송법'과 비슷하다. 다른 활동을 하다 타인에게 불법피해를 끼치면 집단소송을 당하지 않지만, 헌법이 보호하는 집회시위를 하다 타인에게 불법피해를 끼치면 집단소송을 당할 수 있도록 한 어처구니없이 위헌적인 법안이었다. 헌법이 보장한 활동을 했다는 이유만으로 불이익을 주는 것은 명백히 위헌이다.[49]

하려면 그냥 하라, '설득'하려 하지 말고

최근 행정안전부는 모든 산하기관의 업무용 PC에서 전국공무원노조 홈페이지를 접속하지 못하도록 차단할 것을 요구하는 공문을 발송했다. 지난 6월 교육과학기술부는 사회교과서에서 '반反대기업 정서'를 교정하는 지시를 했다. 2008년 국방부는 일부 서적들을 '불온서적'이라 하여 군인들이 읽지 못하도록 지시했다. 이 세 가지 국가행위는 공히, 첫 번째 국가가 가진 가치관과 대립되는 콘텐츠들을, 두 번째 국가가 특수한 공적목표(행정, 교육, 국방)로 만들어 운영하는 '미디엄'(PC화면, 교과서지면, 군인들의 도서목록)으로부터 배제하는 것이다. 세 가지 조치 모두 헌법 제7조 제2항의 '공무원의 정치적 중립성 의무'를 위반하는 것이다.

위 조항은 권위주의 정권 시절, 정치권력이 자신의 이해에 따라 공무원을 동원했던 역사적 경험에 대한 반성의 발로였다. 가령 관권선거를 통해 민주주의가 훼손되는 것을 막기 위한 것이다. 국민의 세금을 받고 일하는 공무원이 정부여당의 입장을 홍보하는 데 열을 올린다면 국민의 뜻이 선거를 통해 표출되지 못하도록 차단하는 것과도 같으며 국민의 종이 되어야 할 자들이 국민 위에 군림하려는 것이 된다.

그런데 이러한 '하극상'은 선거 때만 이뤄지는 것이 아니다. 선거가 아니라 평상시에도 공무원은 동원될 수 있다. 또 주의할 것은 싫은 말을 처벌하는 게 아니라 좋은 말만 밀어주는 방식으로도 이뤄진다는 점이다. 반정부 성향이라는 이유로 충분한 자격을 갖춘 자에 대해 국가의 지원(방송시간 할애, 재정적 지원 등)을 중단하는 식이다. 꼭 정부에 비판적인 유권자들을 처벌해야만 관권선거가 아니라 친정부적 유권자들만 모아 밥을 사줘도 관권선거다. 민주주의는 한계점에서는 다수결에 기댈 수밖에 없고 대의민주주의하에서는 다수결로 당선된 사람에게 소수는 물론, 다수의 뜻도 거부할 수 있는 권한이 있다. 정부가 옳다고 믿는 일을 추진하는 것은 좋다.

그러나 국민이 정부가 하는 일이 옳다고 믿도록 세뇌하려는 것은 안 된다. 4대강 사업을 추진하는 것은 합헌이라도 4대강에 대해 '설득'을 위장하여 불만을 없애려 하는 것은 위헌이다. 보통 사상통제에는 항상 '기만'의 요소가 동반된다. 예를 들어 '대국민 소통의 장'이라 해놓고 정부 입장 홍보만으로 채우는 식이다. 선거, 업무용

PC, 교과서, 군부대 등 공공 목적의 '미디엄'이라고 국민들이 신뢰할수록 '위장 설득'의 성격은 강해진다.

전국공무원노조가 노동법상 합법적인 노조가 아니라고 해도 결사체 가입 자체가 금지된 것은 아니며, 이 결사체의 웹사이트에 접속하는 것 역시 불법은 아니다. 그런데 업무용 PC라고 하여 모든 웹페이지 접속을 허용하면서 정부와 대립하는 단체사이트만 접속을 차단하는 것은 의심스럽다. 교과서와 군부대도 모두 정부가 '소유 및 운영'하는 것이고 맘대로 할 수 있지만 사상통제에 동원되어서는 안 된다. 장관도 공무원이면 정치적 중립성을 지켜야 한다.㊿

기획재정부를 통한
사상통제

미네르바와 〈PD수첩〉의 무죄 판결이 끝이 아니다. 국가가 표현이나 사상을 통제하는 수단은 그 내용을 처벌하는 것에만 있지 않다. 국가가 보유하고 있는 재원이나 소통의 장을 국가가 내세우는 입장을 홍보하고 지지하는 데만 사용하는 것도 사상통제의 수단이다. 국가가 국립극장의 흔치 않은 빈자리와 넉넉지 않은 지원금의 상당액을 반공뮤지컬 〈요덕스토리〉에 돌리는 한편, 정부에 비판적인 시각을 보여줬던 윤도현·김제동·정관용과 여러 시사 및 토론 프로그램들을 공영방송에서 퇴출시킬 때 사상통제는 이뤄지고 있는 것이다. 국가가 중등교육의 장이라고 할 수 있는 교과서에 국가가 지원하는 역사관을 홍보하기 위해 특정 표현과 사실을 첨삭할 때, 또 국가가 서울광장과 광화문광장 사용 허가를 보수단체나 관변단체들에게 무더기로 내주면서 정부정책에 비판적인 단체들에게는 허가를 내주지 않을 때 사상통제는 진행되고 있는 것이다. 또 서울시가 복지혜택의 확대를 요구하는 시위에 장애인들이 참가했다고 하여 이들에 대해 활동보조인의 제공을 중단할 때, 그리고 기획재정부가 시위활동에 참가한 단체들은 그 시위가 어떤 이유로든지 불법으로 판단된 경우 그 단체들에 대한 지원을 제한할 것을 요구할 때 역시 사상통제는 현재진행형인 것이다.

결국 표현 및 사상의 자유의 헌법적 보장은 단지 국가의 사적 표현에 대한 침입을 막는 것에 그치지 않고 국가가 시혜를 베풀 때에도 중립성을 지킬 것을 요구한다. '중립성'이란 국가가 국가와 견해를 달리하는 개인이나 단체를 차별해서는 안 된다는 뜻이다. 미국 연방대법원은 이를 '견해차에 따른 차별' 금지원리로 확립했고, 우리나라 헌법에는 공무원의 중립성 조항이 국가에 비판적인 국민에 대한 차별을 금지한다고 할 수 있다. 그리고 이 원리는 검찰과 같이 침익적 행위를 하는 기관이 선별적 기소나 표적수사를 해서는 안 된다는 규칙, 또는 방송통신심의위원회가 국가에 비판적인 방송 내용만을 징계대상으로 삼아서는 안 된다는 규칙을 넘어선다. 국가가 매우 넓은 재량을 가진 수익적 행정행위를 할 때에도 똑같이 적용되며 국가고유의 공공사업을 시행할 때에도 그러하다. 예를 들어, 국가가 국립극장을 운영할 때 극장의 원활한 운영을 위해 공연자들을 공연내용에 따라 사전에 결정하는 일종의 사전 검열을 시행할 수 있지만 이와 같이 넓은 재량이 허용되는 분야에서조차 국가는 중립성만큼은 지켜야 하는 것이다. 가령 4대강 지지공연이나 세종시 수정 지지공연 등만을 무대에 올려서는 안 된다. 중립성은 국가의 재량이 최대한 허용되는 분야에서도 국가가 지켜야 할 최소한의 규범인 것이다.

선진국으로 나아가기 위해 표현의 자유가 최대한 보장되어야 한다는 것은 경제발전 및 인권보장과 표현의 자유 보호 사이의 비례관계에서 찾을 수 있다. 국가가 자신의 입장만을 홍보하는 데 국민의 혈세를 남용하는 것은 표현의 자유를 직접적으로 억압하는 것만큼 더욱 심각한 사상통제다. 기획재정부가 2010년 예산집행지침을 통해 '불법집회 참가' 단체에 대한 예산집행을 제한하도록 하여 정부에 비판적인 개인 및 단체들에 대한 차별을 조직화한 것은, 방송통신심의위원회가 '영산강 살리기 사업' 기공식의 중계방송은 허용하면서 4대강 사업의 예산과 삭감된 민생예산을 비교한 〈PD수첩〉의 '4대강과 민생예산'에 대해서는 징계를 하는 것만큼 위협적이다. 현재 경찰이나 시청이 편파적으로 집회의 금지나 불허를 남발하고 있는 상황에서 정부비판적 집회는 불법집회가 되기 십상이다. 다른 불법은 눈감아줘도 집회 참여는 배제사유가 되고, 자신은 합법적으로 참여해도 다른 참가자들의 불법 때문에 배제사유가 된다. 정부비판적 집회에 가면 생활보조금도 끊겠다는 것인가. ㉛

누구의 돈으로
누구를 세뇌하려는가

총리실의 김종익 '사찰'에 대한 검찰의 중간수사 발표가 있었다. 청와대 직원이 간여했는지 밝혀내지 못했지만 사안의 본질에는 변함이 없다. 총리실 직원들 대여섯 명이 업무와 무관한 일을 할 정도면 총리실보다 높은 누군가의 지시가 있었으리라. 그러나 김종익에게 가한 행위가 총리실이 아니라 검찰, 국정원 또는 다른 어떤 부서가 저질렀더라도 불법임에는 변함이 없다.

이번 사건은 사찰보다 강요죄가 더 눈에 띈다. 총리실의 우월한 권위를 이용해 민간인에게 재산을 포기하도록 한 것이다. 영화 〈폭로Disclosure〉를 보면 여성 직장상사(데미 무어 분)가 주인공(마이클 더글라스 분)에게 집착을 보이다가 뜻대로 되지 않자 자신이 성희롱을 당한 것처럼 조작하려고 한다. 이에 대해 주인공은 말한다. "성희롱은 권력에 관한 거야." 지위가 낮은 사람이 지위가 높은 사람에게 구애를 하는 것은 성희롱이 아니다. 아무런 상하관계가 없는 이성에게 구애를 하는 것은 법적으로 문제될 것이 없다. 성희롱은 강요죄의 조금 특수한 형태. 언론소비자주권캠페인이 아무런 우월한 관계가 없는 광동제약에게 폭력을 동원하지 않고 광고정책의 변경을 요구한 것은 강요죄가 성립될 수 없다. 그러나 김종익 사건은 전적으로 총리실의 권위를 배경으로 이뤄졌다.

이번 수사에서 필자가 안타까운 것은 청와대 직원의 개입 여부보다는 얼마나 많은 사람들이 사찰을 당했는지 증거인멸 때문에 밝혀지지가 않는다는 점이다. 김종익 사건의 '사찰' 방법은 불법이 아닐 수 있다. 공개된 블로그에 포스트된 동영상을 열어보는 것은 국가기관을 포함한 누구나 할 수 있는 것이라는 검찰의 주장은 맞다. 국가기관은 개인들과 마찬가지로 다른 개인들에 대해 공개된 정보를 수집하고 축적할 수 있다.

하지만 총리실 윤리지원관실 직원들이 혈세로 이뤄진 월급을 받아가며 납세자들을 사찰한 것을 생각하면 분통이 터진다. 안타깝게도 우리나라에는 납세자소송이 없어서 이 부분이 부각되지 않을 뿐이다. 외국에서는 국가가 불법적으로 세금을 쓸 경우 납세자가 소송을 제기하여 승소했을 때 자신은 당장 혜택을 보지 못해도 정부돈이 제대로 쓰이도록 강제할 수 있다.

물론 더욱 분통 터지는 것은 혈세를 들인 납세자 사찰로 대국민사상통제를 했다는 것이다. 강바닥 파기에 세금을 쓰는 것보다 더욱 분통 터지는 것은 강바닥 파기가 좋다고 국민을 설득하는 데 세금을 쓰는 것이다. 민주적인 선거로 선출된 정부가 국민 다수가 반대하는 일을 벌이는 것 자체는 대의민주주의하에서 문제가 되지 않는다. 그러나 국민 다수의 입장까지 바꾸려고 하는 것은 헌법에 어긋난다. 사상통제는 정부비판적 입장의 처벌 외에도 정부비판적 입장을 가진 영화·단체·집회·연예인·프로그램에 대한 지원을 철회하는 것도 있으며 이렇게 정부에 비판적인 사람들을 동조시키기 위해 국민의 정신생활을 교란하려 해서는 안 된다는 것이 '견해차에 따른 차별' 금지원리다. 이 원리는 우리나라 헌법에서는 공무원의 중립성 조항에서 도출될 수 있다. 사찰 자체가 합법적인 방법이라고 할지라도 정부비판적 인사들을 골라내어 이들의 근황을 파악하고 있다면 이는 틀림없이 위헌이다.

청와대 개입 여부는 중요하지 않다. 우리가 땀 흘려 번 돈을 들여 우리를 세뇌하려는 자들에 대해 현행법상 납세자소송은 불가능하겠지만, 다음 선거에서는 할 일이 있을 것이다.❺❷

김민선 소송 논란,
누가 입을 돈으로 막으려 하는가

'에이미트'라는 쇠고기 수입업체가 배우 김민선(김규리로 개명)을 상대로 소송을 제기했다고 한다. 어느 시민단체는 그 소송이 '폭력'이라고 논평을 냈지만, 이를 실제로 믿는 사람은 없을 것이다. 왜냐하면 법치주의 국가에서 소송은 최후의 권리구제 수단이기 때문이다.

하지만 표현의 자유도 마찬가지다. 미국산 쇠고기가 위험하다고 생각하는 소비자의 한 사람으로서 그것이 수입되면 자신도 모르게 먹을 수 있는 위험으로부터 스스로 보호하기 위해 할 수 있었던 오직 하나의 일은 다만 '견해'를 밝히는 일뿐이었다.

그의 말은

보호되어야 한다   광우병이 "득실거린다."라는 김민선의 표현은 '허위의 사실'이 아니다. 광우병 감염 확률이 벼락 맞을 확률보다 낮다고 해서 "득실거린다."라는 표현을 쓰지 못하는 것은 아니다. 범죄발생률이 낮다 하더라도 우리는 범죄에 대한 경계를 드러낼 때 "범죄자들이 우글거린다."라는 표현을 자유롭게 쓴다. "득실거린다."라는 표현은 미국산 쇠고기의 광우병 감염 가능성을 객관적으로 보여주려는 것이 아니라 김민선의 주관적인 혐오와 두려움을 나타낸 견해다.

더욱이 미국산 쇠고기의 객관적인 광우병 감염 가능성은 누구도 정확히 측정하지 못하고 있다. 위 표현이 '악의적'이라는 것도 법적으로 의미가 있으려면 그녀가 미국산 쇠고기의 광우병 위험성이 높지 않다는 것을 알면서 높다고 말했어야 하는데, 최고의 과학자들도 모르는 사실을 김민선이 알았다는 것인가?

아직도 인류는 비행기가 어떻게 뜨는지 완전히 밝혀내지 못한다. 아직도 기초물리학이론은 이 우주가 몇 차원인지 밝혀내지 못한다. 그럼에도 우리는 나로 호 발사를 준비한다. 불완전한 정보는 이미 우리의 가장 열정적인 믿음과 소망의 근거가 되고 있다. 불확실의 세계에서 확실한 정보가 없이는 자신의 견해를 표명하지 말라는 것은 아무 말도 하지 말라는 것과 같다.

'청산가리'라는 표현도 법적으로 '악의적'일 수 없다. 시장에 나온 모든 상품은 항상 좋은 면도 있고 나쁜 면도 있다. 번지점프는 두렵지만 쾌감이 있다. 이때 나쁜 면에 깊게 인상을 받은 소비자들은 자신의 감회를 자신의 언어로 다른 소비자들과 공유할 자유가 있다. 너무 무서워서 다시 번지점프를 하느니 "그냥 죽겠다."라고 말할 수도 있는 것이다.

재미없는 영화를 보고 "시간낭비였다."라거나 "피곤할 정도로 지루했다."라고 과장해서 말하면 그 관객은 영화제작자에게 소송을 당해야 하는 걸까? "득실거린다."라거나 '청산가리'라는 표현이 주관적이든 객관적이든 과했다고 치자. 자기 제품의 질과 안전성에 대해 홍보를 해야 할 기업이 이를 소홀히 해 소비자들이 그 기업의 제품을 혐오하게 된 책임을 소비자들에게 다시 지우는 것이 기업의 자세인가!

소비자들은 소비노예가 아니다. 유권자들도 투표노예가 아니다. 자신들의 돈과 표를 지불하고 행사할 때 자신이 싫어하는 상품과 정책에 대해 견해를 밝힐 수 있다. 소비자가 자신과 친구, 가족들을 보호하기 위해 상품에 대한 자기 견해를 말하는 것을 막겠다는 기업은 소비자들의 입과 귀를 막아놓고 물건을 팔겠다는 것이며, 공정한 경쟁을 거부하겠다는 것이다.

물론 이 소송은 기각되겠지만 안타깝게도 김민선과 〈PD수첩〉 제작진들은 소송을 방어하기 위해 다시 법률비용과 정신적 수고를 감수해야 한다. 그리고 그 비용들의 부담은 다른 연예인들과 PD들이 비슷한 발언을 하지 못하도록 위축시킬 것이다. 소비자들이 상품에 대해 자유로운 정보공유와 견해표명을 하지 못하고 이에 따라

그 상품에 대한 정부정책에 대해서도 침묵을 강요당할 때 시장과 민주주의는 같이 죽을 것이다.

사회적 발언 입막음하려는

본보기 소송

특히 이번 소송은 MBC가 아닌 〈PD수첩〉 제작진 개인들에게도 제기됐다. 회사의 보호를 받지 못하고 개별적으로 책임을 지도록 본보기를 보여 비슷한 발언이나 프로그램들을 막겠다는 악의가 엿보인다.

또 일부러 연예인을 선택한 것도 의심스럽다. 말의 전파성과 사회적 지명도가 높은 사람들은 소비자로서의 정보공유와 견해표명을 하지 못하도록 입막음함으로써 소비자운동을 무력화시키고 연예인들의 사회참여를 막겠다는 것 아니겠는가.

이렇듯 미네르바, 〈PD수첩〉, 언소주 사건들과 같은 형사소송만이 표현의 자유를 위축시킬 수 있는 것이 아니다. 도리어 검찰의 기소에 대해서는 공적비판과 선거를 통한 질책이 가능하지만 민사소송은 그렇게 하기도 어려우니 더욱 폐해가 크다.

이와 같은 민사소송에 의한 위축을 막기 위해 미국의 캘리포니아 · 워싱턴 · 뉴욕에서는 법적 사실적 타당성이 없음에도 타인의 의사개진을 위축시키기 위해 제기하는 소송들을 막는 SLAPP 퇴치법이 제정됐다.

SLAPP란 '공공의 참여를 봉쇄하기 위한 전략적 소송Strategic

Lawsuit Against Public Participation'을 의미하며, 이러한 전략적 소송을 당한 사람을 가리켜 '슬랩slapp'당했다고 말한다('손바닥으로 맞았다'라는 슬랩slap의 중의법이다).

'슬랩'을 당한 피고는 소장을 받자마자 곧바로 SLAPP 퇴치 신청을 할 수 있고, 원고는 곧바로 승소의 개연성을 증명해야 한다. 만약 승소 개연성이 입증되지 않으면 그 소송은 곧바로 각하되며 그때까지의 양자 모든 소송비용은 원고가 지불해야 한다.

SLAPP 퇴치법은 법적인 사실적 근거도 없이 타인의 입을 막기 위해 돈으로 변호사를 고용하려는 유혹을 억제한다. 물론 우리나라에는 그러한 법이 없다. 이 상황에서 법치주의 국가인 우리나라에서 법적 근거가 없는 민사소송을 제기하는 것은 기업의 자유다.

하지만 우리나라 소비자들도 소비자를 공격하는 업체의 제품에 자신의 돈을 소비하지 않을 자유는 가지고 있다. 시장에서 악덕업체를 기피하는 것만큼 중요한 소비자운동은 소비자를 입막음하겠다는 업체들을 기피하는 것 아닐까. 에이미트 측에 소송을 취하할 것을 권유한다.❺❸

뒷이야기

명예훼손 형사고소뿐만 아니라 민사소송도 표현의 자유 탄압의 도구로 이용될
수 있다. 미국의 경우, 친권력적 남용의 위험이 있는 명예훼손 형사처벌을 폐지
했을 뿐만 아니라 가진 자들의 도구가 될 수 있는 민사소송이 남용되는 것을 막
기 위해 SLAPP 퇴치법을 두고 있다.

〈부러진 화살〉의 교훈,
'알아서 하겠다'는 판사에 대한 답답함

〈부러진 화살〉을 본 사람들이 분노하며 "그래, 다음 선거에서 대통령을 잘 뽑아서 좋은 판사들이 임명되도록 하자."라고 결의하는 것만큼 이 영화의 보석처럼 빛나는 가치를 던져버리는 바보짓도 없을 것이다. 사람을 미워하는 것은 쉬운 일이다. 제도와 관행을 바꾸는 것이 어려운 일이다. 진실이 김명호의 주장대로라고 하더라도 김명호의 행동은 법치주의에 대한 심각한 도전이며, 처벌받아야 마땅하며, 영웅시되어서는 안 된다. 그러나 판사들도 역시 재판 관행을 겨누고 있는 이 영화에서의 비판의 화살촉을 회피해서는 안 된다.

합리적인 의심의 여지가 없는
입증이란 무엇인가　　　　김명호 개인에 대한 평가도, 석궁사건의 진실도, 판사들의 양심도 이 영화의 진짜 주제가 아니다. 〈부러진 화살〉은 (그런 것들에 대한 진실을 잘 드러내지 못했는지는 몰라도) 현재 재판 관행의 심각한 문제점을 잘 드러낸 영화다.

영화에서 두 번째 항소심 판사가 자신의 권한이라고 되뇌며 주장하는 '실체적인 판단'에는 심각한 문제가 있다. 판사의 '부러진 화살은 어디로 갔는지', '와이셔츠에는 화살 적중 부위에 혈흔이 없는지'에 대한 석명요청에 검찰은 각각 "모른다."라고 답한다. 여기서 검찰은 유죄 판결의 요건인 '합리적인 의심의 여지가 없는 입증'을 포기한 것이다.

합리적인 의심의 여지가 없는 입증이란, 범행현장 상황을 설명할 수 있는 시나리오 100개가 있다면 검찰이 주장하는 시나리오 외에 나머지 99개의 시나리오가 진실일 합리적인 가능성이 모두 배제되어야 성립하는 것이다. 이 영화에서는 화살이 부러졌거나 와이셔츠에만 혈흔이 없는 것은 제2의 시나리오, 즉 조작의 시나리오가 진실일 수도 있다는 의심을 갖도록 만든다. 부러진 화살을 찾아왔어야 한다거나 혈흔의 부재를 100% 설명했어야 한다는 것이 아니다. 적어도 어떤 대안의 가설(예컨대 와이셔츠가 가슴부위로 올라간 상태였다거나)이라도 제시하고 그 가설이 진실임을 입증하기 위한 노력을 했어야 했다. 검찰은 "모른다."라고 답하는 순간 이를 모두 포기한 것이었고 그렇다면 무죄 판결이 나왔어야 한다. 실제 판결문에서 판사는 "와이셔츠 혈흔의 부재에 대한 검찰의 해명이 없기는 하지만 다른 유죄 증거들이 너무 압도적으로 많다."라는 취지의 설명을 하지만 다른 유죄 증거들이 아무리 많더라도 "왜 없지? 혹시 검찰 측 주장에 문제가 있는 것 아닌가?"라는 매우 합리적인 의심이 남을 수밖에 없다. 형사 피고인이 무죄 시나리오를 입증할 의무는 없다. 무죄 시나리오를 주장만 하고 그 주장에 "그럴 수도 있고 아닐 수도 있다."라는 생각만 판정자에게 남긴다면 합리적인 의심은 발생한 것이다.

현재 법원의 해명도 이 '합리적인 의심'을 어떻게 배제했는지에 대해서는 침묵하고 김명호의 계획성과 의도성에만 초점을 맞추고 있다. 하지만 증거 조작이 있었다면 김명호의 의도성이나 계획성은 아무런 의미가 없다.

법원은 그 외에도 "노모가 피 묻은 옷을 모두 빨려다가 박 판사의 제지를 받고 와이셔츠의 화살 맞은 부위만 빨고 멈추었고 그래서 와이셔츠의 어깨부위에만 혈흔이 남아 있게 된 것"이라는 가설을 제시하고 있는데, 이 가설은 매우 설득력이 있다. "그래도 와이셔츠의 화살 맞은 부위에 과학수사연구소가 루미놀 테스트 등을 했었다면 혈액의 흔적이 나타났을 텐데 나타났다는 기록이 없다."라는 반론에는 과학수사연구소 실험자들이 육안으로 보아 혈흔이 없어서 그 부위에 테스트를 안 했을 뿐이라는 해명도 매우 설득력이 있다. 그러나 문제는, 이러한 설득력 있는 가설들을 검찰이 재판에서 제시하지 않았다는 것이다. 제2시나리오의 합리적인 의심의 여지를 배제하지 않은 상황에서 유죄 판결이 내려진 것이다.

"노모가 와이셔츠를 빨았다."라는 설명을 이제 와서 법원이 하고 있다. 아마도 박 판사가 뒤늦게 사적인 통로로 법원행정처에 알려 주었을 법한데 이것은 형식적으로 증거라고 할 수도 없고, 더욱 중요한 것은 당시 재판에 제시되지 않아서 판결의 타당성에 영향을 주지 못한다는 것이다. 게다가 법원이 공판에서 제시되지도 않은 증거를 들고 나와 검찰이 할 일을 대신해주는 것은 도리어 판결이 그 자체로는 부족했음을 인정하는 꼴이 될 뿐이며, 더욱 중요한 것은 "왜 이 판결에는 이렇게 애정을 쏟는 것일까?" 하는 국민들의 질시만을 받을 뿐이다.

'바로 지금 여기'와
판사의 재량통제

영화의 클라이맥스는 사소하다고 볼 수도 있는 다툼, 즉 조급한 민원인에게 기다리라는 판사의 고압적 대응에서 터진다. 위의 의혹들에 대해 검사의 "모른다."라는 답변을 듣고 판사가 나중에 판결을 선고하겠다고 하자, 김명호 교수는 곧바로 말한다. "아니, 그러지 말고 지금 검찰의 답변에 대해 판단을 내려달라. 바로 지금 여기서." 언뜻 보면 심사숙고하여 결정을 내리겠다는 판사의 입장이 합리적으로 보이기도 하는데, 우리는 거기서 왜 분노하게 되는 것일까?

위에서 말했듯 검사가 "모른다."라고 답하는 순간 합리적인 의심의 여지가 없는 입증을 포기한 것이다. 판사가 그 시점에서 검찰의 기소에 결정적인 흠결이 드러났음을 인정해준다는 것은, 판사의 재량도 상식과 합리성의 통제를 받았음을 인정하는 것이다. 지금 대학에서 교수가 "학점은 내가 알아서 주겠다."라고 할 수가 없다. 강의계획서에 평가방법을 미리 공시하고 가령 '중간고사 30％'라면 중간고사는 별도로 채점하여 학생에게 점수를 알려줘야 한다. 이렇게 평가를 여러 요소로 분리하는 것은 교수의 재량이 남용될 것을 걱정하여 합리성의 통제하에 두기 위함이다.

하지만 이 사건의 판사는 많은 판사들이 그러하듯이 "모든 증거를 감안해서 결정을 내리겠다."라며 검사의 답변에 대한 즉각적인 평가를 회피했다. 종국적인 평가는 하지 않더라도 최소한 "검찰 측이 지금 그렇게 답변하면 합리적인 의심의 여지가 없는 입증을 포기한 것으로 알겠다."라고 위협이라도 했어야 했다. 이런 것도 없이 판사가 "알아서 하겠다."라며 심리를 속개하는 순간, 판사는 국민의 감시하에 있는 상식과 합리성의 통제를 빠져나간 것이다.

그리고 그러한 결정을 내리는 절차가 없는 것이 아니다. '각하 제도'나 미국의 '약식 판결summary judgment'처럼 최종 판결에 이르지 않고 재판 도중에 소를 기각하는 제도를 말한다. 소송 일방의 주장과 증거에 더 이상의 실체적 판단이 불필요할 정도로 명확한 사실적 또는 법적 흠결 또는 결핍이 발견될 경우, 최종 판결을 하지 않고 재판 중간에 소송을 종결지을 수 있다. 그런데 우리나라에서 소송일방이 이러한 신청을 해도 그 결정을 그때그때 내리지 않고 지난한 재판을 모두 통과한 후에야 최종 판결과 포함해서 각하 신청에 대한 결정을 내리는 경우가 많다. 현재 우리나라 민형사소송 제도는 '각하'가 거의 무의미하다. 형사소송법상으로는 없어진 것이나 다름없다.

각하 또는 중도기각을 제때제때 한다는 것은 결국 법원의 논리구조를 투명하게 보여준다는 것이다. 각하를 이렇게 하지 않고 최종결정권을 끝까지 판사가 가지고 가는 것은 국민에게 신뢰를 주지 못한다. 이 재판에서 실제로 각하나 중도기각을 실제로 했어야 한다는 것이 아니라, 최소한 이를 위협하여 검찰의 추가입증을 얻어낸 후에야 유죄 판결을 내릴 수도 있었다는 것이다. 개별시험들의 점수도 알려주지 않은 채 시험만 여러 번 보라고 하고 "알아서 학점을 주겠다."라는 교수에게 학생들이 느끼는 답답함을 가지고 국민은 법원을 바라보게 된다(참고로 이 관행은 우리나라에서 SLAPP 억지제도가 창설되기 어렵게 만든다).

피고 측 증거의 채택은

헌법의 요구　　　　　헌법의 적법절차원리는 국가가 국민의 기본권을 제한하려면 반드시 법에 정한 절차에 따를 것을 요구한다. 이에 따라 국가가 국민의 신체적 자유를 장기간 제한하거나 재산권을 제한하기 위해서는 각각 형사재판과 민사재판을 거친다. 국가가 신체적 자유를 단기간 제한하거나 사생활의 비밀을 제한하기 위해서는 영장을 발부받는다. 적법절차의 구체적인 요건은 전 세계적으로 다음과 같이 동의된다. 첫 번째 국가가 해당 국민의 기본권을 제한한다는 사실과 그 이유를 통보해주어서, 두 번째 당사자가 그 이유를 반박할 수 있는 기회를 주어서, 세 번째 국가의 이해관계로부터 독립된 중립적인 제3자가 국가와 국민 양측 주장에 대한 평가를 하도록 한다는 것이다. 현대의 형사 분야에서 이 세 가지 요건은 기소장 제도, 재판 제도, 사법부의 독립성으로 각각 충족된다.

옷에 묻은 혈액이 박 판사인 것인지에 대서 혈액감정을 하자는 김명호의 요청은 위의 두 번째, 즉 반박할 기회의 행사였다. 법원은 목격자들의 진술이 일치하여 혈액이 박 판사의 것이라는 입증이 충분히 이뤄져 혈액감정이 불필요했다고 해명하지만, 공권력에 의해 자유를 박탈당할 당사자인 김명호가 "그래도 확인해보자."라고 하면 반박할 기회를 주는 것은 헌법의 명령이다.

물론 타인에게 엄청난 불편과 비용을 발생시키면서 정작 증명력은 미미한 증거 신청은 거부당할 수 있겠지만, 수년의 징역형을 선고받을 위험에 처한 피고인의 피해자 혈액감정 신청은 세계 어느 나라의 법원에서도 받아들여졌을 신청이라고 본다. 국민들은 "혹시 혈액채취 대상자가 일반인이 아니고 판사라서 법원이 기각한 것 아닐까?" 하고 의심하게 된다.

게다가 혈액감정은 재판에 필수불가결한 정도의 증명력을 가지고 있었다. 위에서 말했듯이 와이셔츠의 화살 적중 부위에 혈흔이 없다는 사실이 조작의 가능성을 열어놓았고 검찰의 시나리오가 진실이 되기 위해서는 이 '조작' 시나리오가 반박되어야 했으며 이를 위해서는 혈액감정이 필요했다. 조작의 가능성이 합리적이지 않다고? 왜? 판사가 그럴 리가 없어서? 판사가 그럴 리가 없는 게 아니라 혹시 판사가 그랬다고 결과가 나와버릴 가능성을 차단하기 위해 증거 신청을 기각한 것은 아닐까? 국민들은 의심할 수밖에 없다.

그러나 필자는 동료판사 봐주기나 조작 가능성의 외면보다는 김명호의 반복된 재판 방해 및 지연 전술로 인해 축적된 판사들의 피로와 일반적으로 증거 채택에 있어 소극적이었던 재판 관행 때문이 아니었나 생각한다. 그렇다 하더라도 우선 피고의 불합리한 재판 진행이 적법절차원리의 명령을 따르지 않은 것을 정당화하지는 않는다. 또 피고의 증거 신청을 받아들일지의 여부는 사법효율의 문제가 아니라 헌법상 적법절차의 문제임을 잊지 않는다면 더 적극적인 관행이 정착하지 않을까?

판결문 공개를 둘러싼 악순환

공개되지 않는 것은 판결의 논리구조뿐만이 아니다. 선착순 기준으로 불특정 다수에게 공개된 재판을 합법적으로 방청하고 있는 사람이 녹취하지 못할 이유가 없다. 미국에서 재판의 녹화를 허용하지 않는 이유는 그 내용이 방송되어 너무 많은 사람들이 보게 되면 혹시나 재심이 있을 경우 선입관을 형성하지 않은 2차 배심원들을 뽑기가 어렵기 때문이고, 더욱 중요한 이유는 카메라의 존재가 증인들을 위축시킬 수 있기 때문이다. 그런데 이 재판은 배심재판도 아니었고 녹취는 증인을 위축시킬 위험도 없다. 녹취를 금지하는 것이 혹시나 재판에 대한 평가를 회피하기 위한 것이 아닌지 국민들은 궁금해하는 것이다.

영화에 나오지는 않았지만 재판이나 재판의 기록과 그 결과물인 판결문이 제대로 공개되지 않는 것은 더 큰 문제다. 판결문과 재판기록이 공개되지 않으니 사법부의 업무가 더욱 늘어나고 그 과중한 업무 때문에 질 높은 판결문 작성이 어려워져 더욱 공개를 꺼려하게 되는 악순환이 발생하기 때문이다. 이미 진행된 사건들의 재판기록과 판결문이 일반적으로 공개되지 않으니 국민들이 자신의 사건에 대한 예측을 하기가 어렵다. 예측이 어려우니 자발적인 합의가 잘되지 않고, 사건이 끝난 후에도 자신의 사건이 공정하게 종결된 것인지 평가할 기준도 없다. 이 때문에 1심이 끝나면 반드시 항소, 상고를 하고 싶어 한다. 항소와 상고를 많이 하게 되니 대법관들은 각각 1년에 수천 건의 사건을 다룰 수밖에 없다. 결국 업무가 너무 많아 정교한 법리 구사는 물론, 자세한 증거의 검증도 하지 못한다. 충분한 시간을 투여하지 못한 판결문 및 재판기록에 대해서 당연히 공정한 평가를 받기가 어려울 것 같아 판결문과 재판기록을 공개하지 않으면서, 악순환이 완성된다.

이 영화는 사법부가 국민의 신뢰를 얻기 위해 무엇을 해야 하는지 잘 보여준다. 판사들이 '합리적인 의심의 여지가 없는 입증'을 더욱 엄격히 요구하고, 변론에 흠결이 있을 경우 각하 등을 통해 또는 위협하여 적시에 변론에 대한 평가를 해줘서 평가의 투명성을 제고하며, 형사 피고의 증거 신청을 관대하게 받아주는 관행이 정착되기를 바란다. 공개된 재판의 녹취는 자유롭게 이뤄져야 하며 공개된 재판인 이상 당연히 재판기록과 판결문도 더욱 많이 공개되어, 국민들이 법원의 활동뿐만 아니라 자신이 당할지도 모르는 미래의 사건들을 객관적으로 평가할 수 있도록 해야 할 것이다.❺❹

변호사 숫자와
표현의 자유의 관계

최근 한명숙 총리가 검사장 직선제를 추진하겠다고 했다. 현재 검찰의 문제는 소수검사들이 보여주는 '스폰서검사'와 '정치검찰'의 현상으로 나눌 수 있다.

스폰서검사가 개인에 의한 공소권의 사유화현상이라면, 정치검찰은 권력자에 의한 공소권의 사유화현상이다. 그런데 전자는 개인과 검사들 간의 연결고리를 끊으면 되지만, 후자는 권력과 검사들을 격리시키는 것만으로 해결이 어렵다. 권력자가 구체적인 요청을 하지 않는 상황에서 검사들이 자신의 정치적 또는 직업적 야망 때문에 자발적으로 권력자에게 유리한 수사나 기소를 할 수 있기 때문이다. 검찰권의 독립은 '권력자에게 굴종할 자유'를 부여할 뿐 기소권 및 수사권 남용의 문제는 해결되지 않는다.

어렵기만 한 검찰 개혁,
해법은 다양하지만

그렇기 때문에 해법도 다양하다. 우선, 가장 가깝게는 정치검사들의 정치야망의 용광로 역할을 했던 기관을 없애는 '대검중수부 폐지'가 있다. 하지만 대검중수부가 없어지면 서울지검 특수부나 공안부와 같이 다른 엘리트조직이 중수부를 대신하지 않을까? 두 번째로는 정부여당 인사에 대한 과소수사의 문제를 해결하기 위해 행정부 산하에 제2의 검찰 '고위공직자수사비리처'를 설치하는 방안이 있다. 이 고비처는 정부비판 세력을 향한 과잉수사에 대해서는 피의사실공표죄 수사 등을 통해 검찰을 견제할 것이라는 기대도 받고 있다. 그러나 고비처장도 결국 대통령이 직간접적으로 임명할 수밖에 없는데 과연 감사원, 경찰, 국정원이 하지 않는 일을 또 다른 행정기구가 하겠는가.

그래서 세 번째로는 제2의 검찰을 행정기관으로 만들지 말고 국회 통제하에 두자는 '상설특검 설치'가 있다. 이에 대해서는 여당 국회의원들마저도 행정부 공무원 못지않게 대통령 지시를 잘 따르는 우리나라의 극단적인 대통령중심제하에서 상설특검도 제대로 기능하지 못할 것이라는 우려가 있다.

결국 마지막으로는 국회도 대통령도 믿을 수가 없으니 민주주의 기본으로 돌아가서 국민이 검찰수장들을 직접 뽑는 '검사장직선제'까지 거론되고 있다. 이에 대해서는 검사장들이 선출직이 되면 너무 막강한 힘을 가질 수 있고 지방토호들과의 유착관계, 즉 '스폰서

검사' 문제를 악화시킬 수 있다는 우려가 있다. 물론 선출직 검사가 오히려 청렴할 것이라는 반론도 있고, 현재 정치검찰의 문제가 정치적 야망을 가진 검사들의 문제라면 이들이 어떻게든 야망을 펼쳐볼 수 있도록 막강한 선출직 검사장직을 만드는 것이 도리어 근본적 문제해결이라는 지적도 있다.

서기호 판사 재임용 탈락 문제, 핵심은 '법관의 독립'

검찰개혁은 이렇게 검사들을 더욱 통제하는 방식으로 가야 하지만 법원개혁은 법관들에게 더 많은 자유를 부여하는 방식으로 가야 한다. 사법부 독립의 원리는 공정한 재판을 위한 것이며 그렇기 때문에 그 핵심은 법관의 독립(자유)이다. 영화 〈부러진 화살〉의 인기에 영합하여 '법관직선제'가 거론되고 있다. 법관들이 직선제로 선출되면 유권자들의 눈치를 봐야 한다. 미국 주법관은 직선제라고 할 수 없다. 최초 임명은 모두 주지사에 의해 이뤄지고 경쟁자가 없는 신임투표로 재임용을 결정하는데 거의 모두 신임된다. 다른 방식의 개혁이 필요하다.

상급심 법관들이 하급심 판결을 파기할 수 있는 권한을 넘어서서 실질적으로 상급심 법관 중의 하나인 법원장이 이들의 인사평정까지 하는 것은 개별 법관의 독립을 침해한다.

법관은 판결로만 말하라고? 상급심 법관도 하급심 법관에 대한 인사평정이 아니고 상급심 판결로만 말해야 한다. 교수사회, 국회

조직처럼 상하급심 법관들이 스스로 인사위원들을 선출함으로써 동등하게 인사에 참여할 수 있도록 하거나 (그래서 법원은 '직선제'가 아니고 '간선제') 상급심 법관에 의한 평가가 투명해져서 '평가에 대한 평가'가 가능하도록 해야 한다. 최근 논란이 되고 있는 서기호 판사 재임용 탈락의 문제도 일차적으로는 법관의 '상관으로부터의 독립'의 문제다.

검찰은 왜 보수권력 아래서만
충성을 바칠까
그런데 검찰개혁과 법원개혁을 추진하면서 잊어서는 안 될 것이 있다. 바로 '보수화'의 문제다. 우리나라의 인구 대비 법조인 숫자는 공산주의 국가들을 제외하고 전 세계에서 가장 낮고, 이들이 사회적으로 누리는 독점이윤은 지대하다. 검사, 판사 모두 옷을 벗고 나오면 변호사가 되어야 하는 상황에서 검사든 판사든 특권층으로서의 정체성을 가지기 쉽다. 그렇게 되면 법조계가 누리는 독점이윤을 은밀히 나눌 수 있는 다른 분야의 특권층에게 친절한 기소와 재판을 하게 된다.

정치검찰의 문제도 사실 '보수적 검사들'의 문제였다. 김대중·노무현 대통령하에서는 법무부 장관의 수사지휘를 거부하고 대통령에 맞짱 뜨던 검찰이 이명박 대통령하에서는 과잉충성을 한다. 이유는 무엇일까? 검찰과 이 대통령의 연결고리는 바로 '특권층으로서의 정체성'이다.

그렇다면 더욱 심각한 문제는 법관의 보수화 문제다. '법관독립'의 기획을 따르자면 법관의 보수화는 외부로부터 제어될 수 없기 때문이다. 아무리 서민적 대통령이 들어와도 보수적 재판은 어쩔 수 없다. 아무리 보수적인 법관의 재판이라도 외부에서 개입해서는 안 되기 때문이다.

그렇다면 법관이든 검사든 특권층으로서의 정체성을 갖지 못하도록 하기 위해서는 법조인들의 사회경제적 존재를 바꾸는 수밖에 없고, 그래서 변호사 증원은 가장 중요한 사법개혁 과제다. 1천 명 시대에서 2천 명 시대로 넘어가면서 현재 부분적 성공을 했지만, 이 2천 명에게는 '로스쿨'이라는 값비싼 관문을 통과하도록 의무화하고 있어 결과적으로는 경제적으로 안정적인 사람들이 법조인이 될 가능성이 높아졌다.

특권 의식 가진

법조인부터 바꿔야   로스쿨 정원 제한을 하루 빨리 폐지하거나 획기적으로 늘이고 변호사 시험은 완전한 절대평가로 만들어야 한다. 완전한 절대평가로 하면 지금처럼 합격률 75%를 로스쿨이 구걸할 필요도 없고 비인간적인 상대평가도 할 필요가 없다. 법률소비자 보호를 목표로 하지 않는 모든 진입 규제를 풀어야 하는 것이다.

변호사 증원은 경제와 복지의 문제에도 영향을 준다. 경제민주화든 복지국가든 공공성의 강화든 재원이 필요하고, 그 재원을 과점하고 있거나 그 재원의 과점을 정당화시켜주는 세력이 존재하는 이상 불가능하다. 특권층 의식을 가진 법조인들이 특권층, 바로 그러한 세력이 될 수 있다.

또 변호사 증원은 그 스스로가 경제와 복지의 문제이기도 하다. 마이클 샌델의 『정의란 무엇인가』의 교훈은 "실력 있는 사람은 누릴 자격이 있다."라는 능력주의는 매우 불공정하며 복지국가로 가는 길을 논리적으로 막아선다는 것이다. 법조인의 숫자를 제한하여 일정한 소득을 보장해준다는 전 세계 유일의 법조인 정원제야말로 바로 능력주의의 기념비와도 같다.(55)

내 소득의
반

학교에서 이러저러한 과외활동을 위해 학생들을 모집할 때 느끼는 일이다. 자릿수에 제한이 없다고 하면 가령 10명도 응모하지 않지만, 단 10개의 자리밖에 없다고 하면 50명이 응모하는 것이다. 많은 타인들이 가지 못하는 자리에 갈 수 있는지가 과외활동의 가치 못지않게 중요한 선택의 기준이 된다. 왜 학생들은 그렇게 반응할까? 바로 줄 세우기의 신화에 길들여져 있기 때문이다.

우리나라의 부는 부자들의 노력만큼이나 자릿수 제한에 힘입은 바가 크다. 바로 외국인들이 항상 지적하는 '레드테이프' 말이다.

우리나라에서 기업이든 변호사든 의사든, 이들의 부는 국가가 부여한 독점에 크게 덕을 봤다. 변호사였던 필자도 소득의 반은 필자의 노력이 아니라 국가가 정원제를 통해 변호사 자질이 충분한 사

람들에게 변호사가 될 길을 막아놓은 데서 왔다고 본다. 우리나라
는 부유층의 형성에 기여하는 비중이 사회 전체의 파이를 키우는
'부의 창출'이 아니라 사회 대다수의 창의성을 억제해서 소수를 상
대적으로 띄워주는 '부의 집약'이 비교적 높다.

이 과정은 마술과도 같은 것인데, 싸구려 판화를 한정수량만 찍
어놓고 '희소가치가 있어서 나중에 더 비싼 값에 팔 수 있을 것'이
라며 판화의 가치를 높게 산정하는 것과 비슷하다(이런 식으로 비싸
게 판매한 판화 상인들이 미국에 실제로 있다).

이러한 정책은 다수의 국민이 행복을 추구할 길을 부당하게 가로
막는다. 또 큰 기업들에 유리한 정부의 발주 행태와 정부 통제권 밖
의 시장지배적 사업자들의 횡포 역시 작은 기업들의 존재를 매우
불안하게 만들어 정규직 일자리 숫자를 인위적으로 제한하고 있다.

또 창의적인 투자도 이뤄지지 않는다. 우리나라에서 비정규직이
나 자영업자들은 빈곤을 일정하게 '강요'당하고 있다. 사실 시장경
쟁의 제로섬 게임에서 누군가는 도태되게 마련이며 이를 위해 사회
안전망이 필요하지만, 우리나라는 경쟁 자체에 부당성이 있다.

우리나라는 오히려 유럽이나 미국보다도 부당한 레드테이프가
더 많으면서도 조세율이나 사회복지예산 비중이 더 낮다. 레드테이
프 안쪽의 사람들이 자신의 성공 일부가 타인들에게 채워진 족쇄
위에 인위적으로 만들어졌음을 망각했기 때문일까.

실제로 불안한 상황 속에서 온 국민이 레드테이프 내의 진입이나

잔류에 몰입하고 있다. 심야학원에서, 고시촌에서, 대입 스펙 경쟁에서. 이렇게 사교육비가 높아졌고 역시 창의적인 투자의 부재 속에 키워진 부동산 버블은 주거비를 높여놓았다. 정리해고에 반대하는 대기업 노동자들의 파업과 점거의 과격함에는 이유가 있는 것이다. 우리는 최근 금속노조의 일자리 나누기 선언에서, 그리고 우리보다 더 자유로우면서도 더 평등한 유럽에서 배워야 한다. 지금의 한국에서는 자유와 평등이 충돌하는 가치가 아님을.㊉

농사꾼
이야기

사람들이 각자 원하는 만큼 농사를 지어서 먹고사는 풍요롭고도 평등한 나라가 있었다. 그런데 어느 순간 농사꾼들이 환경보호 등의 핑계로 정부를 설득하여 매년 새롭게 농사를 지을 수 있는 사람의 숫자를 1천 명으로 제한하는 법을 통과시켰다. 이 작은 변화로 인해 나라가 온통 불평등과 굶주림에 빠졌다.

온 국민이 이들을 통해서만 식량을 얻자 농사꾼들은 엄청난 소득을 올릴 수 있게 됐다. 농사면허가 이권이 되니까 더 많은 사람들이 서로 이 면허를 따기 위해 몰려들었고, 이들 중에서 우열을 가리기 위해 어려운 농사 시험도 도입됐다. 수십만 명 중에서 소수의 합격자를 가려내기 위해 환경보호와 관련 없는 잡다한 지식도 시험 대상이 됐다. 공부가 힘들어 자살하는 사람도 생겼지만 농사기술이

좋아지진 않았다. 도리어 배부른 농사꾼들은 기술개발을 하지 않아 충분히 식량공급이 이뤄지지 않았고 국민들은 굶주렸다.

게다가 농사꾼들은 어려운 시험을 통해서 면허를 따냈다며 국민들 위에 군림했다. 식량을 매점매석한다거나 밉보인 사람에게는 팔지 않는다거나 웃돈을 얹어주는 사람들에게만 팔았다. 또 농사꾼들은 이권을 고수하기 위해 '사다리 걷어차기'를 했다. 늘어나는 식량 수요에 맞춰 당연히 늘어나야 할 신규 농사꾼 정원 제한을 고착시켜, 바로 어제까지 농사를 지어보겠다는 소박한 꿈으로 함께 공부하던 수많은 사람들을 절망에 빠뜨렸다.

국민들은 분노했다. 누구나 지을 수 있는 농사를 짓지 못해 굶는 것도 서러운데 그렇게 대다수 국민의 손발을 묶어놓아서 독점이윤을 취한 자들의 지배 아래 살아야 하다니. 이에 농사꾼들은 신규 농사꾼들의 숫자를 2천 명으로 늘리는 타협안을 제시했다. 대신 진입장벽을 높이기 위해 매년 새롭게 나오는 2천 명은 수업료가 엄청 비싼 '농사스쿨'을 나와야 한다는 조건을 붙였다. 고시생들 중에서 가난한 사람들은 농사짓겠다는 꿈을 포기해야 했다.

차차 수많은 사람들이 농사스쿨에 입학하려고 몰려들었고 일부 농사스쿨 학생들은 자신의 신분도 이권으로 여기기 시작했다. 2천 명 외의 다른 사람들은 가질 수 없는 예비농사꾼 자격이었기 때문이다. 이들도 결국 기존 농사꾼들처럼 후배들을 향한 '사다리 걷어차기'를 시작했다. 후배 졸업생들의 농사시험 합격률을 낮추려 했고 농사스쿨 총 정원의 증원에도 반대했다. 국민들은 이권 철폐를 위해 2천 명 농사스쿨 시대를 환영했었지만 그 기대와는 무관하게 자신들만의 숫자 제한에 기대는 또 하나의 이익집단이 만들어진 것이다.

특권은 한번 만들어지면 특권을 가진 자들이 특권 유지를 위해 목숨을 걸고 싸우게 만든다. 특권을 분점하고 있다면 분점한 그룹들 간에 싸움이 생긴다. 1천 명 시대 농사꾼들이 숫자 제한으로 아직 시험에 붙지 못한 후배들의 미래를 망쳤듯이, 2천 명 시대 농사스쿨 학생들의 앞길도 막으려 했다. 결국 이 두 그룹의 농사꾼들은 이권을 두고 사사건건 싸움을 하게 됐다.

특히 '검산'이라는 좋은 땅을 경작할 자격을 두고 심하게 부딪쳤다. 자신의 후배들이나 업계 동료들을 억압하여 치부하려는 더러운 '사다리 걷어차기'를 진정으로 종식시키는 방법은 특권 자체를 없애는 것뿐이었다. 결국 국민들은 봉기하여 이 모든 싸움의 원인이 된 농사꾼 숫자 제한을 폐지했다. 능력이 되는 모두가 농사를 지을 수 있게 되어 이제 빈부격차가 벌어지지 않았다. 순식간에 나라는 평안해졌고 굶주림도 없어졌다.㊌

언론의 자유가 사회구성원 개인의 표현의 자유를 말하는 것임에도 불구하고
한국의 언론은 마치 언론의 자유를 '언론사의 자유'로 착각하고 있다.

• 리영희 •

4장

사생활이 보호되어야
사상의 자유가 보호된다

표현의 자유를 국가가 규제할 때 우리가 정말 분노하는 이유는 국가가 우리의 사생활을 침해한다고 생각하기 때문이다. 술자리에서 친구들에게 한 이야기, 블로그에 일기처럼 남긴 이야기, 인터넷이라는 정보의 바다에 불특정 다수의 '나의 지지자'들이 보라고 올린 이야기, 이런 것까지 국가가 나서서 감시하는 것도 원치 않는 일이지만 그것 때문에 처벌을 받는다거나 차단된다는 것은 나의 일부를 지워버리려는 시도와 같기 때문이다.

국가가 실제로 국민들이 서로 주고받는 말들을 통제하기 위해서는 누가 그런 말을 했는지 항상 감시해야 한다. 담벼락에 '대통령 바보'라고 써 있으면 누가 낙서를 남겼는지 확인해야 한다. 국가는 그래서 담벼락에 글쓰는 사람들에 대해 실명제를 적용할 욕심을 갖게 된다.

어떤 경우 국가는 감시할 대상을 먼저 확정한 후에 그 사람들이 주고받는 말들을 엿듣고자 하기도 한다. 이때는 담벼락이 아니라 비밀리에 서로 주고받는 편지도 열어보게 된다. 친구들끼리 사적으로 주고받는 대화는 사실 표현의 자유를 끌어들이기도 전에 통신의 비밀로 더욱 두텁게 보호돼왔다. 국가가 이 비밀내용을 엿보기 시작한다면 그 자체로 비밀표현의 자유가 침해되는 것이다. 표현의 자유와 통신의 비밀은 이렇게 조우한다.

국가가 익명의 글의 작성자를 찾아다닐 때 또는 수사대상인 사람의 비밀통신을 열어보려 할 때 국가는 표현의 자유를 침해함과 동시에 우선 국민의 사생활의 비밀을 침해하는 것이다. 이 장에서는 표현의 자유를 침해하는 사생활 침해를 살펴본다.

　다른 한편 사생활의 비밀은 그야말로 사적인 생활의 비밀이다. 자기가 공개를 원치 않는다고 해서 공개를 막을 수 있는 게 아니다. 살인을 골방에서 했다고 사생활이 되지 않으며 어둠을 틈타 도둑질했다고 사생활이 되지 않는다. 마찬가지로 뇌물이나 연예인 성상납을, 비밀 접대실에서 수뢰했다고 해서 사생활이 되는 게 아니다. 공적으로 중요한 사안이라면 그 사생활을 침해하는 행위는 처벌받을망정 그렇게 밝혀진 정보는 표현의 자유로 보호되어야 한다. 살인을 막기 위해 남의 집에 침입하면 주거침입죄가 될지는 모르나, 자기가 목격한 범죄현장을 말하지 못하게 해서는 안 되는 것이다. 특히 국가의 행위는 모든 면에서 공적이며, 어떤 것도 사생활의 비밀로 보호되지 않는다. 그렇기 때문에 모든 정보를 원칙적으로 공개하도록 한 정보공개청구법이 존재하는 것이다. 또 정보공개청구법을 따르지 않고 우연히 또는 불법으로 습득한 내용이라고 할지라도 국민은 자유롭게 주고받을 수 있어야 한다.

　이 장에서는 사생활이라는 이유로 국민의 기본권을 제한하는 국가의 모습, 그리고 우리의 모습을 되돌아보고 그것이 과연 타당한지를 묻는다.

민주주의와
실명제의 관계

김종익이 국무총리 공무원윤리지원관실의 소위 '민간인 사찰' 대상이 됐다. 재미있는 것은 정작 반MB 동영상을 작성하여 유투브에 올린 사람은 사찰당하지 않고 그 동영상을 다음 블로그에 올렸을 뿐인 김종익은 사찰을 당했다는 점이다. 다음 측은 세계에서 유일하게 우리나라만 시행하고 있는 두 제도인 통신자료제공제와 인터넷실명제의 적용을 받지만 유투브는 그렇지 않기 때문이다. 최근 언론들이 보도하는 '상시적인' 민간인 사찰은 바로 이 제도들에 의해 가능해진다.

인터넷실명제는 모든 주요 사이트에 온라인 게시물을 올리는 사람의 신원정보를 그 사이트 운영자가 취득하도록 의무화했고, 통신자료제공제도는 이 신원정보를 사이트 운영자가 수사기관에 자유롭게 제공하도록 허용하고 있다. 실명제는 '익명표현의 자유'의 침해의 가능성을 발생시키고, 통신자료제공제도는 탄압할 능력이 있는 수사기관에 실명을 전달함으로써 위축효과를 완성한다. 특히 인터넷실명제가 없어지더라도 자발적인 실명제사이트가 생길 텐데 이들 사이트의 운영자들에게 자유롭게 정보유출의 권한을 주는 것이므로 더욱 경계대상이다.

통신자료제공제도는 위헌이다. 이용자들의 신원정보도 사이트 운영자에게 위탁한 비밀정보이므로 압수수색 영장이 필요한데 법원의 개입이 전혀 없는 상태에서 신원정보의 국가취득이 이뤄지고 있다. 더욱 중요한 것은 통신자료제공을 통해 신원이 밝혀지는 이용자에게 아무런 통지가 이뤄지지 않는다. 예컨대 한번 공개적으로 글을 올린 사람은 자신의 글이 수사기관에 의해 요주의 대상으로 찍혀서 자신의 신원정보가 통신자료제공을 통해 수사기관에 넘어가 이제 더 이상 자신이 실질적으로 익명이 아닌데도 본인은 모르고 있는 상황이 된다. 통신자료제공제도는 적법절차원리를 이렇게 두 가지 방식으로 위반함으로써 사생활의 비밀을 침해하고 있다.

이 삼쌍둥이 제도를 통해 수사기관들은 매년 10만 건이 넘는 온라인 게시물의 게시자 신원을 무차별로 확인한다. 수많은 '불온게시물' 중에서 요주의 인물들을 솎아내는 데 두 제도는 필수적이다. 사찰을 넘어 '액션'으로 넘어갈 때는 신원을 확실히 하기 위해 아이피 추적도 불사하겠지만 그건 나중 문제다. 위 숫자는 같은 기간 우리나라에서 발부되는 모든 압수수색 영장 숫자를 넘어서는 수치다. 영장주의가 무색하게, 우리나라는 법관에 의하지 않은 압수수색이 법관에 의한 압수수색만큼 많다.

이 제도들의 필요성을 느끼는 사람들의 충정을 이해 못하는 바 아니다. 확인되지 않은 사실들을 근거로 횡행하는 '악플'들은 사람들에게 심한 상처를 남길 수 있다. 실명제 찬성론자들의 가슴속에는 각자의 언행에 대해 엄밀하게 책임을 묻는 '사상의 자유시장'의 냉혹한 경쟁으로부터 사람들을 보호해주고자 하는 공동체적 온정주의가 틀림없이 자리하고 있다. 그렇기 때문에 인터넷실명제를 통해 익명의 견해의 표출을 억제하고자 하는 사람들이 장자연리스트 실명 보도에 관해서는 비판의 대상이 되는 사람의 익명성을 유난히 두텁게 보호해왔다. 또 이런 사람들이 분위기·대세·정계·금융권 등 익명의 소스를 근거로 중요한 판단을 내리는 것을 선호한다. 중요한 판단에 대해 누군가 특정인에게 책임을 지우지 않으려는 시도인 것이다.

좋게 해석하자면, 이들 입장에서는 이 제도들이 악플의 비율을 줄이지는 못하더라도 전체 게시글 수를 줄여서 최소한 악플의 절대 숫자라도 조금 줄일 수 있다면 성공인 것이다. 즉 인터넷상의 폭풍 같은 소통에 브레이크를 걸어줘야 우리가 조금 덜 각박하게 살 수 있다는 기대감의 발로다. 위축효과든 헌법이든 '먹고살자고 하는 일'보다 중요할 수는 없다는 주장이다.

그러나 이러한 온정주의는 누구를 위한 것인가? '힘이 없는' 사람들일수록 더욱 익명을 필요로 한다. 이런 광범위한 모니터링 속에서 아직 취직을 못하고 있는 소비자들은 기업들이 생산하는 제품에 대한 사용후기도 제대로 올리지 못하게 될 것이다. 실명제로 소통의 총량이 줄었다면 힘없는 사람들의 말이 주로 줄었을 것이지, 필자 같은 대학교수들의 말이 줄지는 않았을 것이다. 그리고 나 같은 사람들은 어차피 익명의 보호가 필요 없다.

더욱 중요한 것은 정책적 고려의 저울 한쪽에 온정주의가 있다면, 이번 민간인 사찰 사태가 보여주듯이 다른 한쪽에는 민주주의가 있다. 익명표현의 자유는 다른 개인적 자유와 달리 육중한 무게가 있다. 민주주의와의 불가분관계 때문이다. 볼테르나 해밀턴을 굳이 들먹이지 않더라도 우리나라에서도 일제강점기와 군사독재시절에 많은 이들이 익명으로 조국과 민주주의를 위해 싸웠다. 미국 독립의 최초 주장을 '영국인'이 했듯이, 우리나라에서는 자유를 요구한 많은 저자들이 '편집부'였다.

모든 사람들은 잠재적으로 소수자다. 압제에 대해 대다수가 숨죽이고 있을 때 별안간 목소리를 높이는 순간 '소수자'가 된다. 이들의 목소리가 없이 민주주의가 완성될 수 없음은 물론이다. 이들의 목소리를 보호해줘야, 즉 익명표현의 자유가 있어야 민주주의가 만들어진다. 지금 이미 민주주의가 찾아왔는데 무슨 소리냐고? 민주주의를 만들 때 필요한 것은 지킬 때도 필요하다.❸

적법절차와 영장주의란 무엇인가? 헌법 제12조의 적법절차원리에 따르면 국가가 국민의 생명과 자유, 재산을 제한할 때는 반드시 제한의 의지와 이유를 알려주고 이의제기를 할 수 있는 기회를 주어야 하며, 이렇게 제기된 이의에 대해서는 중립적인 판정자가 시비를 가려야 한다.

대표적인 예가 재판이다. 기소장 또는 소장을 통해 피고에게 피고의 권리를 제한하겠다는 통지와 그 이유들을 알려주고 이에 대해 피고가 재판을 통해 반박할 수 있도록 하고, 최종결정은 독립성을 인정받는 법관이 하도록 하는 것이다. '선출되지 않은 권력'으로서 '다수결로부터 자유로운' 사법부의 존재 이유도 바로 이 적법절차의 운영을 위해 필요한 것이다.

또 재판의 전 단계인 수사의 일환으로 이뤄지는 체포구속 또는 압수수색과 같은 잠정적인 기본권 제한은 그 기본권 제한에 대해서 또 다른 작은 재판을 할 수가 없지만 적어도 제3자인 법관이 발부하도록 하자는 것이 바로 영장제도의 시초다. 사법부라는 국가의 일부분이면서도 국가로부터 독립된 부서의 판단에 의해서만 기본권이 제약될 수 있다는 것이다. 이 장에서는 우리나라에서 과연 이 영장주의가 제대로 지켜지고 있는지에 대해서 살펴볼 것이다.

또 재판의 전 단계인 수사의 일환으로 이뤄지는 체포구속 또는 압수수색과 같은 잠정적인 기본권 제한은 그 제한에 대해서 또 다른 작은 재판을 할 수가 없지만, 적어도 제3자인 법관이 발부하도록 하자는 것이 바로 영장주의다. 사법부라는, 국가의 일부분이면서도 국가로부터 독립된 부서의 판단에 의해서만 기본권이 제약될 수 있다는 것이다.

또 적법절차는 기본권 제한을 할 경우 그 사실을 항상 당사자에게 통지하도록 하고 있는데, 그렇다면 영장이 집행될 때에는 영장이 집행되고 있다는 최소한의 통지를 하면서 집행되어야 할 것이다.

영장만 있으면
훔쳐가도 되나

〈PD수첩〉 광우병 편 제작팀, 주경복, YTN에 대한 수사 등에서처럼 한 사람이 타인과 주고받은 7년치, 7개월치의 모든 이메일들이 압수수색됐다거나 수년간 축적된 개인정보가 담긴 노트북이나 하드디스크가 통째로 압수됐다거나 하는 사실들이 밝혀질 때마다 우리는 "저럴 필요까지 있을까?" 하며 검찰에 아쉬워하지만, 이러한 압수수색은 모두 법원이 발부한 영장에 따라 이뤄지는 것이다.

문제는 법원이 압수수색의 대상 범위를 한정하지 못하고 영장을 발부하기 때문에 발생한다.

'몰래' 압수수색,

다반사   그런데 법원이 그렇게 하지 못하는 것도 이유가 있다. 첫 번째, 이메일 압수수색이 현재 '몰래' 이뤄지고 있어 판사들이 그 심각성을 인지하지 못하고 있다. YTN 노조, MBC 〈PD수첩〉 PD들에 대한 압수수색 등이 재판 과정에서 우연히 밝혀졌을 때에만 사회적 우려와 저항이 간헐적으로 비등했을 뿐 훨씬 더 많은 숫자의 이메일 압수수색은 계정 소유자 몰래 이뤄지고 있다.

판사가 압수수색 영장을 발부할 때는 수사대상자의 프라이버시권과 수사의 필요성을 저울질하여 적정선을 긋는 수밖에 없다. 권리침해의 심각성을 느끼려면 수사대상자들의 피해상황과 그로 인한 고통을 판사들이 접해봐야 하는데 피수색자들도 자신이 압수수색당하는 걸 모르고 있으니 그런 신음소리 자체가 나오질 않는다. 그러니 판사는 아무래도 수사의 필요성을 더욱 너그럽게 인정하는 선에서 압수수색 범위를 정하는 것이다.

두 번째, 정보라는 것이 그 내용을 예측할 만한 '외관'이 없다. 특정 정보가 범죄 관련성이 있는지를 알려면 그 정보를 읽어보는 수밖에 없다. 유체물들은 외관이 있어서 외관을 보고 범죄 관련성을 미리 판단할 수 있다. 정보는 겉에서 보면 다른 정보와 언뜻 구별되지 않는다. 하드디스크나 이메일 계정에서 각 파일이나 메일들을 읽지 않고 범죄 관련 정보만 걸러내거나 나머지 정보들의 비밀을 보호한다는 것은 불가능하다. 제목이나 폴더명으로 한정하려고 하면 범죄자들이 이름만 바꿔서 쉽게 빠져나갈 수 있다. 고작 한다면 특정 수신자와 주고받은 이메일들만 뽑는 것이다.

하지만 이 정보의 본질상 어려움은 법원이 어떻게든 헤쳐나가야 한다. 피의자들이 암호로 통신을 했다는 정황이 없는 한, 검색어 · 통신상대 · 통신시점을 한정해서 검색에 걸린 정보들만을 읽어본다거나 하는 방식으로라도 해야 한다. 하드디스크나 이메일 계정에서 범죄 관련 정보를 미리 걸러내는 방법도 없는 것이 아니다. 미국에서는 검찰에 소속되지 않은 중립적이고 정보기술에 능한 사람이 범죄 관련 가능성이 있는 정보들만을 걸러서 검찰에 넘겨주는 방식이 논의되고 있다. 법 개정이 되면 좋겠지만, 그러지 않더라도 영장 발부 판사의 재량으로 충분히 내릴 수 있는 조치다. 어찌 됐든 지금처럼 폭력범죄도 아닌 명예훼손 같은 것 때문에 7개월의 이메일을 통째로 유출당하는 일은 없어져야 한다.

침해 사실, 반드시
미리 알려줘야

그런데 이 문제를 법원이 해결하기 전이라도 반드시 이뤄져야 할 일이 있는데 바로 피의자 자신들에게라도 압수수색 사실을 알려주는 일이다. 가택 압수수색 영장이 있다고 해서 검경이 밤에 몰래 침입해서 물건들을 가져갈 수 없는 것과 마찬가지다. 국가에 의한 국민의 기본권 제한이 정당할 때도 있지만 이렇게 비밀로 이뤄진다면 국민은 국가를 감시할 수 없을 것이고, 국가의 대국민 기본권 침해는 통제되지 않을 것이다. 그 시점에서도 국민이 국가의 주인이라고 할 수 있을까? 그리고 그렇게 기본권 침해를 당한 사람이 "나 아프다. 부당하다."라고 신음소리라도 낼 수 있어야 위에서 말했듯이 판사들이 영장범위를 제한하려는 노력이라도 하지 않겠는가!

놀랍게도 실제로 현행법은 이미 몰래 이뤄지는 압수수색을 명백히 불법이라고 규정하고 있다. 형사소송법 제121조는 "피고인은 영장집행 시 참여할 권리가 있다."라고 하고 제122조는 그러한 "참여가 가능하도록 통지를 받을 권리가 있다."라고 하며, 이 규정들은 피의자들에게도 준용된다고 한다. 즉 압수수색을 받는 피의자는 압수수색 사실을 압수수색 진행과 동시에 알 권리가 있는 것이다.

이러한 규정은 우연이 아니라 헌법 제12조의 적법절차원리가 명백히 요구하는 것이다. 적법절차원리는 국민의 기본권을 제한할 것을 명하는 영장이 발부된 경우, 발부 사실을 영장이 집행될 대상에게 알려줄 것을 요구한다. 그렇다면 국민의 사생활을 제한하는 압수수색 영장도 그 사생활이 제한당하는 국민에게 통지되어야 한다. 여기서 수사대상이 아닌 이메일서비스 제공자에게 통지하는 것은 아무런 의미가 없다. 압수수색 통지를 해주는 이유는 압수수색에 이의가 있으면 사후에라도 제기하라는 것일 텐데 서비스 제공자는 물리적으로 이메일을 보관하고 있을 뿐 그 내용도 모르며 이의제기할 능력도, 동기도 없다. 실제 침해되는 사생활의 자유의 주체인 이메일 작성자에게 통지해야 한다.

박영선 의원의 주도로 개정된 통신비밀보호법 제9조의3은 기소나 불기소 결정이 이뤄진 후 30일 안에 이메일서비스 가입자에게 통지하도록 되어 있지만 이 자체로는 불충분하다. 이렇게 사후 그것도 몇 달, 심지어는 몇 년이 지난 후 통지를 해도 괜찮도록 만들어놓은 것은 통신비밀보호법이 주로 다루는 감청 때문이다. 감청도 일종의 압수수색인데, 아직 존재하지 않는 통화내용을 포착하겠다는 것이기 때문에 감청사실을 미리 또는 즉시 알려주는 것은 감청 자체를 무의미하게 만든다. 그래서 감청에 한해 기존 영장보다 훨씬 더 엄정한 요건의 법원 허가를 받을 것을 대가로 하여 사후통지가 헌법적으로 허용되는 것일 뿐이다. 과거에 주고받아 저장된 형태로 이미 존재하고 있는 이메일의 압수수색에 대해서는 통지시점을 미룰 이유가 하등 없다. 몰래 하는 압수수색은 법 개정도 필요 없고 현행법만 제대로 지키면 끝난다.

이 문제는 인터넷에 공개된 익명의 게시물 작성자를 확인하기 위해 수사기관들이 1년에 수백만 건씩 수행하는 통신자료제공제도에도 똑같이 나타난다. 영장 없이 집행되는 문제는 말할 것도 없지만 어떤 게시글이 수상하다고 해서 익명의 옷을 벗겼으면 최소한 발가벗겨졌다는 사실이라도 당사자에게 알려줘야 하는 것 아닌가? 비밀리에 신원파악을 해야 나쁜 놈을 잡지 않겠냐고? 물론 모든 수사는 비밀리에 하면 훨씬 효율적이다. 하지만 범죄 증거가 집안에 있어 영장을 받았다고 해서 주인 모르게 훔쳐갈 수는 없는 것이다.[59]

통신비밀 '공개'법이 되는 것을
막아야 한다

통신비밀보호법 개정을 반대하는 이들은 "휴대폰 감청 불가!"를 외치고, 찬성하는 쪽에서는 "감청이 어려운 휴대폰이야말로 범죄의 온상이 되고 있다."라며 필요성을 주장한다. 현행법상 휴대폰 감청은 법적으로 가능하나 기술적으로 어려워 통신사업자들에게 협조 의무를 부과하는 것이 이번 개정안의 핵심이다. 필자는 휴대폰 감청의 필요성에는 공감하나 사법부의 독립이라는 기본 전제가 확립되기 전까지는 감청 범위의 확대에 반대한다.

통신비밀보호법은 독재정권 시절 횡행했던 국가기관에 의한 불법 감청을 막기 위해, 모든 감청에 헌법상의 영장주의, 즉 수사기관으로부터 독립적인 사법부가 범죄 발생의 개연성을 서면으로 인정했을 때만 압수 또는 수색이나 구속이 허용된다는 원리를 적용하자는 취지로 1994년에 탄생한 '좋은 법'이다. 특히 피감청자가 모르는 상황에서 이뤄지는 감청은 수색 의사가 공지된 상황에서 이뤄지는 일반 수색보다 훨씬 프라이버시의 침해가 크기 때문에 법원 허가의 요건도 더 엄격하고 피감청자에게 별도의 통지 의무도 규정하고 있다. 반대로 어떤 번호 또는 아이피와 언제 통신했는가 등의 정보(통신사실 확인자료)는 통신의 내용을 포함하지 않음은 물론, 통신의 연결 및 진행을 위해서는 통신자가 어차피 통신사업자에게 '공개'해야 하는 정보이므로, 일반적인 수색의 경우보다 수사기관이 더욱 쉽게 취득할 수 있게 했다. 그렇다 하더라도 법원 허가는 필요하다.

그러나 우리 사법부가 감청을 허가함에 있어 감청 대상자들의 프라이버시를 수호하는 독립적인 구실을 제대로 수행하고 있는지 불분명하다. 2000년대 들어 감청 신청 기각률은 평균 2%대이고 통신사실 확인자료 취득신청의 기각률은 1% 미만이다. 우리나라는 감청 허가에 대한 판례가 남아 있지 않아 낮은 기각률에 대한 평가도 불가능하다. 미국은 감청이 신청단계에서부터 기각된 판례가 모두 공개되어 있다. 더욱이 우리나라는 수색 및 감청영장이 발부된 뒤에 그 영장 발부의 불법성을 다투는 절차가 없어 기본적으로 피의자는 수사기관들의 수색 및 감청에 무방비 상태로 놓여 있다.

또 통신사실 확인자료의 취득허가 요건이 너무 느슨하며, 감청기간이 2개월 내지 4개월로서 미국이 테러 및 총기사건 등의 위험까지 고려하여 정한 30일에 견주어 너무 길다. 더욱 심각한 문제는 피감청자 통보 시점이 기소나 불기소 결정 이후라서 수사가 길어지면 아주 오랫동안 감청 사실을 모르게 된다. 미국의 통신비밀보호법ECPA은 감청 허가가 기각되거나 인용되면 무조건 통지하도록 하고 있어 감청이 신청만 되어도 감청 대상자는 통보를 받는다.

이런 문제들이 해결되지 않고 휴대폰 등으로 감청 범위가 넓어지는 것은 반대한다. 같은 취지로 개정안이 위성위치확인시스템GPS 정보를 통신사실 확인자료에 포함시켜 훨씬 더 쉽게 취득할 수 있도록 하는 것도 반대한다. 게다가 GPS 정보는 통신자가 통신을 위해 통신사업자에게 '공개'한 정보가 아니므로 통신사실 확인자료도 아니다. 공공장소에서의 미행은 영장 없이 시행될 수 있지만, 사적 공간으로의 미행은 일반적인 영장을 필요로 한다. 이번 개정안이 상정하고 있는 GPS 정보는 5m 이내까지 위치를 확인할 수 있는 사적 공간으로의 미행이다.

가장 결정적으로 감청 협조 의무가 부과되는 대상은 접속서비스 제공자뿐만 아니라 포털이나 웹호스팅 업체와 같은 '부가통신사업자'까지 포함하고 있는데, 군소업체들을 포함하는 이렇게 많은 사업자들이 타인들 사이의 대화 및 통신 내용을 국가에 넘겨줘야 한다면, 이 법은 통신비밀보호법이 아니라 통신비밀'공개'법이라는 이름이 어울린다.❻⓿

네티즌들은 방송사의
잠재적 취재원이다

KBS, MBC, SBS 방송 3사가 천안함 관련 글을 올린 자사 인터넷사이트 이용자들의 개인정보를 수사기관에 유출했다가, 이에 대해 다른 언론사들이 문제를 삼자 "법적으로 문제가 없다."라며 계속 수사기관에 유출하겠다는 입장을 밝혔다고 한다. 언론의 자유가 익명성을 먹고산다는 것은 언론사들이 스스로 잘 알고 있다.

특히 권력비리나 정부비판 기사의 경우, 제보자에 대한 익명을 보장해주지 않고 폭로기사를 쓰는 것은 불가능하다. 그렇기 때문에 MBC와 SBS가 자신의 공직자 관련 보도에 대해 소송을 당해서 취재원을 공개하라는 영장이 떨어졌을 때도, 이 둘은 PD와 기자들이 건물 정문을 봉쇄하며 무력으로 취재원 공개를 거부한 바 있다. 필자는 기회가 있을 때마다 이와 같은 공무집행방해죄 위반을 불사하던 취재원 공개 거부 노력에 대해 상찬해왔다. 그런데 영장이 발부된 상황에서도 기사의 제보자들에 대해서는 익명성을 보호하기 위해 몸을 던지던 MBC와 SBS가 영장도 없는 상황에서 자사사이트 이용자의 익명성은 무책임하게 내던지고 있는 것이다.

방송 3사가 법적 근거로 들고 있는 전기통신사업법 제54조 제3항 조문(현재는 제83조 제3항)은 틀림없이 "제공할 수 있다."라는 임의조항으로 되어 있음은 물론, 인터넷사이트 운영자들에 대한 규제기관인 방송통신위원회도 정보제공 요청을 따를 의무가 없다고 밝혔다. 방송사는 정보제공 요청을 거부해도 아무런 법적 · 행정적 제재를 당하지 않는다.

물론 수사기관이 소위 '협조 요청'을 할 경우, 이에 대해 쉽게 거부할 수 있는 인터넷사이트 운영자들은 많이 없을 것이다. 실제로 전기통신사업법 제54조 제3항(현재 제83조 제3항)은 겉으로는 대부분의 웹사이트 운영자들에게 의무조항과 같은 의미나 효과를 가지게 될 것이다. 하지만 제54조 제3항이 실질적으로 의무조항으로 작용하기 때문에 위헌적이라는 것과 인터넷사이트 운영자들이 현행법상 가지는 법적 의무와는 다른 것이다.

틀림없이 현재 제54조 제3항은 임의조항이며 운영자들은 그렇게 할 법적 의무가 없다. 법적으로 문제가 있건 없건, 정보제공 요청 의무를 따를 '의무'가 없다. 법적 의무가 없는 일을 구태여 하면서 자사사이트 이용자들의 프라이버시를 침해하는 이유가 무엇일까? 법적으로 문제만 없으면 시청자들의 프라이버시는 마구 침해하겠다는 것인가? 나아가 방송 3사는 자사사이트 이용자들과 맺은 약속도 위반하고 있다.

방송 3사가 자신들의 시청률을 높이기 위해 운영하고 있는 홈페이지들의 약관과 개인정보지침을 보면 "개인정보를 동의 없이 사용 또는 공개하지 않겠다."라는 등의 미사여구로 가득 채워져 있다. 이러한 문구들로 시청자들을 유혹하고 홈페이지에 글을 올리도록 한 다음 수사기관의 요청이 있으면 이들의 개인정보를 유출하는 행태는, 넓게 보면 일종의 사기행위다.

미국에도 테러나 간첩수사에 관해 수사기관들이 영장 없이 개인정보를 취득할 수 있는 제도로 국가보안규정national security letters이라는 것이 있고, 이를 거부하는 사이트 운영자들에게는 제재가 부과된다. 그러나 그것은 어디까지나 외국권력집단foreign powers에 한정돼 있다. 미국의 인터넷사이트 운영자들은 NSL 준수가 법적 의무임에도 불구하고 이용자들의 프라이버시를 위해 준수를 거부하고 소송으로 맞대응하고 있다. 영장을 집행하려는 법무부 직원들을 몸으로 막아내던 MBC, SBS의 기자와 PD들은 모두 어디로 갔는가? 모든 시청자는 잠재적인 취재원들이고, 모든 네티즌은 잠재적으로 시청자들이다.**㊿**

비밀 사찰,
우리가 막을 수 있다

민간 사찰은 네티즌들이 올린 글을 사찰기관이 인지한 뒤에 그 네티즌의 신상정보를 취득하면서 이뤄지기도 한다. 미네르바도, 김종익도 그렇게 '걸려들었다'. 참여연대 공익법센터는 지난해 7월 포털 사이트에 의한 고객 신원정보의 수사기관 유출이 영장도 없이 이뤄진다는 점을 포착해 이 제도의 위헌성을 다투고, 그와 같은 위헌적 사생활 침해에 대한 손해배상을 구하는 소송을 제기했다(담당변호사 박주민). 참고로, 신상정보의 강제위탁을 요구하는 인터넷실명제에 대한 헌법소송은 한참 전에 별도로 제기해놓은 상태였다(담당변호사 전종원). 또 〈PD수첩〉 작가들, 주경복, YTN 노조에 대한 이메일 압수수색에 대해서는 영장에 따라 이뤄지기는 하되 영장집행이 통지가 되지 않는다는 점에 대해 국가상대 손해배상소송을 제기했다(담당변호사 금태섭). 그런데 참으로 안타까운 것은 통계상 나타난 숫자가 엄청나지만 통신자료제공과 이메일 압수수색 모두 피해자들이 자신이 피해자인지를 모르고 있다는 것이다. 이 때문에 실제로 소송에 참여한 사람들은 재판받을 때 재판기록을 보고야 자신의 신원정보나 이메일내용을 수사기관이 취득한 것을 알 뿐이었다.

원고 모집의 어려움을 더욱 가중시킨 것은 일부 포털이 이용자들에게 자신의 신원정보가 수사기관에 유출됐는지조차 알려주지 않았다는 점이다. 마치 은행이 예금주에게 잔고를 가르쳐주지 않는 황당한 일이 벌어진 것이다. 슬프게도 우리나라에서는 실제로 우리은행이 삼성전자 차명계좌의 잔고를 계좌주들에게 알려주지 않은 적이 있어 이 비유의 통렬함을 반감시킨다. 참여연대 공익법센터는 이에 따라 별도의 소송을 포털사이트를 상대로 제기했다. 실제로 '정보통신 이용촉진 및 정보보호에 관한 법률' 제30조(이하 정보통신망법)는 정보서비스 제공자는 고객이 자신의 정보보호 상황에 대해 질의를 하면 알려주도록 하고 있다.

이에 따라 최근 법원(서울중앙지법 제10민사부 · 재판장 최종한 판사)은 수사기관 등에 신상정보를 제공했는지를 묻는 네티즌들에게 이 사실을 은폐한 다음 측이 정보통신망법을 위반했다고 판결했다.

위 사건에서 안타깝게도 법원은 이메일 압수수색 여부 통보 의무에 대해서는 '수사 진행 중 수사대상자에게 그 현황이 공개될 경우 수사상 어려움이 발생할 가능성이 크고', 통신비밀보호법 제9조의3

'통지 의무'를 언급하며 포털은 별도로 알릴 의무가 없다고 판단했다. 이는 법원이 국가의 의무와 포털들의 의무를 혼동한 것이다. 헌법상 적법절차원리에 따라 국가는 국민의 기본권인 프라이버시를 침해할 때는 반드시 통보해야 한다. 일반적인 압수수색은 형사소송법 제122조가, 감청은 통신비밀보호법 제9조의2가, 통신의 시간 및 대상을 확인하는 소위 '통신사실 확인자료'의 취득은 통신비밀보호법 제13조의3이 각각 통보 의무를 정한다. 이메일 압수수색은 통신비밀보호법 제9조의3이 그 역할을 한다. 이는 국가가 국민을 대상으로 한 기본권 침해여서, 국민이 물어보기 전에 당연히 해야 할 의무다. 그래서 조문들도 언제 '이내'에 알려줘야 한다고 되어 있지, 언제 '이후'까지 기다려야 한다고 하지 않는다.

이 법조문들에 따른 국가의 의무와는 별도로 사업자들은 정보통신망법 제30조에 따라 개인정보 유출현황을 고객들에게 통보할 의무가 있다. 이번 소송은 이 의무에 기한 것이다. 물론 "수사현황을 수사대상자에게 알리면 어려움이 발생한다."라는 이유로 사업자들의 통보 의무 이행이 유예될 수는 있다. 감청과 같이 장래의 정보를 취득하는 수사기법에서는 수사대상자에게 현황이 공개되면 수사기법 자체가 불능이 된다. 그렇기 때문에 통신비밀보호법 제11조는 통신기관이 감청 여부를 비밀로 할 것을 요구한다.

그러나 통신비밀보호법 제11조의 '비밀유지 의무'는 이메일 압수수색에는 적용되지 않는다. 이미 완료된 송수신인 이메일은 수사의 밀행성을 유지할 하등의 이유가 없다. 물론 송수신이 완료된 이메일의 압수수색 여부를 수사대상이 알면 수사대상의 행동에 변화가 있겠지만, 이는 합법적 수사에서 발생하는 리스크다. 자유민주주의 헌법하에서 수사기관은 그 리스크를 짊어진다. 영장이 있다고 몰래 훔쳐갈 수는 없는 것이다.

그렇다면 통신비밀보호법 제11조와 같은 명시적인 통보금지 규정이 없는 상황에서 사업자가 명시적인 법 규정상(망법 제30조) 가진 의무가 유예될 하등의 근거가 없다. 수사현황 통보로 발생하는 수사상의 어려움에 대해서 이미 입법자는 통신비밀보호법 제11조로 해결하겠다고 결론을 내렸다. 이메일 압수수색은 여기에 해당되지 않는다. 그렇다면 비밀유지 의무도 없는 이메일 압수수색에 대해서 사업자는 자신의 의무를 충실히 이행해야 한다. 고객의 잔고를 알려주지 않는 은행에 비유되지 않기 바란다.[62]

더 읽을거리
★ '미국의 통신비밀보호법 및 범죄수사통신지원법과 우리나라의 통신비밀보호법 및 18대 국회 개정안의 비교검토'(119~157면), 박경신, 「안암법학」 제29호, 고려대학교, 2009.05
★ '이메일 압수수색의 제문제와 관련법률 개정안들에 대한 평가', 박경신, 「법학연구」 제13집 제2호, 인하대학교, 2010.08

위 소송들 이후에 2011년 7월 이후에 형사소송법이 개정됐다. 박영선 의원과 이종걸 의원이 계속 법안 발의를 하며 관심을 가져왔던 것이 성사된 것이다. 즉 정보저장장치에 대한 압수수색에 대해서는 반드시 정보저장장치의 관리자가 아니라 정보 주체에게 '즉시' 통지하게 되었다.

2010년 말에는 통신통신비밀보호법 제6조 제7항 단서 위헌제청(2010. 12. 28. 2009헌가30) 결정에서 피감청자에 대한 통지가 무한정 지연되던 것에 대해 헌법 불합치가 내려졌다. 2011년 대법원 결정이 내려져서 압수수색 범위가 너무 포괄적인 영장에 대해 무효 결정이 내려졌다(대법원 2011. 5. 26. 2011모1190 결정: 서울중앙지방법원 2009. 9. 11.자 2009보5 사건).

	문제점	입법적 대응	소송 대응
통신자료제공제도 인터넷실명제	영장 없이 사생활 침해	18대 국회 이정현 안	각 제도에 대해 헌법소원 2건 및 포털상대 민사소송 진행 중
	당사자 통지 없이 사생활 침해		
이메일 등의 정보기기 압수수색	사업자 통지 없음	정보통신망법 제30조 이미 존재	민사소송 승소
			민사소송 패소
	당사자 통지 없이 사생활 침해	2009년 통신비밀보호법 개정(기소·불기소 후 30일)	'즉시 통지' 위한 대정부 민사소송 진행 중
	집행기간 및 범위가 너무 넓음	2011년 형사소송법 개정 ("죄를 지었다고 믿을 만한 상당한 이유" 추가)	대정부 민사소송에 포함
감청 및 통신사실 확인자료 취득제도		18대 국회 변재일 안	2011년 민노당 압수수색 대법원 판결
	통지가 기소·불기소 이후 이뤄져 무한정 연장	18대 국회 이정희 안	2010년 헌법재판소 불합치 결정

통신자료제공제도는 한나라당의 이정현 의원도 폐지안을 발의한 바 있는데, 19대 국회 때는 꼭 폐지가 됐으면 하는 마음이다. 인터넷실명제와 통신자료제공제도에 대해서는 아직도 헌법소원이 진행 중이다. 포털들은 이메일 압수수색 여부와 통신자료제공 여부에 대해 지금은 적어도 이용자들이 물어보면 알려주고 있다. 위 개정에서 압수수색이 대물적 효력만을 가지고 있어 발부기준이 엄격할 필요가 없다는 기존 법이 바뀌어 압수수색에서도 "죄를 지었다고 믿을 만한 상당한 이유"가 요건이 됐다.

누구와 친구인지를 밝혀야 한다면
사상의 자유는 없다

인터넷실명제를 들여다보면 사생활이 보호되어야 표현의 자유가 보호된다는 것을 알 수 있다. 결사의 자유도 사생활이 보호되어야 같이 보호된다.

국가가 특정 개인을 처벌하려면 재판이라는 절차를 거쳐 유죄를 입증해야 한다. 그런데 재판 자체를 진행하기 위해서는 사전에 그의 신병을 확보하거나 그의 사생활을 캐야 할 필요가 있다. 하지만 바로 그런 이유로, 죄를 저지른 사람은 도주하거나 증거를 은폐할 동기를 가진다. 이 딜레마를 풀기 위해 대부분 국가에서는 체포·구속·압수수색 등 재판 전 강제처분을 위해 유죄 입증보다 수위는 낮지만 나름대로 의미가 있는 '개연성'의 입증을 요구한다. 즉 그 사람이 범죄를 저질렀을 개연성, 압수수색 대상물이 그 범죄와 관련이 있을 개연성 등의 입증이다. 그리고 그 입증이 이뤄졌는지는 사법부가 판단하도록 하고 있으며, 그 판단이 바로 영장이다.

지난 주말, 경찰이 전국공무원노동조합(전공노)과 전국교직원노동조합(전교조) 조합원들의 민주노동당 가입 여부를 확인하기 위해 민노당의 KT 서버에 대한 압수수색을 진행했다. 경찰을 탓할 일이 아니라 영장을 발부해준 법원을 탓할 일이다. 법원은 최근 1심에서 무죄를 받은 광우병 보도 사건에서도 MBC의 촬영 원본에 대한 압수수색 영장을 발부한 바 있다. 당시 죄목이 '허위에 의한 명예훼손'이었는데, 허위보도됐다는 미국산 쇠고기의 광우병 위험성이라는 객관적 사실과 보도내용이 이미 밝혀진 상황에서 촬영 원본은 전혀 불필요한 것이며 영장은 기각됐어야 한다.

이번 사건에서도 수사 자체의 타당성을 고려했다면 영장은 기각돼야 했다. 경찰은 정치활동 금지조항 위반 여부를 조사하려 한다고 했다. 그런데 표현의 자유가 익명으로 표현할 자유를 포함하듯 결사의 자유는 비밀결사의 자유도 포함한다. 즉 모든 사람은 익명으로 단체에 가입할 권리가 있다. 단체 가입을 공개적으로 해야 한다면 결사의 자유는 위축될 것이기 때문이다. 1950년대 말 인종차별정책을 고수하려는 미국 앨라배마주 정부가 소수민족권익보호단체인 NAACP를 탄압하기 위해 단체의 회원 명부를 공개하도록 강제하는 명령을 주 법원에서 얻어냈지만, 연방대법원은 위헌 판정을 내렸다. 단체 가입 자체가 범죄시될 수 없으며, 그러한 상황에서 공개를 강제할 특별한 공익이 존재하지 않는 한 결사의 자유는 보호돼야 한다는 것이다. 당시 앨라배마주 정부는 NAACP 활동의 위법성을 문제 삼으려 했지만 대법원은 설득력이 없다고 했다.

이번 경찰조사는 민노당이 저지른 별도의 범죄수사를 위한 것도 아니었다. 게다가 민노당 가입 자체를 범죄시한 것이기 때문에 결사의 자유라는 헌법적 가치를 정면으로 위반한 것이며 영장은 기각됐어야 한다.

또 우리나라 사법부가 수사 자체의 타당성을 고려할 정도로 압수수색 영장을 엄격히 심사하지 않는 이유는 구조적인 데 있다. 체포나 구속은 범죄를 저질렀을 개연성을 요구하지만 압수수색에 대해서는 '범죄수사에의 필요성'만을 요구하고 있다. 학계에서는 체포·구속의 대인적 효력과 압수수색의 대물적 효력을 분리하며 후자는 심각성이 떨어진다고 주장하지만, 일기장과 이메일이 공개되는 것이 어떻게 대물적 효력인가! 형사소송법의 개정이 시급하다.

단체 가입은 그 단체의 입장에 동조하는 표현 행위다. 표현의 자유에 익명으로 말할 권리가 포함된다면 곧 단체 가입 여부가 공개되지 않을 자유도 포함된다. 단순히 단체 가입 여부를 확인해 가입자들의 결사의 자유를 위축시키는 압수수색 영장은 그 자체가 불법적이다. 마지막으로, 눈앞에서 불법적 영장이 발부됐는데 이를 몸으로밖에 막을 수 없는 야만적 상황도 시정돼야 한다. 즉 압수수색 적부심에 대한 논의도 필요하다는 것이다.❻❸

위 글은 단체 가입에 대한 정보를 강제로 취득하는 것은 결사의 자유 침해라서 영장 발부 자체가 되어서는 안 된다는 상당히 '강경한' 주장과 죄를 지었다고 믿을 만한 상당한 이유도 없이 압수수색 영장을 남발해서는 안 된다는 '온건한' 주장으로 이뤄졌다. 또 절차적으로도 압수수색 적부심의 필요성을 끝에 언급하였다. 그런데 바로 민노당 압수수색과 관련해 압수수색 적부심은 아니었지만 영장 재항고를 통해 이미 발부된 영장의 집행범위가 너무 넓다는 이유로 영장기각을 대법원으로부터 선언받은 기념비적인 사례가 2011년에 나타났다. '전교조 본부 사무실 압수수색 집행에 대한 재항고 사건'으로 불리기도 한다(서울중앙지방법원 2009. 9. 11.자 2009보5 사건). 아주 느리지만 역사는 앞으로 가기는 한다.

이메일 수사도
사상 탄압이 될 수 있다

영화 〈젊은이의 양지〉에서 주인공(몽고메리 클리프트 분)은 이미 애인이 있는 상황에서 새 여자(엘리자베스 테일러 분)와 사랑에 빠지자, 옛 애인에 대한 책임감 속에서 갈등하다가 애인을 살인하는 '상상'만 하고 실행에 옮기지 못했다. 그러던 중 옛 애인이 사고로 죽자 그는 살인죄로 기소되어 사형당한다. 영화감독은 "죽도록 (또는 죽이도록) 사랑한다."라는 젊은이의 순수함과 이를 이해하지 못하는 사회의 편견 사이의 충돌에 초점을 맞춘다.

〈PD수첩〉의 광우병 보도에 대한 검찰 발표에서 제작진의 이메일과 관련된 문제점은, 검찰이 정부관리에 대한 제작진의 비판적인 견해를 그 관리에게 범죄(명예훼손)를 저지를 의도로 간주하고 있다는 점이다. 이번에 공개된 메일들이 보여준 것은 단지 제작진이 특정한 정부정책에 결연한 반대 의견을 갖고 있다는 것뿐이었다. 이 입장을 보도내용을 조작하고 왜곡할 의도, 즉 명예훼손을 범할 의도로 등치시키는 것은 정부비판적 견해에 대한 전면적 탄압이다. 공산주의 국가에서 공산주의에 반대하는 서적을 많이 읽고 있는 사람에게 내란 의도를 뒤집어씌우는 것과 같다. 이메일 공개 여부를 떠나 검찰의 유죄 논리 자체에 심대한 문제가 있는 것이다. 통계적으로, 진보적인 사람이 불법 시위에 참여할 확률이 보수적인 사람보다 더 높을 수 있다. 그렇다고 해서 피의자의 진보성을 보여주는 기록을 불법 시위 참여 의도성의 증거로 제시하는 것은 사상탄압이며, 헌법적으로 금지된다.

통신비밀이든 압수수색된 이메일이든, 그 공개를 절대적으로 금할 수는 없다. 공적인 사안에 대한 프라이버시권은 국민의 알 권리를 넘어서지 못한다. 범죄수사는 매우 공적인 목표며 이를 위해 개인정보를 취득하는 것은 독립적인 법관이 발부한 영장을 통해서 가능하다. 그뿐만 아니라 그렇게 취득한 정보가 범죄 구성요건을 입증하고 국민이 알아야 할 공익적 필요가 있다면 한정된 범위 안에서 공개도 가능하다. 예컨대 장자연리스트의 경우, 성상납이 밀폐된 공간에서 이뤄졌다고 할지라도 그 공간에서 벌어진 일에 대한 기록이 범죄 구성요건의 증거이고 국민이 권력비리 수사가 제대로 되고 있는지 감시하기를 원할 때는 이 기록을 공개하는 것도 가능하다. 〈PD수첩〉 수사에서도 이메일내용이 범죄 구성요건과 관련이 있다면 공개가 허용될 수는 있었다. 하지만 개인의 정치적 입장을 범죄 의도성과 관련짓는 것은 헌법적으로 금지되기 때문에 그 공개는 부당하다.

더 큰 문제는 피의자가 공정한 재판을 받을 권리다. 공적 사안에 대한 공개는 가능하지만 그 공개는 최소한으로 이뤄져야 한다. 수사기관이 자신에게 유리한 내용만을 공개하여 판사나 배심원이 편견을 가지게 되면 공정한 재판이 어려워지기 때문이다. 바로 이런 폐해를 막기 위해 피의사실공표죄가 존재한다. '재판 청구 이전'의 공표만 금지되는데 이번 공개는 기소와 동시에 이뤄졌다는 검찰의 항변은 궁색하다. 피의사실공표죄는 기본적으로 검찰이 '여론재판'을 하지 말라는 것이며, 재판 청구 이전이든 이후든 불필요한 공개는 하지 말라는 것이다. 이는 대검의 인권보호 수사준칙에도 반영되어 있다.

검찰은 자신에게 유리한 사실들만을 공개하여 자신의 수사나 기소에 유리한 여론을 형성하고, 다시 그 여론에 힘입어 체포·압수수색·구속 등의 강압적 조처를 취하거나 이런 조처를 위협하여 피의자의 '협조'를 강제해내는 수사방식을 반복해왔다. 이런 수사방식에 의해 전직 대통령의 목숨이 희생됐음을 상기해야 한다.**❻❹**

'알 권리'는 타인의 사생활에 대한 알 권리가 아니다

2010년 4월 30일 민노당 명부에 대한 압수수색 영장이 발부됐다. 이 영장이 실제로 집행된다면 우리나라는, 권력자가 국민 중에서 반대세력의 추종자들을 식별해내어 탄압하던 권위주의시대로 회귀하게 된다. 세계사적으로 보면 반세기 이상을 후퇴하는 것이다. 1950년대 말 미국 인종차별정책을 고수하려는 앨라배마주 정부가 소수민족권익보호단체의 회원명부를 제공하라는 법원명령을 세 차례나 얻어냈다. 그러나 연방대법원은 결사의 자유를 침해한다며 법원명령임에도 불구하고 모두 위헌 판정을 내렸다.

결사의 자유는 국민의 단체 가입을 금지하는 것만으로 침해되는 것이 아니다. 국민들의 단체 가입 여부를 공개하는 것도 국민들의 단체 가입을 위축시켜 결사의 자유를 침해한다. 마치 인터넷실명제가 글 쓰는 사람들을 위축시켜 표현의 자유를 침해하는 것과 마찬가지다. 올해 2월 헌법재판소는 선거법실명제에 대해, 온라인에 글을 쓰는 사람에게 신원공개를 강제하는 것은 그 사람의 표현의 자유를 침해할 수 있다고 판시했다. 신원공개를 통한 사생활의 침해는 바로 그 생활의 자유 자체를 위축시키고 곧 침해한다.

물론 그 단체가 단체의 이름으로 별도의 불법행위(가령 조직폭력이나 마약밀수)를 저질렀고 고로 단체의 실체가 누구인지를 밝히기 위해서 명단을 파악하려는 것은 인정된다. 민노당 사건에서도 검찰은 공무원의 정당 가입 금지라는 실정법(국가공무원법 제65조) 위반을 조사하기 위해서라고 한다. 하지만 정당 가입 자체를 금지하는 법의 위헌성은 별론으로 하더라도 200여 명의 가입 의심자에 대한 조사를 위해 수만 명에 달하는 민노당 가입자 신원을 모두 확인하겠다는 것은 설득력이 없다. 앨라배마주 정부도 당시 NAACP 외부활동의 위법성을 핑계 삼으려 했지만 대법원은 설득력이 없다고 했다.

최근에 있었던 조전혁 위원의 전교조 명부의 공개는 조금 어렵다. 물론 국가가 강제한 것이 아니므로 위헌의 문제는 발생하지는 않지만 민사적으로 사생활을 침해한다. 국민의 '알 권리'는 다른 국민들의 사생활에 대해서 알 권리를 말하는 것이 아니다. 헌법재판소는 1989년 임야조사서 열람신청사건에서 국민이 정부를 비판하고 감시하기 위해 정부가 보유한 정보에 대해 알 권리가 있다고 처음 천명했다. 그래서 1996년 제정된 정보공개법은 타인의 사생활을 침해하는 정보는 공개대상에서 배제하고 있으며 '사상·신념에 관한 정보'는 아예 수집을 금지하고 있다. 전교조 가입 사실은 각 교사들이 조합비 액수의 계산 및 성실납부 등의 이유로 자발적으로 학교에 위탁한 정보이고, 학교는 이 정보를 비밀로 유지할 수탁의무가 있었다. 학교가 이를 교과부에 전달할 때 불법 유출이 된 것이고 이 정보의 추가공개는 차단되어야 했다.

물론 일부 학부모들은 전교조 소속교사들은 '좌파' 교육을 할 가능성이 높아 전교조 가입 여부는 공적 정보로 취급되어야 한다고 주장할지 모른다. 그것이 통계적으로 사실일지 모른다. 모든 편견은 일정한 확률적 진실에 근거하고 있다. 그러나 자유민주주의는 그런 통계를 무시하자는 것이다. 통계상 여성이 '영업'을 남성보다 못하고 강북 출신이 강남 출신보다 점수가 더 낮다고 하여 채용이나 입시에서 이 통계에 별도의 효력을 부여하는 것은, 그러한 통계의 원인이 된 억압과 불평등을 용인하는 것이며 결국 그것들을 반대하는 자유민주주의를 철저하게 부정하는 것이다. 결사의 자유를 보호한다는 것은 어떤 단체에 가입했다고 해서 공식 업무도 다르게 할 것이라는 편견에 법적 효력을 부여하기를 거부하는 것이다.**⑤**

인터넷 실명제가 낳은
신상 털기

최근, 사건 당사자의 신상정보를 인터넷에 무분별하게 공개하는 일명 '신상 털기'에 대한 논란이 불거졌다. 논란의 실체는 무엇인지 냉정하게 그 내용을 구분해서 볼 필요가 있다.

첫 번째 논란은 사건 영상을 올리는 '고발'에 관한 것인데 이것을 사생활 침해, 초상권 침해 또는 명예훼손이라고 보기 어렵다. 공공장소에서 내놓고 한 일은 사생활 범주 밖의 일이다. 초상권도 영리적 이용이 없다면 얼굴이 들어갔다는 이유만으로 권리가 침해되는 것은 아니다. 또한 '허위 아닌 진실'은 명예훼손이 아니라는 사회적 합의가 있다. 그 합의의 전제하에 정부에 대한 비판과 감시도 가능해진다. 우리나라는 진실도 공익을 입증하지 못하면 명예훼손으로 처벌되는, 전 세계에서 몇 안 되는 나라지만 그런 퇴행적인 법에 우리의 도덕생활을 스스로 가두지 말자.

두 번째 논란은 공개된 정보들을 인터넷상에서 수집하는 행위에 관한 것이다. SNS나 사이월드에 스스로 올린 자기와 관련 정보들을 네티즌들이 모았다고 탓할 수 없다. 타인에게 자신을 알리려고 올린 정보인데 이를 통해 타인이 자신에 대해 더 알게 됐다고 슬퍼하거나 탓할 일도 아니다.

세 번째는 악플에 관한 논란이다. 악플은 누군가에 대한 공격이기도 하지만 네티즌들 간의 감정과 견해의 공유며 '욕'은 격한 감정을 공유하는 매개체다. 물론 필자도 욕은 싫다. 지하철 '막말남'에게 욕하는 사람들도 스스로가 막말남녀가 되고 있지는 않은지 거울을 볼 필요가 있다.

하지만 악플의 법적 규제는 다른 문제다. 욕이 나오는 일을 당해서, 또는 욕이 나오는 일을 목격해서 욕하는 사람들이 있을 것이다. 효순이와 미선이의 압사사건을 본 사람이 "Fucking USA!"라는 구호를 외친다고 비난할 수 있는가? 지하철 막말남마저도 우리가 모르는, 어쩌면 이유 있는 분노가 쌓여서 표출한 것일 수 있기에 그를 "형사 처벌하자."라는 것에는 반대한다. 검찰기소로 모욕죄를 처벌하고 징역까지 살게 하는 나라는 전 세계에서 우리나라밖에 없다. 이 법에 기대려는 우리의 마음에서 2MB18nomA나 G20 쥐 그림과 같은 퍼포먼스를 규제하려는 정부의 자신감이 나온다.

마지막으로, 공개되지 않은 정보들을 해킹해서 올리거나 허위사

실을 유포하는 문제다. 애먼 사람을 엽기행위자라고 주장하는 경우도 여기에 해당된다. 이것은 명백한 불법이며, 처벌받아 마땅하다.

그런데 이런 위험이 있다고 해서 네티즌들의 행위 전체를 싸잡아 비난해서는 곤란하다. 고발·수집·악플·불법이라는 일련의 행위들은 법적으로나 도덕적으로 서로 다른 평가를 받아야 한다. 고발이나 수집은 오히려 사회적으로 바람직한 현상이다. 사회적으로 지탄받아야 할 현장 목격담을 타인과 공유하거나, 공개된 정보를 수집해 어떤 사건의 실체에 접근하는 과정에서 사회담론이 형성된다. 황우석의 연구 사기가 네티즌들에 의해 밝혀진 과정을 보라. 불법행위가 우려된다는 이유로 고발·수집·악플까지 법적으로 규제하려는 시도는 더 많은 것을 잃을 수 있다.

불법행위만을 선별해 차단하는 방법이 있다. 우리나라에서 신상털기가 횡행하는 것은 사실 주민등록번호 제도와 인터넷실명제 때문이다. 모든 국민이 태어나면 공장 출시품처럼 일련번호가 매겨지고 인터넷 사용을 하려면 그 번호와 실명도 밝혀야 하는, 세계에서 유일한 나라다. 이 번호만 알면 타인에 대해 더욱 민감한 정보들까지 취득할 수 있는 것이다. 돌아보면, 실명제도 사실 인터넷상 불법게시물의 게시자들을 추적할 수 있게 만들어 불법게시물을 막겠다고 만든 것이다. 앞뒤 가리지 않고 불법을 막겠다고 하다가 불법을 되레 키운 꼴이 됐다. 신상 털기를 구분하지 않고 모두 싸잡아 비난하다가는 또 하나의 괴물을 만들 수 있다.[66]

신뢰성의 패러독스,
전자주민증

행정안전부가 전자주민등록증 도입을 추진하고 있다. 주민등록번호가 카드 표면에 노출되어 있어 위·변조의 가능성이 높고, 전자화되어 있지 않아 판독에 어려움이 있어서 추진한다고 한다. 그런데 행정안전부는 입법 목표와는 전혀 관련이 없는 다른 일을 추진하려 한다. 법률을 개정해, 주민등록증에 수록되는 정보의 가짓수를 확장하려는 것이다.

프라이버시에 있어서는 '전체는 부분의 합보다 크다'. 현재는 여러 국가기관이 각자의 목적에 필요한 만큼의 개인정보를 취득해 별도로 보관한다. 그런 정보가 모두 통합 관리되면, 개인의 통합적 형상화가 가능해져 개인에 대한 더욱 내밀한 감시가 가능해진다.

위와 같이 법률이 개정되면, 전자주민증은 통합관리의 물리적 틀을 제공할 가능성이 있다. 즉 현재 병원이나 경찰이 관리하는 정보들도 주민증 집적칩c에 수록될 가능성이 열린다.

개정안대로 주민이 '수록 신청'하는 것만 추가된다고 문제가 없어지지 않는다. 주민등록증은 보통 미성년자가 발급받는다. 신청서 기재란에 "이 정보는 쓰지 않아도 좋다."라고 개별적으로 명시돼 있지 않는 한 행정안전부가 수집하려고 만들어놓은 모든 항목에 대해, 건강정보든 인종이든 별다른 의심 없이 정보를 제공한다.

현재 개인정보보호법이 여야 합의하에 국회 법안소위를 통과했다. 개인정보보호법 법안 제15조 제1항은 국가든 개인이든 정보 수집을 특별히 열거된 경우로만 제한한다. 물론 그중 하나가 '정보 주체의 동의를 받은 경우'지만 같은 조 제2항은 해당 정보의 '수집 및 이용 목적', '보유 및 이용기간'을 통지하여 동의를 얻도록 한다.

이 법에 따라 정보를 수집하려면 행정안전부는 주민이 수록 신청하는 모든 정보에 대해서 이와 같은 절차를 따라야 한다. 과연 그것이 현실적으로 가능한가? 또 국민이 제공하는 것은 다 수집할 거라면, 도대체 개인정보보호법의 제정 의미는 무엇이란 말인가?

개인정보보호법은 정보처리자가 국가기관이든 사기업이든, 그 정보를 유출하는 것은 물론 다른 정보처리자와 공유하지 못하게 하는 기능도 수행한다. 바로 위에서 말한 개인정보의 통합이 발생시키는 '심각한 사생활 침해' 때문이다. 그런데 이렇게 공유되지 않았을 정보가 주민들로부터 직접 수집되어 수록되면, '공유' 없이도 이미 생성시점부터 '통합'되는 것이고 개인정보보호법의 취지도 퇴색한다. 결국 이번 주민등록법 개정안은 여야가 합의한 개인정보보호에 관한 국가정책에 반하는 것이다.

마지막으로, 주민등록증의 위·변조를 막으려 하는 것은 좋은 일이다. 그런데 생각할 것이 있다. 국가가 신뢰성이 높은 신분증을 만들었다고 선언하는 순간 국민들은 상대의 신원 확인에 개별적 노력을 하지 않고 그 제도에 의지한다.

범죄자들은 이렇게 발생하는 '보안의 해이'에 기대, 더욱 그 신분증을 위·변조하는 데 자원을 투입하게 되고 결국은 (내부인을 매수해서라도) 성공하게 된다. 즉 제도의 신뢰성은 장기적으로 떨어진다.

주민등록번호가 그렇다. 원래는 방첩 목적으로 만들었으나, 수많은 국가기관과 사기업들이 신원 확인의 목적으로 주민등록번호를 요구하고 별도의 노력을 포기했다. 학군 제도도 우편물 주소 확인 등 별도의 거주지 확인을 하지 않고 주민등록지 기준으로 운영되다 보니 '위장전입'이라는 세계에 유례없는 범죄가 우리나라에 존재한다. 온 국민이 주민등록번호라는 유일 체제에 '몰입'하게 되자 범죄자들은 주민등록번호와 실명 조합만 취득하면 국민들을 기망하기 쉽다는 것을 발견하게 됐다. 이제 우리 국민의 '주민등록번호-실명' 조합이 외국에서 개당 몇십 원씩 거래되는 지경에 이르렀다.

이런 신뢰성의 패러독스가 대부분의 선진국들이 개별 국민에게 고유번호를 부여하는 제도를 포기한 이유다.[67]

'박지원의 제보자'
내사의 모순

검찰이 박지원 의원 측에 제보한 관세청 직원에 대해 공공기관의 '개인정보보호를 위한 법률' 위반 혐의로 수사를 하겠다고 한다. 정보보호법은 프라이버시 보호를 위한 법률이다. MBC 김은희 PD의 이메일내용을 전 국민에게 공개한 것은 프라이버시 침해가 아니라던 검찰이 고위공직자의 면세품 구입 기록을 다른 한 명에게 유출한 것은 프라이버시 침해라니 참으로 답답하다. 성격상 프라이버시가 될 수 없는 사안들이 있다. 국민의 생활에 심대한 영향을 주는 권력비리들에 대한 정보는 사생활이라 할지라도 공개될 수 있다.

장자연리스트, '떡값검사' 이름, 강호순의 얼굴, 김은희 PD 이메일, 천성관 여행기록, 노무현 전 대통령의 '피의사실', 〈PD수첩〉 광우병 보도 원본파일. 무엇을 공개하고 무엇을 공개하지 않을 것인가? 관련된 법률도 여럿이지만 이를 통제하는 헌법 원리들에 따르면 비교적 간단하다.

첫 번째, 무엇이 개인정보인가? 개인정보가 아닌 것을 보호할 이유는 없다. 강호순은 평소에도 자신의 얼굴을 내보이며 자신을 '강호순'이라고 소개하고 다녔다. 이렇게 알려진 자신의 얼굴은 더 이상 개인정보가 아니다. 이와 달리 인터넷에서는 게시자도, 열람자도 자신을 밝히지 않는다. 이런 상황에서 본인확인정보를 포털에 등록하도록 강요하는 실명제는 사생활 침해가 맞다.

두 번째, 위에서 개인정보로 판단되면 수사기관은 이를 범죄수사 목적으로 취득할 수는 있으나 이는 적법한 영장에 따라 이뤄져야 한다. 이론적으로 김은희 PD의 이메일내용이나 〈PD수첩〉 광우병 보도 원본파일 모두 명예훼손죄의 수사 목적으로 취득할 수 있다. 하지만 최소한 수사 목적인 범죄가 법리적으로 성립되어야 '범죄수사에의 필요성'을 따져 영장 발부를 할 텐데 핵심 사실인 '허위'가 특정되어 있지도 않다.

세 번째, 위와 같이 수사기관이 합법적으로 취득한 개인정보는 공익적 필요가 있다면 일반에게 공개될 수 있는데 개인이 취득한 경우에도 마찬가지다. 특히 공적으로 중요한 범죄의 성립 여부를 결정하는 정보는 당연히 공개될 수 있다. 천성관의 여행기록이나 '떡값검사'들의 실명 모두 국민들의 윤리적 삶에 엄청난 영향을 미치는 유착관계에 대한 것이며, 특히 포괄적 뇌물죄나 강요죄 등의 범죄 성립 여부와도 깊은 관련이 있다. 도청파일을 공개한 노회찬은 무죄란 이야기다. 박지원의 제보자(관세청 직원)의 경우, 정보를 직원으로서 합법적으로 취득했고 공개할 때는 업무상 의무를 위반했지만 정보 성격상 일종의 '내부고발자'로서 보호되어야 한다고 본다.

네 번째, 수사기관은 피의자가 공정한 재판을 받을 권리를 보호하기 위해 최대한 피의사실공표의 범위를 줄여야 한다. "유죄를 확신한다."라는 등의 유·무죄에 대한 견해 표시는 절대적으로 금기시되어야 한다. 단순한 피의자의 인격권 보호를 목적으로 너무 폭넓게 피의사실공표를 금하여 검찰이 아무런 정보도 언론에 제공하지 않으면, 검찰수사에 대한 언론의 감시기능이 훼손된다.❽

도둑들의 대화내용을
공개할 자유

2005년 8월 노회찬 의원은 국가안전기획부가 1997년 대통령 선거 당시 삼성그룹 고위임원과 홍석현 중앙일보 회장이 만나 특정 후보에게 대선 자금을 지원하기로 논의한 내용 등이 담겨 있는 안기부의 도청파일에서 삼성그룹으로부터 정기적으로 돈을 받은 것으로 거명된 검사들, 일명 '떡값검사'의 이름들을 공개했다. 이에 대해 지난 2월 9일 법원은 첫 번째 형법 제307조 제2항 허위의 적시에 의한 명예훼손, 두 번째 통신비밀보호법 제16조상의 불법 감청내용의 공개 혐의에 대해 유죄 판결했다.

첫 번째, 명예훼손에 대한 판시는 소가 웃을 일이다. 법원은 "X파일에는 떡값을 주기로 한 계획에 대한 논의만 나올 뿐 실제 떡값을 주었는지는 언급하지 않았다."라고 하여 유죄 판결했다. 그러나 X

파일에 그 얘기가 안 나온다고 해서 이들이 떡값을 받지 않은 걸로 되는 것은 아니다. 그럼에도 불구하고 판결문 어디에도 "떡값검사들이 실제로는 떡값을 받지 않았다."라는 판시가 없다. 즉 '허위'라는 판시가 없다. 미국이라면 노회찬에 대한 명예훼손 재판은 해당 검사들이 실제 떡값을 받았는지를 다투는 재판이 됐을 것이다. 검찰의 자체 조사에 의해 무산돼버린, 국민들이 그토록 원하던 그런 재판 말이다.

두 번째, 통신비밀보호법에 대한 판시도 법의 입법 목적을 망각한 것이다. 통신비밀보호법은 국민의 사생활의 비밀을 보호하기 위해 입법된 것이다. 그런데 자기 사생활의 비밀을 보호하기 위해서는 자신에 대해, 자신을 둘러싼 세계에 대해 알아야 한다. 불법 도청이 발견된 후에는 불법 도청을 한 자와 이들을 수사한 권력기관만이 대화내용을 알고 있게 된다. 대화내용이 공적 사안인 경우 정보의 불평등이 발생하고, 정보를 가진 자는 이를 무기로 대다수 국민들에게 피해를 끼칠 수 있다. 그러므로 이런 경우에는 국민들이 그 내용을 서로 공유할 수 있도록 하는 것이 국민의 표현의 자유를 보호하는 것이다.

이러한 이유로 1970년대 연방대법원 판례들은 불법 공개된 정보라고 할지라도 공적인 사안이라면 이를 합법적으로 취득한 언론사는 보도할 수 있다는 법리가 세워져, 2001년 '바트니키Bartnicky 대 보퍼Vopper' 사건에서 감청된 정보까지 적용하게 되었다. 즉 폭력행

위의 모의가 불법 감청되었더라도, 그 공개가 폭력행위를 예방하는 효과가 있을 경우, 감청내용을 합법적으로 전달받은 언론사는 그 내용을 보도할 수 있다. 미국의 통신비밀보호법 역시 우리나라처럼 감청내용의 공개를 명시적으로 금지하고 있음에도 그러하다.

일부 학자들은 감청내용의 공개를 금지한 '보너Boehner 대 맥더못McDermott' 항소법원 판결 때문에 혼란스러워하지만, 이는 당시 공개자와 피감청자 사이의 특수관계로 인해 공개자가 직업상 비밀유지 의무를 가지고 있었던 매우 특이한 경우다. 도리어 2007년 '장Jean 대 매사추세츠주 경찰국' 사건에서 다른 연방항소법원은 불법녹화된 영상을 합법적으로 취득한 네티즌에 의해 인터넷상으로 공개되는 것이 합법이라고 판시했다.

불법 감청된 공적 사안을 신속히 공개하여 정보의 불평등을 해소해야 할 필요성은 안기부 X파일과 같이 도청자가 국가일 경우 훨씬 높다. 도청자들과 수사기관들만 알고 있는 수많은 공적 정보들을 국민은 모르고 있다. 게다가 당시 삼성뿐만 아니라 수많은 국민들이 도청을 당했지만 아직도 우리는 누가 도청을 당했는지 무엇을, 어디서, 언제 도청을 당했는지 모르며 살아가고 있다. 지금 도청파일이라고 해서 무조건 덮어둘 것이 아니라 최소한 누가 도청을 당했는지 알 수 있도록 누군가는 자세히 들어보고 피해자들에게 통보해줘야 한다.

통신비밀보호법이 우리의 프라이버시를 보호한답시고 정작 우리

스스로가 알아야 할 정보들을 덮어두고 있다. 법을 문자 그대로 해석하는 것은 누구나 할 수 있다. 법에 숨겨진 이상과 원칙을 찾아내 좋은 법이 나쁜 결과를 가져오지 못하도록 해석해야 할 힘과 의무를 가진 사람들이 바로 법률가들이다.❽❾

진실을 밝힌 거짓말, 불법일까

최근 유아원의 비위생적인 급식에 대해 MBC 〈불만제로〉 측이 위장취업자의 몰래카메라를 이용해 취재 및 보도했다. 이에 대해 유아원이 〈불만제로〉를 고소했고 검찰과 경찰이 수사를 진행 중이다. '위장취업'은 취업의 의도를 숨기고 이 위계를 통해 업장에 잠입해 밝혀낸 사실을 보도함으로써 유아원의 업무에 타격을 가했으므로 주거침입이나 업무방해가 성립하는 것처럼 보인다.

　하지만 많은 사람들은 이와 같은 '몰카' 취재가 없다면 어떻게 사회비리를 밝힐 수 있겠느냐며 검찰과 경찰의 수사에 불만을 토로하고 있다. 그렇다고 몰카 취재를 우선 해보고 사회적으로 중요한 비리가 밝혀지는 것을 조건으로 용서한다는 것은 몰카 취재를 일종의 '로또'로 만드는 괴상한 법리가 될 것이다.

기본적으로 도청이나 몰카는 공중에게 닫힌 공간에 대해 허락 없이 이뤄지는 한, 프라이버시 침해며 진실 추구를 이유로 용서받을 수는 없다. 프라이버시 침해가 아닌 다른 위법이 동원되어도 마찬가지다. 실제로 계룡대 내 '룸살롱'의 존재를 밝히기 위해 기자가 군인을 사칭해 군부대 내에 진입한 경우가 있는데, 초소에서의 기망을 처벌하는 법의 위반에 대한 책임을 피하기는 어렵다.

유치원 '몰카' 취재와

업무방해
물론 노회찬 진보신당 대표가 '떡값 의혹' 검사의 실명을 공개한 사건과 같이 타인이 도청한 내용을 물론 공익을 위해 공개하는 것은 당연히 면책되어야 한다. 그러나 본인이 스스로 도청이나 몰카 촬영을 하는 것은 다르다.

문제는 과연 몰카 취재 자체가 주거침입으로 처벌되거나 몰카 취재내용의 보도가 업무방해에 해당하는가 하는 점이다. 한 이탈리아 영화 중에 이러한 장면이 있다. 두 남녀가 커다란 미술관에서 처음 만나 좋은 감정을 느껴 미술품 감상을 계속하다가 폐장시간을 놓쳐 그만 갇힌다. 이들은 어쩔 수 없이 미술관에서 밤을 새며 얘기를 나누다가 성관계를 맺는다. 그런데 나중에 알고 보니 남자는 미술관 관계자였고 나올 수 있는 열쇠를 가지고 있었으면서도 모른 척했던 것으로 드러났다. 이를 알게 된 여자는 남자가 자신을 속여서 성관계를 맺었다며 고소를 한다.

이 사건이 우리나라에서는 불법이 되지 않을 것이다. 만약 남자가 에이즈 환자인 것을 속였다면 불법이 되겠지만, 이 사건이 불법이 아닌 이유는 무엇일까?

이에 대해서는 많은 학술적 논란이 있을 수 있지만, 한 가지 분명한 것은 모든 거짓말이 곧바로 불법이라거나 거짓말을 동반한 모든 행위가 불법은 아니라는 점이다.

가게에 가서 점원에게 "다른 가게에서 더 싸게 살 수 있다."라고 거짓말을 하며 점원의 시간이나 가게의 공간을 점유했다고 그 가게의 업무방해나 주거침입이 되지는 않는다. 점원은 손님이 무슨 말을 하는지에 관계없이 손님이 우선 매장에 오는 것을 환영한다.

또 거짓말과 피해 사이에 인과관계가 성립되지 않으면 불법이 성립하지 않는다. 위 영화의 미술관 에피소드에서도 남자의 열쇠 유무와 관계없이 남자에 대한 호감에는 변함이 없었을 것이다.

**거짓말과 피해,
인과관계 없어** 이와 같은 이유로 미국에서는 '데스닉Desnick 대 ABC 방송사건'에서 방송국이 안과병원의 과잉치료를 보도하기 위해 가짜 손님들을 이용해 몰카 취재를 한 것은 주거침입이 성립하지 않는다고 했다.

'푸드 라이온Food Lion 대 ABC 방송사건'에서도 위장취업을 통해 몰카 취재를 함으로써 식료품업체의 위생상태를 보도하고 결과적으로 그 업체의 매출과 주가를 하락시킨 것에 대해, 위장취업과 업체매출·주가하락 사이에 손해배상을 해야 할 인과관계가 성립하지 않는다고 했다. 이 사건의 상급심 역시 표현의 자유에 의거해, 보도로 인한 피해보상은 인정하지 않았다. 다만 위장취업자가 출근 시 카메라를 몰래 휴대한 것과 직무상 비밀의무를 위반한 것에 대한 손해배상액을 2달러로 인정했다.

거짓말로 밝혀낸 진실(비위생적인 급식) 때문에 누군가 손해를 보았다면 그 손해는 거짓말 때문인가, 아니면 그 진실 때문인가? 〈불만제로〉 사건에서 업무방해나 주거침입 혐의가 인정되어서는 안되는 이유다.⑦

뒷이야기

프라이버시가 자연 속에 존재하는 절대가치가 아님은 '창세기'만 보아도 알 수 있다. 벌거벗고 다니는 것을 두려워하게 된 것은 형벌이었지, 인간의 본성이 아니었다.

또 살인·강간·뇌물 등의 범죄가 어둠 속에서 벌어진다는 이유만으로도 프라이버시로 보호될 수 없다는 자명한 명제와 그렇다고 나쁜 짓에 대해서도 프라이버시가 어느 정도 보호되어야 한다는 명제 사이의 긴장을 보아도 그 범위가 연역적으로 획정될 수 없음은 명확하다. 국가가 범죄수사를 목적으로 프라이버시를 제한할 때는 영장을 통해서 제한해야 한다는 원리는 세워져 있지만, 사인들이 다른 사인들에 대해 말할 때 적용되는 원리는 아니기 때문에 이를 기준으로 평가할 수는 없다.

프라이버시와 고발의 공익을 끊임없이 저울질해야 할 것이다. 그러한 저울질의 필요성은 프라이버시로 보호되지 않는 정보들마저도 '개인정보'라 하여 검색하기 쉬운 체계적 형태로 축적될 경우, 그 정보의 처리를 규제하는 개인정보보호법이 제정되어 더욱 커지게 됐다.

정보공유지의 비극

어떤 정보가 개인에 대한 정보라고 해서 모두 규제할 수는 없다. 도리어 표현의 자유가 핵심적으로 보호하려는 것은 "하늘이 파랗다."라는 말보다는 부패나 인권침해를 일으킬 수도 있는 의지와 욕망을 가진 인간에 대한 평가일 것이기 때문이다.

그런데 인간에 대한 평가는 항상 그 인간을 식별할 수 있는 정보의 이용을 동반한다. "박경신은 광대다."라고 말하려면, 박경신이라는 개인정보를 허락없이 이용해야 한다. 그렇기 때문에 개인에 대한 정보 일체의 유통을 규제하는 개인정보보호법은 우리의 정보생활을 너무 억압하는 데 남용되지 않도록 주의해야 한다.

물론 이미 이런 이유로 개인정보보호법상의 의무는 애초 다수의 개인에 대한 정보를 운용하는 소위 '정보처리자'에게만 적용되도록 되어 있다. 그렇기 때문에 핸드폰에 몇백 명의 전화번호를 가지고 있고 수십 명의 정치인들에 대해 논평을 쓴 필자에게 개인정보법이 다행히도 적용되지 않는다.

애플에 대한 최근 방송통신위원회의 제재는 개인정보를 보호하는 법제 중의 하나인 위치정보보호법의 존재를 세상에 널리 알리기도 했는데, 이와 함께 그 법이 우리의 정보생활을 억압할 위험성도 함께 보여주었다. 위치에 대한 개인정보는 '개인위치정보'라고 하여 개인정보보호법에 대해 특별법이라고 할 수 있는 위치정보보호법으로 보호된다. 그러나 위치정보보호법은 이보다 더 나아가 "모든 이동성 있는 물건의 위치를 추적하는 정보는 그 물건 소유자의 동의 없이 수집할 수 없다."라고 하여 '개인에 대한' 정보가 아닌 정보마저도 소유자의 동의를 얻도록 요구하고 있는데 이는 세계적으로 유례가 없다.

특정인에게 연결되지 않는 정보, 즉 익명화된 정보는 개인정보가 아니면서도 사회과학연구나 의학연구에서 엄청난 가치를 지니고 있다. 예를 들어, 초등학교의 서로 다른 교육방식이 30년 후의 사람들에게 어떤 영향을 미쳤는지를 연구하려면 반드시 필요하다.

위 법은 위치정보에 대해서는 이러한 익명화된 정보의 수집을 매우 어렵게 만든다. 다수의 물건들을 각각 누구 것인지 구별하지 않고 추적하더라도 일일이 그 물건 소유자로부터 동의를 얻어야 하기 때문이다. 열대우림 감시운동을 하는 사람들에게는 벌목업자들의 동의를 얻지 않고 벌목장비들의 위치정보를 수집하는 것이 중요한 일이며, 이를 인터넷을 통해서 할 수도 있다. 위치정보보호법이 없다면 각 벌목장비가 어느 회사 것인지 식별하지만 않으면 자유롭게 수집할 수 있지만, 우리나라 위치정보보호법은 그렇게 하려 해도 벌목회사의 동의를 얻으라는 것이다. 스티브 잡스도 아이폰 소유자가 누군지 모르는 상황에서 수백만 개 아이폰의 위치를 파악하는 것이 무엇이 문제냐는 입장인데, 위 위치정보법 조항은 바로 이것을 불법화하고 있다.

더욱이 아이폰의 소유자 외에는 그 아이폰의 위치기록을 볼 수가 없다. 그런데도 애플이 과연 아이폰들의 위치정보를 '수집'했다고 볼 수 있을까? 분실 시 타인이 볼 수 있는 위험을 근거로 이와 같은 행위도 규제되어야 한다는 주장이 있지만, 그렇게까지 해서 '수집'의 의미를 확대할 필요가 있을까? 사실 분실의 가능성까지 고려한다면 어떤 앱을 쓰는지에 따라 더욱 민감함 사생활기록이나 의료기록까지 타인에게 공개될 수 있는 것인데, 위치정보에 대해서만 수집동의가 엄격히 요구되는 것도 이상하다.

개인정보보호법리는 사생활 침해를 규제하려는 것이지, 정보의 흐름을 막으려는 것이 아니다. 익명화됐거나 본인만 볼 수 있는 정보는 사생활과 관련이 없으며 규제대상이 되어서는 안 된다.㉑

3장

진실유포죄

초판 1쇄 발행 2012년 5월 7일
초판 2쇄 발행 2012년 6월 25일

지은이 박경신
그린이 이강훈
펴낸이 김선식

Chief Editorial Creator 정성원
Editorial Creator 홍다휘
Design Creator 이명애

5th Creative Editorial Dept. 정성원 홍다휘 박지아
Creative Design Dept. 최부돈 박효영 김태수 손은숙 이명애 조혜상
Creative Marketing Dept. 이주화 원종필 백미숙 이예림
        Online Team 김선준 박혜원 전아름
        Public Relation Team 서선행
        Contents Rights Team 이정순 김미영
Creative Management Dept. 김성자 송현주 권송이 윤이경 김민아 한선미

펴낸곳 (주)다산북스
주소 서울시 마포구 서교동 395-27
전화 02-702-1724(기획편집) 02-6217-1726(마케팅) 02-704-1724(경영지원)
팩스 02-703-2219
이메일 dasanbooks@hanmail.net
홈페이지 www.dasanbooks.com
출판등록 2005년 12월 23일 제313-2005-00277호

종이 (주)월드페이퍼
인쇄 · 제본 (주)현문

© 박경신, 2012. Printed in Seoul, Korea

ISBN 978-89-6370-877-5 03300